BACKEN

mit Lust und Liebe

Monika Schumacher · Renate Krake

BACKEN

mit Lust und Liebe

Zum Thema Backen sind im FALKEN Verlag zahlreiche weitere Bücher erschienen:
„Backen" (Nr. 4682)
„Kuchen" (Nr. 4767)
„Süßes Kleingebäck" (Nr. 1636)
„Waffeln" (Nr. 1296)
„Backen zu Weihnachten" (Nr. 1493)
„Makrone, Kipferl & Co." (Nr. 1609)
„Backen ohne Zucker" (Nr. 60098)
„Brotbacken" (Nr. 4807)
„Brotbacken" (Nr. 1496)

Die Deutsche Bibliothek – CIP-Einheitsaufnahme

Backen mit Lust und Liebe / Monika Schumacher ;
Renate Krake. – Niederhausen/Ts.: FALKEN, 1996
    ISBN 3-8068-4860-2
NE: Schumacher, Monika; Krake, Renate

ISBN 3 8068 4860 2

© 1996 by Falken-Verlag GmbH, 65527 Niedernhausen/Ts.
Die Verwertung der Texte und Bilder, auch auszugsweise, ist ohne Zustimmung des Verlags urheberrechtswidrig und strafbar. Dies gilt auch für Vervielfältigungen, Übersetzungen, Mikroverfilmung und für die Verarbeitung mit elektronischen Systemen.
Umschlaggestaltung: Peter Udo Pinzer
Redaktion: Lore Pötz
Herstellung: Jürgen Domke
Titelbild: TLC-Foto-Studio GmbH, Velen-Ramsdorf
Fotos: TLC-Foto-Studio GmbH, Velen-Ramsdorf
Gesamtkonzeption: Falken-Verlag GmbH,
D-65527 Niedernhausen/Ts.

817 2635 4453 6271

INHALT

Vorwort 6

Die moderne Backtechnik 7
Backformen für die Backstube 9
Teige und ihre Zutaten 10
Tips und Tricks rund ums Backen 14
Kleine Maße und kleine Gewichte 15

FEINE KUCHEN, SCHNELL GEZAUBERT 16
Gugelhupf und Co. 18
Kuchen vom Blech 28
Kuchen mit Obst 34

DIE SCHÖNSTEN TORTEN FÜR GENIESSER 48

EINLADUNG ZUM TEE 68
Teegebäck 70
1 Teig = 3 Kuchen 82

VOLLKORNGEBÄCK, DIE GESUNDE ALTERNATIVE 92

WIR BITTEN ZUR KAFFEETAFEL 110

SÜSSES ZUM VERWÖHNEN 128
Gebäck für zwei 130
Backe, backe Kuchen 138
In letzter Minute 146
Quark- und kalte Kuchen 152

DUFTENDE SCHLEMMEREIEN FÜR FESTTAGE 158

KNUSPRIGES AUS SCHROT UND KORN 178
Brot und Brötchen 180
Frühstück und Brunch 194

HERZHAFTES FÜR JEDE GELEGENHEIT 204
Pizzas und Quiches 206
Pikante Köstlichkeiten 214
Salz- und Käsegebäck 234

GRUNDREZEPTE 240
Grundrezept Mürbeteig 240
Grundrezept Rührteig 240
Grundrezept Hefeteig 242
Grundrezept Quark-Öl-Teig 242
Grundrezept Biskuitteig 244
Grundrezept Brandteig 244

Rezeptverzeichnis 246

VORWORT

Backen ist in unserer Zeit der Inbegriff von süßer oder auch pikanter Verführung. Was früher Arbeit war, ist heute zu einem Hobby geworden. Kuchen, Torten, Kleingebäck, Brötchen, Brot – süße, salzige oder würzige Köstlichkeiten der Backkunst werden zwar in fast unüberschaubarer Vielfalt angeboten, trotzdem ist die hausgemachte Bäckerei in unseren Küchen lebendig. Dies ist auch wenig verwunderlich, denn Selbermachen wird nicht mehr als kostensparende, aber zeitaufwendige Notwendigkeit angesehen, sondern als schöpferische Betätigung, die viel Freiraum für die Entfaltung eigener Ideen zuläßt. Backen macht Spaß. Wer selber bäckt, erfährt nicht nur die individuelle Freude über das Geschaffene, sondern auch die der Familie oder des Freundeskreises, die er mit süßem Naschwerk, duftendem Brot oder pikantem Gebäck verwöhnt. Wenn dann die selbstgemachten Köstlichkeiten mit Liebe und Phantasie verziert auf den Tisch kommen, schmeckt es einfach noch mal so gut. Erfolg und Anerkennung werden Ihnen gewiß sein, wenn Sie die Arbeitsanleitungen genau befolgen und dabei mit ein klein wenig Sorgfalt ans Werk gehen.

Für alle Anlässe des Jahres, für Weihnachten, für Ostern, für die Familienfeste, für Partys, für die große oder kleine Kaffeerunde, selbst für den Kindergeburtstag finden Sie in diesem Buch Rezepte, die Ihnen und Ihren Lieben gefallen werden.

Die Rezepte sind Schritt für Schritt aufgebaut; die Zutaten sind in der Reihenfolge aufgelistet, in der sie verarbeitet werden. Die Rezeptfotos sollen Ihnen schon beim Durchblättern das Wasser im Munde zusammenlaufen lassen und Sie gleich in Ihre Backstube locken.

Lassen Sie sich von den Rezepten führen, doch verleihen Sie ihnen mit Ihrer Phantasie eine persönliche Note. Wir wünschen Ihnen viel Spaß beim Backen und natürlich auch beim Naschen und Schlemmen der gebackenen Köstlichkeiten.

DIE MODERNE BACKTECHNIK

Die Industrie und der Fortschritt haben es uns ermöglicht, daß wir auf spezielle Herde in den Rezepten keine Rücksicht nehmen müssen. Ob Gas- oder Elektroherd spielt keine große Rolle mehr, beide arbeiten nach ähnlichem Prinzip. Es gibt sie mit der normalen Strahlungshitze (Ober- und Unterhitze) und als Heißluftgeräte. Im großen und ganzen erzeugen sie konstante Hitze, doch kommen bei einzelnen Herdtypen innerhalb beider Gruppen immer wieder Schwankungen vor.
Um ein optimales Ergebnis zu erzielen, sollten Sie, bevor Sie größere Mengen backen, zuerst mit kleineren Versuchen einsteigen. Es ist sehr wichtig, daß Sie Ihren Herd genau kennenlernen.

ELEKTROBACKOFEN

Beim Elektrobackofen unterscheiden wir zwei Arten: den konventionellen Ofen und den Heiß- beziehungsweise Umluftherd.
Bei den konventionellen Herden wird die Hitze durch Strahlung auf das Backgut übertragen. Man unterscheidet Ober- und Unterhitze. Die Einschubhöhe für Ihr jeweiliges Gebäck entnehmen Sie bitte den Angaben des Backofenherstellers.

DER HEISSLUFTHERD

Heißluft- oder Umluftherde arbeiten mit heißer Luft. Die Luft wird über Heizkörper in der Rückwand erhitzt und durch einen Ventilator ins Gerät geblasen und umgewälzt. Diese Luftzirkulation ermöglicht ein Backen auf allen Ebenen, und erfahrene Hausfrauen und -männer können bei diesem System und richtiger Anwendung sowohl Zeit als auch Energie sparen.

DER GASBACKOFEN

Die moderne Technik hat die Gefährlichkeit des Gases weitgehend ausgeschlossen; die heutigen Gasherde und -backöfen sind mit modernen Sicherheitseinrichtungen ausgestattet.
Auch beim Gasbackofen kann die Temperatur wie bei den Elektrogeräten stufenlos über einen Thermostat geregelt werden.

BACKTEMPERATUREN

In jedem Rezept sind die Backtemperaturen für den Elektro- und für den Gasherd angegeben. Die Tabelle auf Seite 8 enthält zusätzlich die entsprechenden Temperaturen und Backzeiten für den Heißluftherd sowie die Einschubhöhen für die verschiedenen Gebäckarten. Beachten Sie aber in jedem Fall die Herstellerangaben Ihres Backofens.
Alle Angaben in der Tabelle beziehen sich auf einen vorgeheizten Backofen mit Ober- und Unterhitze. Grundsätzlich sollten Sie den Backofen immer vorheizen. Bei Elektrobacköfen dauert die Vorheizzeit auf 200°C je nach Herdtyp zwischen 10 und 15 Minuten. Im Gegensatz zum konventionellen Backofen erreicht der Gasbackofen die benötigte Temperatur in 5 bis 10 Minuten. Beim Heißluftherd kann das Vorheizen entfallen.
Ein direkter Vergleich der Schaltstufen sieht dann wie folgt aus:

Elektrobackofen/°C	Gasbackofen/Stufe
150 – 175	1 – 2
175 – 200	2 – 3
200 – 225	3 – 4
225 – 250	4 – 5

Wichtig: Während zwei Drittel der Backzeit sollte der Ofen nicht geöffnet werden.

Gebäckart	Einschub-höhe	konventioneller Herd °C	Heißluftherd °C	Gasherd	Backzeit in Minuten
Hohes Gebäck					
Napfkuchen	unterste	175 – 200	160 – 180	Stufe 2 – 3	45 – 60
Sandkuchen	unterste	175 – 200	160 – 180	Stufe 2 – 3	60 – 75
Königskuchen	unterste	175 – 200	160 – 180	Stufe 2 – 3	60 – 75
Honigkuchen	mittlere	150 – 175	150 – 170	Stufe 1 – 2	50 – 60
Halbhohes Gebäck					
Rührteigkuchen	untere	175 – 200	160 – 180	Stufe 1 – 2	25 – 40
Knetteigkuchen	untere	200 – 220	180 – 200	Stufe 3 – 4	30 – 50
Biskuitkuchen	mittlere	175 – 200	160 – 180	Stufe 2 – 3	25 – 30
Hefezopf, -kuchen	mittlere	175 – 200	160 – 180	Stufe 2 – 3	30 – 40
Strudel	mittlere	175 – 200	160 – 180	Stufe 2 – 3	30 – 40
Früchte (Pie)	untere	200 – 220	180 – 200	Stufe 3 – 4	30 – 40
Brot	mittlere	200 – 220	180 – 200	Stufe 3 – 4	50 – 60
Brandteiggebäck	untere	200 – 220	180 – 200	Stufe 3 – 4	25 – 35
Flaches Gebäck					
Rührteigboden	mittlere	175 – 200	160 – 180	Stufe 2 – 3	15 – 20
Knetteigboden	untere	200 – 220	180 – 200	Stufe 3 – 4	15 – 20
Blechkuchen	mittlere	200 – 220	180 – 200	Stufe 3 – 4	30 – 40
Biskuitboden	mittlere	200 – 220	180 – 200	Stufe 3 – 4	20 – 30
Blätterteig	mittlere	200 – 220	180 – 200	Stufe 3 – 4	15 – 20
Brötchen	mittlere	200 – 220	180 – 200	Stufe 3 – 4	15 – 25
Plätzchen	mittlere	175 – 200	160 – 180	Stufe 2 – 3	10 – 20

BACKFORMEN FÜR DIE BACKSTUBE

Gerade für den Anfänger ist es manchmal recht schwer, aus dem fast unüberschaubaren Angebot die richtige Backform auszuwählen. Material, Größe und Formenvielfalt verwirren manchmal sogar erfahrene Bäcker und Konditoren. Achten Sie grundsätzlich bei der Auswahl Ihrer Backformen darauf, daß sie sich für Ihren Backofen eignen. Es gibt spezielle Formen für Gas- beziehungsweise Elektrobacköfen und solche, die wiederum für beide Typen verwendet werden können. Auf jeden Fall sollten Sie vor einem Kauf die Angaben der Hersteller genauestens lesen, damit Sie später beim Backen keine unliebsamen Überraschungen erleben. Damit Sie eine kleine Übersicht bekommen, was der Markt in punkto Backformen alles zu bieten hat, haben wir Ihnen die gebräuchlichsten Materialien zusammengestellt.

BESCHICHTETE FORMEN

Eine Erfindung, die schon vor rund 30 Jahren gemacht wurde, hilft uns heute auch beim Backen. Gemeint sind die Spezialkunststoffbeschichtungen (PTFE), besser bekannt unter den Namen Hostaflon und Teflon. Ideal sind solche Beschichtungen in bezug auf Haftung und Reinigung. Das Gebäck läßt sich aufgrund der Antihaftwirkung völlig problemlos aus der Form lösen. Sie können beschichtete Formen sowohl im Elektro- als auch im Gasbackofen sowie im Heißluftherd verwenden. Bei schwarz lackierten PTFE-Beschichtungen ist es ratsam, gerade beim Gasherd die Temperatur leicht zu reduzieren.

WEISSBLECH

Weißblechformen gibt es schon lange auf dem Markt. Sie werden in erster Linie für Gasherde empfohlen. Der einzige Nachteil bei diesen Formen ist es, daß die Oberfläche vom Kuchen schon braun ist, während der Teil in der Form noch hell ist. Dieser Effekt entsteht dadurch, daß Weißblech einen Teile seiner Hitze nach außen abgibt. Weißblechformen werden vor dem ersten Gebrauch mit Salz bestreut und bei sehr hohen Temperaturen im Backofen 15 bis 20 Minuten »eingebacken«.

SCHWARZBLECH

Im Gegensatz zum Weißblech sind Schwarzblechformen für den Gasbackofen weniger geeignet. Das Schwarzblech wird im Gasbackofen sehr leicht zu heiß. Im Elektrobackofen dagegen sind sie sehr gut zu verwenden. Wie beim Weißblech werden die Schwarzblechformen ebenfalls zuerst mit Salz ausgebrannt.

ALUMINIUMFORMEN

Auch hier bietet der Markt eine große Auswahl an Formen. Kaufen Sie nur matte Aluminiumformen, da diese die Hitze besser leiten. Diese Formen sind sowohl für Gas-, aber auch für Elektro- und Heißluftbacköfen zu empfehlen. Variationen der Aluminiumformen sind solche mit goldfarbenen Außenflächen sowie die beschichteten Formen. Auch diese Formen können Sie für alle Gerätetypen verwenden.

GLAS UND STEINGUT

Glas und Steingut werden besonders für diejenigen Teige verwendet, die bei mittleren beziehungsweise niederen Temperaturen gebacken werden. Diese Formen leiten die Temperatur sehr langsam. Es wird dadurch aber eine sehr gleichmäßige Hitze erreicht. Die Backtemperaturen für Glas und Steingut sollten allerdings nicht zu hoch sein, da sich beide Materialien nach längerer Backzeit zu sehr erhitzen.

TEIGE UND IHRE ZUTATEN

DER HEFETEIG

Der Hefeteig ist die Grundlage für vielerlei beliebtes Gebäck. Ob für duftende Frühstückskösltichkeiten, als Beilage zu kalten Bufetts oder auf dem Kuchentisch, der Hefeteig ist immer ein Renner. Wer es herzhaft liebt, kann den gesalzenen Teig ebensogut mit Wurst und Gemüse kombinieren.

Hefeteiggebäck schmeckt am besten, wenn es frisch ist. Die Vorratshaltung ist auf wenige Tage beschränkt, denn der gebackene Teig trocknet sehr schnell aus und kann hart werden – es sei denn, Sie frieren das Gebäck ein. Lassen Sie sich nicht von dem Vorurteil abschrecken, die Herstellung von Hefeteig sei problematisch – dem ist nämlich nicht so. Wenn Sie sich beim Grundrezept an die angegebenen Verfahrensweisen halten und die Tips berücksichtigen (siehe S. 242), wird Ihnen dieser Teig wie jeder andere auf Anhieb gelingen.

Wie der Name schon sagt, ist die Hefe der wesentliche Bestandteil dieses Teiges. Hefe ist eine lebendige Substanz mit treibender Kraft. Sie lockert den Teig und dehnt ihn aus. Hefepilze können aber nur wirken, wenn man ihnen die richtigen Lebensbedingungen schafft, das heißt Temperaturen um 37°C und Nahrung. Achten Sie beim Kauf von Hefe auf das Herstellungs- beziehungsweise Verfallsdatum, denn die volle Triebkraft ist den empfindlichen Hefepilzen nur innerhalb einer relativ kurzen Zeitspanne gegeben. Handelsformen sind Trockenhefe (Pulver) und Frischhefe (Würfel). Besonders gute Backresultate erzielen Sie mit frischer Hefe.

Bei der Zubereitung von Hefeteig ist noch zu beachten, daß alle Zutaten gleichmäßig warm sind und Sie der Hefe bei der Verarbeitung genügend Zeit zur Entfaltung geben. Man untrscheidet zwischen leichtem, mittelschwerem und schwerem Hefeteig. Je höher der Anteil an Fett und weiteren Zutaten und je höher die Typenzahl des Mehles ist, um so größer muß die Hefezugabe sein. Als Richtwerte kann man sich merken: Auf jeweils 500 g Mehl für den leichten Teig 20 bis 25 g Hefe, für den mittelschweren 30 g und für den schweren bis zu 50 g.

DER RÜHRTEIG

Rührteig ist recht leicht herzustellen (siehe S. 240). Fast alle sogenannten festen Kuchen in Napf- und Kastenformen werden auf diese Weise gebacken. Der Frankfurter Kranz, der Marmorkuchen, Königskuchen, der Rehrücken und die beliebten Osterlämmer sind nur einige Beispiele dafür. Für gedeckte Obstkuchen und für Schicht- oder Lagentorten findet diese Teigart ebenfalls Verwendung. Das charakteristische Triebmittel ist hierbei Backpulver. Wie die Bezeichnung verrät, wird dieser Teig durch gleichmäßiges und ausdauerndes Rühren hergestellt. Alle Zutaten müssen sich fein verteilen und zu einer homogenen, zähflüssigen Masse verbinden. Der Teig soll reißend vom Löffel fallen. Diese Konsistenzbeschreibung ist auch Anhaltspunkt für die Flüssigkeitszugabe. Hauptbestandteile für einen Rührteig sind Margarine, Zucker, Eier, Mehl und eben Backpulver. Wichtig ist, daß die Reihenfolge der Zugaben eingehalten wird. Die weiche Margarine und den feinkörnigen Zucker rührt man mit dem Schneebesen oder dem elektrischen Rührgerät so lange schaumig, bis der Zucker nicht mehr spürbar ist. Nach und nach werden die Eier dazugegeben, dann wird das Mehl, das mit dem Backpulver gemischt und gesiebt wurde, sowie die Prise Salz wechselweise mit der im Rezept angegebenen Flüssigkeit eingerührt. Zum Schluß rührt man die restlichen Zutaten kurz unter. Sollte Ihnen der Teig während der Zubereitung gerinnen, weil vielleicht nicht alle Zutaten die gleiche Temperatur hatten, wird die Schüssel in ein warmes Wasserbad gestellt und der Teig nochmals kurz aufgeschlagen. Beinhaltet das Rezept Eischnee, so wird dieser sehr vorsichtig unter den fertigen Teig gehoben. Kuchen aus Rührteig halten sich sehr gut einige Tage frisch. Sie eignen sich besonders zum Einfrieren.

MÜRBETEIG/KNETTEIG

Der Mürbeteig bildet die Basis für zahlreiche Obstböden (siehe S. 240). Er läßt sich wie der Knetteig sehr schnell und einfach zubereiten. Wir kennen ihn sowohl in salziger als auch süßer Variation. Die Zubereitung erfolgt meist in zwei verschiedenen Arbeitsweisen. Als Knetteig für die festeren Teige oder mit sehr hohem Fettanteil als Rührteig. Eine altbewährte Grundformel für den Mürbeteig lautet: 1 – 2 – 3, wobei 1 ein Teil Zucker bedeutet, 2 zwei Teile Margarine und 3 drei Teile Mehl. Je höher der Fettanteil ist, um so mürber wird der Teig und desto besser schmeckt er. Mürbeteig findet man häufig in Plätzchenrezepten für die Weihnachtsbäckerei, wenn mit Formen ausgestochen wird. Der Teig sollte nach dem Kneten immer einige Zeit abgedeckt ruhen, je nach Verwendung bei Küchentempe-

ratur (Lebkuchen) oder im Kühlschrank, damit sich die Zutaten gut verbinden.

Streusel für Hefeteigkuchen oder Obstkuchen kann man nur aus der bröseligen Variante des Mürbeteigs herstellen. Alle Zutaten werden dann im gleichen Mengenverhältnis gemischt. Charakteristisch für diese Teigzubereitung ist, daß alles schnell gehen muß, damit keine Wärme entsteht, sonst wird der Knetteig unansehnlich und klebrig. Das Mehl eventuell mit Backpulver durchsieben und in die Mitte des Berges eine Mulde drücken. Den Zucker sowie die verschlagenen Eier hineinfüllen, die Margarine flöckchenweise auf dem Mehlrand verteilen und von außen nach innen mit möglichst kalten Händen alles gut durcharbeiten. Anschließend wird der Teig abgedeckt. Wenn Sie den Teig in eine Form drücken oder auf ein Blech verteilen, sollten Sie sparsam mit dem Streumehl umgehen, sonst geht die typische Konsistenz des Mürbeteigs verloren. Vor dem Backen sticht man den Teig mehrfach ein, damit sich keine Luftblasen bilden.

DER BISKUITTEIG

Biskuit ist eine aus dem Französischen übernommene Bezeichnung. Übersetzt heißt das Wort „Zwieback", und genauso luftig, aber zart und weich sind die edlen Gebäcke, die man hierzulande aus Biskuitteig herstellt. Eigentlich kann man nicht von einem Teig sprechen, denn das Ausgangsprodukt ist vielmehr eine schaumige Masse aus Eiern, Zucker und Mehl. Da in der Regel kein Fett zugesetzt wird, sind Biskuitkuchen leicht und bekömmlich. Wie bei den anderen Teigarten gibt es auch hier unterschiedliche Ansichten und Methoden der Zubereitung sowie eine ganze Reihe verschiedener Zutaten, je nach Anwendungsbereich und Geschmack (siehe S. 244). Eines gilt aber grundsätzlich: Je stärker die Eidotter und das Eiweiß geschlagen werden, um so voluminöser wird später der Kuchen. Empfehlenswert ist der Einsatz eines elektrischen Rührgerätes. Die modernen Geräte arbeiten mit so hohen Umdrehungszahlen, daß die optimale Konsistenz ohne Kraftanstrengung in kurzer Zeit erzielt wird. Anschließend dürfen die weiteren Beigaben nur noch behutsam untergehoben werden. Vergessen Sie nicht, das Mehl vorher fein durchzusieben. Der zubereitete Biskuitschaum sollte möglichst rasch in den Ofen gebracht werden, denn wenn man ihn längere Zeit stehenläßt, fällt er zusammen. Zum Backen muß die Springform am Boden gefettet oder das Blech unbedingt mit Pergament- oder Backpapier ausgelegt werden. Nach dem Backen nehmen Sie einen Speisepinsel und streichen das Papier mit kaltem Wasser ein; so können Sie es dann leicht vom Kuchen lösen. Wenn Sie den ausgekühlten Biskuitkuchen in Alu- oder Klarsichtfolie einwickeln und einen Tag ruhen lassen, entfaltet er sein volles Aroma. Erst dann sollte er weiterverarbeitet werden. Für Biskuitböden oder Tortenschichten schneidet man die runden Kuchen mehrfach waagerecht durch. Dies ist am einfachsten zu bewerkstelligen, wenn Sie ein langes, spitzes Messer in gewünschter Höhe bis zur Mitte einstechen und mit der anderen Hand die Unterlage um 360° drehen. Schnell und einfach lassen sich Biskuitböden auch mit einem dünnen, starken Zwirn schneiden; dabei ritzt man die Böden vorher rundherum ein. Die einzelnen Böden werden dann mit einer Backpalette abgehoben.

DER BLÄTTERTEIG

Gebackenes aus Blätterteig ist eine knusprige Spezialität, die mit süßen Schleckereien genauso gut harmoniert wie mit Fleisch, Wurst, Käse und Gemüse. Es ist schon ein sehr großer Vorteil, daß man diesen Teig heute fertig tiefgekühlt kaufen kann, denn die Herstellung in der Backstube ist sehr schwierig und zeitaufwendig. Beim Ausrollen des Blätterteiges sollten Sie darauf achten, daß Sie den Teig immer abwechselnd in zwei Richtungen bearbeiten. Verwenden Sie nur wenig Mehl zum Ausrollen, der Teig wird sonst zäh spröde und nicht schön blättrig. Wenn Sie die Ränder beschneiden, benutzen Sie bitte ein scharfes Messer, damit die einzelnen Schichten nicht verkleben und zusammenbacken. Das Backblech wird aufgrund des hohen Fettgehalts des Teiges nicht eingefettet, sondern nur mit kaltem Wasser abgespült. Da Blätterteig keinen Zucker enthält, bräunt er nur langsam und verträgt hohe Backtemperaturen. Wer eine kräftige, goldgelbe Farbe bevorzugt, sollte etwas Eigelb mit Wasser verquirlen und den Teig vor dem Backen damit bestreichen.

DER BRANDTEIG

Krapfen, Windbeutel und die berühmten Eclairs sind die schnellen Überraschungen zum sonntäglichen Kaffeeklatsch. Man darf es allerdings nicht zu eilig haben und Durchzug machen, sonst fallen die zarten, noch warmen Gebilde zusammen. Dies ist aber auch schon das einzig Problematische an der Herstellung von Brandteiggebäck. In der Schweiz spricht man von gebrühtem Teig, weil das Mehl in heißem Margarinewasser verrührt wird. Wenn sich ein Teigkloß gebildet hat, wird er abgebrannt, das heißt so lange weitergerührt, bis sich auf dem Topfboden ein weißer Belag absetzt, der anzeigt, daß die überschüssige Flüssigkeit entwichen ist. Dann wird der Teig vom Herd genommen und man rührt ein Ei sofort hinein; dann arbeitet man nach und nach unter ständigem Rühren die restlichen Eier ein. Die richtige Konsistenz ist erreicht, wenn der Teig in Spitzen vom Löffel reißt. Für die Backpulverzugabe muß der Teig abgekühlt sein, sonst verliert das Backpulver seine Triebkraft (siehe S. 244).
Brandteig läßt sich nicht ausrollen oder mit der Hand formen. Man füllt ihn in einen Spritzbeutel und dekoriert Rosetten, Streifen oder Buchstaben auf ein leicht gefettetes, bemehltes Blech. Wenn Sie Ihren Brandteig in der Friteuse ausbacken wollen, werden die Formen auf Pergamentpapier gespritzt und mit diesem ins heiße Fett gehalten. Der Teig gleitet rasch ab. Lassen Sie das Gebäck sehr langsam auskühlen, damit es luftig bleibt. Bei Windbeuteln und Eclairs muß man nach dem Backen sofort ein Deckelchen mit der Schere abschneiden, damit die Feuchtigkeit entweichen kann. Brandteiggebäck muß noch am Backtag verzehrt werden. Es wird sonst fad und gummiähnlich.

DER WAFFELTEIG

Waffeln waren eine Spezialität unserer Großmütter. Die schweren Gußeisen wurden auf oder besser im Herd gedreht. Heute ist es da schon einfacher mit den elektrischen Waffeleisen, die eine gleichmäßige Hitzezuführung haben. Rezepte und Tips für die Zubereitung gibt es mannigfach, da sie meist innerhalb der Familie weitergegeben werden. So kommt es, daß noch viele erfahrene Köchinnen auf den mütterlichen Geheimtip schwören, nur frische Eier vom Bauernhof oder Quellsprudelwasser zu verwenden. Das Waffeleisen möglichst mit Speiseöl oder Margarine einfetten. Die kleinen Herzformen schmecken frisch und mit Sahne oder Zimt und Zucker bestreut am besten. Man kann sie auch gut einfrieren. Legen Sie dann Pergamentpapier zwischen die einzelnen Waffeln. Probieren Sie auch einmal Waffeln auf der Basis von Hefe- oder Biskuitteig, und variieren Sie sie mit Buttermilch, Kefir, gemahlenen Nüssen oder Orangensaft. Wichtig ist, daß die Grundmasse sehr schaumig gerührt wird. Das geht am einfachsten mit dem elektrischen Rührgerät. Anschließend gibt man das Mehl löffelweise hinzu, bis ein zähflüssiger Teig entstanden ist.

DER STRUDELTEIG

Wer kennt und liebt ihn nicht, den warmen Apfelstrudel mit Vanillesoße. In Österreich und Süddeutschland ist er ein selbstverständliches Muß auf jeder Speisekarte und in den meisten Haushalten ein selbstgemachter sonntäglicher Nachtisch oder eine köstliche Fastenspeise. Die Kunst besteht darin, daß der Strudelteig fast durchsichtig ausgerollt wird, ohne zu reißen. Geschickte und geübte Hände schaffen das in Windeseile und mit einer bewundernswerten Perfektion. Aber keine Angst, auch Anfängern gelingt ein papierdünnes Resultat mit einem kleinen Trick: Auf einen großen Küchentisch ein Tuch legen. Dieses mit Mehl bestäuben und den ausgerollten Strudelteig darauf ausbreiten. Jetzt kann man ihn in alle Richtungen gleichmäßig ziehen oder mit dem Backholz ausrollen. Danach wird der Teig süß, sauer oder würzig belegt und eingerollt. Warm oder kalt schmeckt Strudel gleichermaßen gut. Die Teigzubereitung ist unproblematisch. Mehl, Speiseöl oder Margarine, Eier, lauwarmes Wasser und eine Prise Salz werden bei Raumtemperatur vermengt, geknetet und geschlagen, bis der Teig glatt und glänzend ist. Je besser man den Teig durcharbeitet, um so leichter läßt er sich nachher ausziehen. Nach dem Ausziehen muß er zugedeckt mindestens eine Stunde im Kühlschrank ruhen. Inzwischen kann man die Füllung zubereiten.

DER QUARK-ÖL-TEIG

Dieser Teig läßt sich schnell und unproblematisch zubereiten (siehe S. 242). Er ist für viele Arten von Gebäck geeignet; man kann ihn nach Belieben formen und füllen. Gebäcke aus Quark-Öl-Teig sind durch den Quarkanteil angenehm leicht; man sollte sie möglichst noch am Backtag verzehren.

DER SAUERTEIG

Das Arbeiten mit Sauerteig ist für so manche Hausfrau oder manchen Hobbykoch etwas Besonderes. Doch so schwer ist es auch nicht, um davor Bedenken zu haben. Ein kleiner Trick im voraus: Gehen Sie ganz einfach zu Ihrem Bäcker, und lassen Sie sich für Ihren Grundteig die benötigte Menge Sauerteig geben. Sie sparen sich Arbeit und gehen nicht das Risiko ein, daß Ihr Ansatz nicht gelingt. Eine andere Möglichkeit bieten die fertigen Sauerteigansätze oder ein Sauerteigbackferment. Beides bekommen Sie im Reformhaus. Bei der Zubereitung aber bitte genau die Anweisung auf der Packung beachten, da nur ein korrektes Arbeiten den Erfolg garantiert. Wer sich dennoch die Mühe machen will, Sauerteig anzusetzen, muß wie folgt vorgehen: Für den Grundteig werden – um eine Möglichkeit zu beschreiben – 250 g Roggenmehl mit ¼ l lauwarmem Wasser und ½ Tasse Sauerkrautsaft gut verrührt. Füllen Sie den Teig in ein Einmachglas, und lassen Sie ihn an einem warmen Ort (25–30°C) drei bis vier Tage gehen. Sobald sich an der Oberfläche Blasen zeigen, kann der Teig weiterverarbeitet werden. Bei diesem Ansatz müssen Sie unbedingt auf peinlichste Sauberkeit achten. Es kann leicht passieren, daß der Teig übersäuert, sich die Flüssigkeit absetzt oder der Teig übel riecht. Diesen Teig dürfen Sie dann nicht mehr verwenden. Es bleibt Ihnen nichts anderes übrig, als einen neuen Versuch zu starten. Der gelungene Sauerteigansatz wird dann mit Mehl, Wasser und Gewürzen nach Rezept zu einem glatten, geschmeidigen Teig verarbeitet. Den fertigen Teig in eine Schüssel geben, mit einem Küchentuch abdecken und in den auf 50°C vorgeheizten Backofen geben. Sie sollten aber einen Kochlöffel oder ein Küchentuch zwischen die Tür klemmen, damit der Ofen nicht zu heiß wird. Der Teig soll nun etwa 60 Minuten im Backofen aufgehen. Erst dann wird er auf einer bemehlten Arbeitsfläche kräftig durchgeknetet, so lange, bis er nicht mehr klebt. Nachdem Sie den Teig zu einem länglichen oder runden Laib geformt haben, decken Sie ihn ab und stellen ihn erneut für etwa 60 Minuten zum Gehen beiseite. Anschließend bestreichen Sie ihn mit etwas warmem Wasser und backen ihn im vorgeheizten Ofen.

DER PIZZATEIG

Pizza, das Nationalgericht der Italiener, ist inzwischen auch bei uns heiß begehrt. Auch in kleineren Orten findet man Pizzabäckereien, die eine große Auswahl an Belägen anbieten. Eine Entscheidung fällt oft schwer, studiert man die kulinarische Auflistung. Begeben Sie sich selbst einmal in die kreative Versuchsküche, und bereiten Sie am Samstagabend eine nach Urlaub duftende Pizza zu. Die Basis ist ein flaches, tellergroßes Fladenbrot, wobei man je nach Geschmack unterschiedliche Teigarten nehmen kann. Üblicherweise wählt man für die Pizza einen Hefeteig, Quark-Öl-Teig oder Brotteig. Schnell und einfach sind alle diese Teige zuzubereiten. Was Sie dann darauflegen, bleibt Ihrer Phantasie und Ihrem Geschmack überlassen.

PERFEKT BACKEN

TIPS UND TRICKS RUND UMS BACKEN

- Alle Zutaten und Arbeitsgeräte vor Arbeitsbeginn bereitstellen. Die benötigten Mengen abwiegen und wenn erforderlich auf Zimmertemperatur bringen.

- Wenn ältere oder unsachgemäß aufbewahrte Blechformen Rostflecken aufweisen, bestreut man diese mit etwas Salz, reibt sie mit Speiseöl aus und wischt mit Papier nach.

- Da Springformen häufig nicht ganz exakt schließen, verwendet man für den Boden am besten Back- oder Pergamentpapier. Einen 3–4 cm größeren Kreis als die Form ausschneiden und den Rand außen am Ring hochfalten. So kann der Teig nicht »weglaufen«. Bei Biskuitteig kann man entlang der Innenwand ein Backband aus Kunststoff setzen; das verhindert auf jeden Fall ein Anhaften.

- Sie können die Form auch ganz mit Pergament- oder Backpapier auskleiden. Wichtig dabei ist, daß Sie zuerst die Form gut einfetten und dann das eingelegte Papier noch einmal, sonst klebt es an der Form und am Kuchen fest. Das Papier nach dem Backen sofort lösen. Bei Tortenböden aus Biskuitteig nur den Boden fetten.

- Grundsätzlich sollte man alle Formen vor Gebrauch mit Margarine leicht einfetten (Ausnahme beschichtete Formen). Verwenden Sie zum Einfetten auf keinen Fall geschmacksintensive Fette wie Schmalz oder Speck.

- Kuchen lösen sich nach dem Backen leichter aus der Form, wenn Sie diese nach dem Einfetten entweder für etwa 15 Minuten in den Kühlschrank stellen oder mit Paniermehl ausbröseln und dann erst den Teig einfüllen.

- Margarine aus dem Kühlschrank ist zur Teigverarbeitung zu hart (Ausnahme: Mürbe- und Blätterteig). Um sie schnell geschmeidig rühren zu können, wird die Teigschüssel vorher mit heißem Wasser ausgespült.

- Feinkörniger Zucker eignet sich in der Regel besser zum Backen als grobkörniger. Er läßt sich leichter einarbeiten und verbindet sich auch besser mit den anderen Zutaten.

- Eier grundsätzlich vorher in einer Tasse aufschlagen, um zu prüfen, ob sie in Ordnung sind.

- Eigelbspuren im Eiweiß beeinträchtigen das Steifschlagen.

- Manchmal gibt es Probleme beim Eiweißschlagen. Damit die Masse auch wirklich steif wird, können Sie vorsorglich ein paar Tropfen Wasser hinzufügen. Wichtig ist auch, daß Sie ohne Unterbrechung arbeiten. Falls sich das Wasser dennoch vom Eischaum absetzt, ist das Ganze mit ein paar Tropfen Zitronensaft oder einer Prise Salz eventuell doch noch zu retten.

- Eischnee wird immer nur untergezogen, nie verrührt. Der Schnee soll den Teig lockern.

- Mehl, Backpulver und Puderzucker grundsätzlich vorher durchsieben, da eventuelle Klümpchen sich nachher nicht mehr auflösen.

- Den Teig langsam in die Form füllen oder gleiten lassen. Einige Zentimeter unterhalb des Formrandes müssen frei bleiben, damit der Kuchen Platz zum Aufgehen hat.

- Teigtropfen auf dem Rand oder der Außenwand der Form müssen Sie unbedingt abwischen. Sie verkohlen sonst beim Backen und beschädigen die Form.

- Knet- und Blätterteig lassen sich leichter zwischen Back- oder Pergamentpapier ausrollen.

- Das Teigausstechen mit kleinen Plätzchenformen geht einfacher, wenn Sie die Förmchen in Mehl tauchen.

- Wenn Sie die Backofentür zum Prüfen des Gebäcks öffnen wollen, müssen Fenster und Zimmertüren geschlossen sein, damit jede Zugluft vermieden wird, sonst fällt Ihnen der Kuchen sofort zusammen. Hat die Garprobe ergeben, daß der Kuchen noch etwas Garzeit benötigt, aber schon fast zu dunkel geworden ist, wird die Oberfläche mit Back- oder Pergamentpapier abgedeckt. Niemals die Temperatur stark herunterstellen, denn dadurch besteht auch die Gefahr, daß der Kuchen einfällt.

- Nach Ablauf der benötigten Backzeit den Ofen ausstellen und das Gebäck bei geschlossener Tür noch fünf Minuten ruhen lassen.

- Den Kuchen noch warm aus der Form nehmen (einige Ausnahmen bestätigen die Regel). Dazu das Gitter auflegen und mit einem darübergedeckten Küchentuch Form und Gitter wenden.

- Sollte sich der Kuchen nicht problemlos aus der Form lösen lassen, legt man zur Abschreckung ein kaltes, feuchtes Tuch über den Boden.

- Kuchen- und Tortenböden vor der weiteren Verarbeitung gut auskühlen lassen. Möglichst über Nacht mit einem Küchentuch abdecken.

- Ist der Kuchen zu braun geworden, reiben Sie ihn mit der Rohkostreibe ab und bestreuen ihn dick mit Puderzucker oder überziehen ihn mit einer Glasur.

- Ungleichmäßig gebackene Oberflächen eines Tortenbodens schneidet man mit einem scharfen Messer glatt ab und dreht die Torte um.

- Für Obstkuchen und -torten das Belegobst sehr gut abtropfen lassen, da der Fruchtsaft sonst den Boden durchweicht. Um ein Durchweichen zu verhindern, kann man auch Semmelbrösel, Zwiebackbrösel, Sahnesteif oder gemahlene Mandeln auf den Boden geben. Wirkungsvoller und schmackhafter ist folgende Methode: etwas Fruchtsaft mit Tortenguß andicken, abkühlen lassen und mit dem Messer dünn auf den Boden streichen.

- Blattgelatine wird grundsätzlich in kaltem Wasser eingeweicht.

- Gelatine, die nach dem Auflösen klumpt, wird leicht erhitzt und dann durchgesiebt.

- Vorbereitetes geschnittenes Obst, vor allem Äpfel, Birnen und Bananen, werden rasch dunkel. Legen Sie die Schnitze vor dem Verarbeiten deshalb in Zitronenwasser.

- Um fertig dekorierte und verzierte Kuchen ohne Mißgeschick vom Auskühlgitter auf die Servierplatte bringen zu können, gibt es heute den praktischen Fächerheber, dessen Anschaffung sich für alle lohnt, die gern und oft backen.

- Runde Kuchen und Torten lassen sich sehr einfach mit sogenannten Torteneinteilern portionieren. Hierfür wird der Torteneinteiler vorsichtig auf die Oberfläche gedrückt. Mit dem Messer können Sie dann die markierten Stücke leicht nachschneiden.

- Belegte Böden oder gefüllte Torten lassen sich einfach und formschön portionieren, wenn Sie das Schneidemesser zuvor kurz in heißes Wasser tauchen.

KLEINE MASSE UND KLEINE GEWICHTE

Wenn Sie sich schon länger mit dem Backen befaßt haben, werden Sie schon gefühlsmäßig wissen, wie Sie die kleinen Mengen in den Griff bekommen. Nur wenige Hausfrauen oder Hobbyköche besitzen eine Küchenwaage mit Digitalanzeige oder eine Briefwaage. Diese Anschaffung muß ja auch nicht unbedingt sein, um die in den Rezepten angegebenen Gewichte zu ermitteln. Löffel und Tassen und Meßbecher eignen sich auch als Maßeinheitenzähler. In unserer kleinen Tabelle finden Sie die wichtigsten Grammbeziehungsweise Litermaße für die Backstube.

1 gestrichener Teelöffel
Backpulver = 3 g   Stärkemehl = 3 g
Margarine = 5 g   Zimt = 2 g
Salz = 5 g   Zucker = 5 g

1 gestrichener Eßlöffel
Margarine = 10 g   Salz = 12 g
Honig = 20 g   Semmelmehl = 5 g
Marmelade = 20 g   Stärkemehl = 6 g
Mehl = 10 g   Zucker = 15 g
Quark = 20 g

1 Tasse
Flüssigkeit = 125 ml   Mehl = 100 g   Zucker = 150 g

Flüssigkeiten
1 Suppenteller = ¼ l   4 EL = 60 ml oder 60 cm³
1 Tasse = ⅛ l   1 EL = 15 ml oder 15 cm³
8 EL = etwa ⅛ l   1 TL = 5 ml oder 5 cm³
6 EL = 90 ml oder 90 cm³

Abkürzungen
EL = Eßlöffel   P. = Paket oder Päckchen
TL = Teelöffel   Fl. = Flasche oder
Msp. = Messerspitze   Fläschchen
geh. = gehäuft   TK = Tiefkühlware
gestr. = gestrichen   D. = Dose

PERFEKT BACKEN

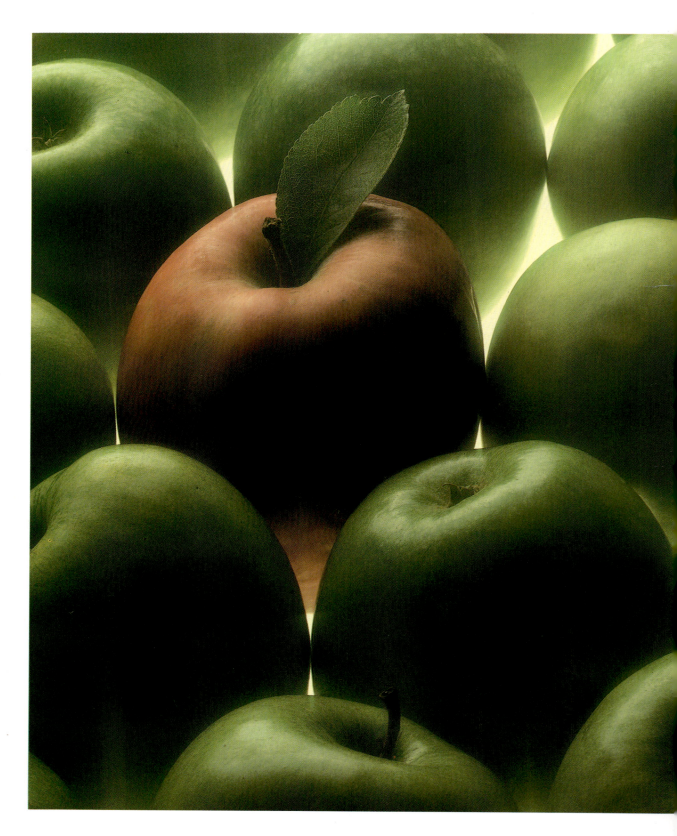

FEINE KUCHEN, SCHNELL GEZAUBERT

Den Auftakt zur großen Reise durch die Welt des Backens, auf der Sie dieses Buch begleiten will, machen die allseits beliebten Napf- und Kastenkuchen, gefolgt von den schönsten Blech- und Obstkuchen – eine Vielfalt, der niemand widerstehen kann.

ZITRONENKUCHEN JUWEL

Für etwa 8 Portionen

Teig:
125 g Margarine
abgeriebene Schale von 1/4 Zitrone
100 g Zucker
2 Eier
4 EL Milch
200 g Mehl
50 g Speisestärke
1/2 P. Backpulver
Margarine für die Form

zum Tränken:
4 EL Zitronensaft, 50 g Zucker
2 EL Wasser, 1 EL Arrak

Glasur:
100 g Puderzucker
1 EL Zitronensaft
1 Stück Zitronenschale

1. Margarine mit Zitronenschale, Zucker, Eiern und Milch schaumig rühren. Mehl, Speisestärke und Backpulver mischen und nach und nach unterrühren.
2. Dann eine Kleeblattform (20 cm Ø) einfetten, den Teig einfüllen und im vorgeheizten Ofen bei 175°C (Gasherd: Stufe 2) 45–50 Minuten backen. Den Kuchen abkühlen lassen.
3. Zitronensaft mit Zucker und Wasser aufkochen, Arrak zufügen und den Kuchen damit tränken.
4. Puderzucker mit Zitronensaft verrühren und den Kuchen damit überziehen. Mit hauchdünner, in dünne Streifchen geschnittener Zitronenschale bestreuen.

GROSSMUTTERS SCHOKOLADENKUCHEN

Für etwa 20 Portionen

Teig:
250 g Margarine
250 g Zucker
1 P. Vanillinzucker
4 Eier
1 Prise Salz
75 g Kakaopulver
1 TL Pulverkaffee
500 g Mehl
1 P. Backpulver
gut 1/8 l Milch
125 g Cocktailkirschen
50 g gehackte Walnüsse
Margarine für die Form

Glasur:
200 g Puderzucker
2–3 EL Wasser
75 g Walnußkerne

1. Margarine schaumig rühren, Zucker, Vanillinzucker und nacheinander die Eier dazugeben; so lange weiterrühren, bis der Zucker gelöst ist. Dann Salz, Kakaopulver und Pulverkaffee hinzufügen; Mehl und Backpulver vermischen, abwechselnd mit Milch darunterrühren.
2. Cocktailkirschen halbieren, einmehlen und mit den Walnüssen unter den Teig ziehen.
3. Eine Napfkuchenform (22 cm Ø) ausfetten, den Teig einfüllen und im vorgeheizten Ofen bei 175–200° C (Gasherd: Stufe 2–3) etwa 75 Minuten backen.
4. Aus Puderzucker und Wasser einen Zuckerguß rühren, den noch warmen Kuchen damit bestreichen und mit Walnußkernen garnieren.

QUARKNAPFKUCHEN

Für 20 Portionen

250 g Margarine
250 g Zucker
4 Eier
Saft und abgeriebene Schale von 1 Zitrone
375 g trockener Magerquark
500 g Mehl
1 P. Backpulver
125 g Rosinen
75 g gehackte Mandeln
3 EL Rum
Margarine und Semmelmehl für die Form

1. Margarine schaumig rühren. Nach und nach Zucker und Eier dazugeben. Zitronensaft und -schale zufügen.
2. Magerquark in einem Tuch auspressen und evtl. durch ein Sieb streichen, darunterrühren. Mehl und Backpulver mischen, durchsieben und ebenfalls nach und nach unterrühren. Dann noch Rosinen, gehackte Mandeln und Rum unter den Teig geben.
3. Eine Napfkuchenform (22 cm Ø) ausfetten und mit Semmelmehl ausstreuen. Teig einfüllen und im vorgeheizten Ofen bei 200° C (Gasherd: Stufe 3) 60–70 Minuten backen.

Der Tip:
Der Kuchen gelingt nur mit ganz trockenem Quark.

MANDARINEN-CAKE

Für etwa 20 Portionen

Teig:
1 Dose Mandarinen (190 g)
1 P. Kuchenmischung
Zitronenkuchen
20 g gemahlene Haselnüsse
Margarine für die Form

Guß:
250 g Puderzucker
5 EL Orangensaft
25 g Kokosfett (1 Würfel)
abgeriebene Schale von
1 Orange

1. Mandarinen in einem Sieb abtropfen lassen.
2. Den Kuchenteig nach Anweisung zubereiten. Zum Schluß die halbierten Mandarinenspalten und die Haselnüsse unterheben.
3. Den Teig in eine gefettete runde Form für Napfkuchen (22 cm Ø) füllen und im vorgeheizten Ofen bei 175°C (Gasherd: Stufe 2) etwa 50 Minuten backen.
4. Für den Guß Puderzucker mit Orangensaft und geschmolzenem Kokosfett glattrühren. 1/3 beiseite stellen. Den Rest mit der Orangenschale verrühren und den abgekühlten Kuchen damit beziehen. Etwas antrocknen lassen. Dann den restlichen Guß verteilen.

ANANASKUCHEN

Für etwa 20 Portionen

200 g Margarine
300 g Zucker
2 P. Vanillinzucker
1 Prise Salz
6 Eier
abgeriebene Schale von
1 Zitrone
3 EL Zitronensaft
450 g Mehl
3 TL Backpulver
250 g Ananasstücke, frisch oder aus der Dose
Margarine und Semmelmehl für die Form

1. Aus Margarine, Zucker, Vanillinzucker, Salz, Eiern, Zitronenschale und -saft, Mehl und Backpulver einen Rührteig bereiten.
2. Die gut abgetropften Ananasstücke in etwas zurückbehaltenem Mehl wenden und anschließend unter den Teig heben.
3. Den Teig in eine gefettete und gebröselte Napfkuchenform (22 cm Ø) füllen und im vorgeheizten Ofen bei 150–175°C (Gasherd: Stufe 1–2) 65–70 Minuten backen.

WALNUSSKUCHEN

Für etwa 20 Portionen

| 375 g Margarine |
| 300 g Zucker |
| 1 Prise Salz |
| 2 P. Vanillinzucker |
| 6 Eier |
| 250 g gemahlene Walnüsse |
| 4 TL Backpulver |
| 375 g Mehl |
| 4 EL Weinbrand |
| Semmelmehl und Margarine für die Form |
| Puderzucker zum Bestäuben |

1. Margarine, Zucker, Salz, Vanillinzucker und die Eier schaumig rühren. Nach und nach Nüsse, mit Backpulver gemischtes Mehl und Weinbrand zufügen.
2. Eine Form für Napfkuchen (22 cm Ø) fetten und mit Semmelmehl ausbröseln. Den Teig hineinfüllen und im vorgeheizten Ofen bei 175°C (Gasherd: Stufe 2) etwa 50 Minuten backen.
3. Den abgekühlten Walnußkuchen mit Puderzucker bestäuben.

OMA ALMAS MARMELADEN-KUCHEN

Für etwa 20 Portionen

| 250 g Margarine |
| 200 g Zucker |
| 1 P. Vanillinzucker |
| 1 Prise Salz |
| 4 Eier |
| 3 EL Rum |
| 1 P. Backpulver |
| 500 g Mehl |
| 300 g feste rote Marmelade |
| Margarine und Semmelmehl für die Form |

1. Margarine, Zucker, Vanillinzucker, Salz und Eier gut schaumig rühren, den Rum dazugeben und nach und nach das mit Backpulver vermischte Mehl.
2. Die Hälfte des etwas festen Rührteigs in eine gefettete und gebröselte Napfkuchenform (22 cm Ø) füllen, dabei den Rand etwas hochziehen.
3. Marmelade auf dem Teig verteilen und den restlichen Teig darüberstreichen. Mit einer Gabel den Teig wie beim Marmorkuchen durchziehen.
4. Im vorgeheizten Ofen bei 175°C (Gasherd: Stufe 3) etwa 60 Minuten backen.

GUGLHUPF & CO.

1. Die Margarine schaumig rühren; dann nacheinander Zucker, Salz und Eigelbe dazugeben. Dann Pulverkaffee und Vanillinzucker hinzufügen, gut verrühren.
2. Mehl mit Backpulver mischen und nach und nach darunterrühren, Milch hinzufügen; der Teig soll schwer reißend vom Löffel fallen.
3. Eiweiße zu steifem Schnee schlagen und darunterheben.
4. Eine Kastenform (30 cm) mit Pergamentpapier auskleiden, ausfetten und den Teig einfüllen. Im vorgeheizten Ofen bei 175° C (Gasherd: Stufe 2–3) etwa 50 Minuten backen.

NAPFKUCHEN ROKOMA

Für etwa 20 Portionen

250 g Margarine
250 g Zucker
4 Eier
abgeriebene Schale von
1 Zitrone
4 EL Zitronensaft
500 g Mehl
1 P. Backpulver
⅛ l Milch
125 g Rosinen
125 g Korinthen
75 g Mandeln
Margarine für die Form

1. Margarine und Zucker schaumig rühren, nacheinander die Eier darunterrühren; Zitronenschale und -saft dazugeben.
2. Mehl mit Backpulver mischen und abwechselnd mit der Milch ebenfalls unterrühren.
3. Mit etwas Mehl Rosinen und Korinthen bestäuben und mit den Mandeln unter den Teig rühren.
4. Eine Napfkuchenform (22 cm Ø) mit Margarine ausfetten, den Teig einfüllen und im vorgeheizten Ofen bei 175° C (Gasherd: Stufe 2) etwa 60 Minuten backen.

MOKKACAKE

Für etwa 20 Portionen

150 g Margarine
200 g Zucker
1 Prise Salz
4 Eigelb
2 EL Pulverkaffee (10 g)
1 P. Vanillinzucker
250 g Mehl
2 TL Backpulver
6 EL Milch
4 Eiweiß
Margarine für die Form

KÖNIGSKUCHEN

Für etwa 16 Portionen
Teig:
200 g Margarine
150 g Zucker
1 Prise Salz
3 Eier
abgeriebene Schale von
1 Zitrone
4 EL Zitronensaft
2 EL Rum

100 g Marzipanmasse
375 g Mehl
3 TL Backpulver
1/8 l Milch
125 g Rosinen
125 g Korinthen
50 g kandierte Kirschen
je 50 g gewürfeltes Orangeat und Zitronat
Margarine für die Form

Guß:
200 g Puderzucker
5 EL Rum
25 g Kokosfett (100%)
100 g Mandelblätter

1. Margarine mit Zucker und Salz schaumig rühren, nach und nach die Eier, Zitronenschale und -saft, Rum und die zerkleinerte Marzipanmasse zufügen.
2. Den größten Teil des Mehles mit Backpulver mischen und abwechselnd mit der Milch unterrühren.
3. Rosinen, Korinthen, halbierte Kirschen, Orangeat und Zitronat mit dem zurückgelassenen Mehl vermengen und alles unter den Teig rühren.
4. Den Teig in eine gefettete Kastenform füllen (30 cm) und im vorgeheizten Ofen bei 175°C (Gasherd: Stufe 2) etwa 70 Minuten backen.
5. Puderzucker mit Rum und heißem Kokosfett zu einem Guß verrühren, den abgekühlten Kuchen beziehen und mit gerösteten Mandelblättern bestreuen.

ORANGEN-KASTENKUCHEN

Für etwa 16 Portionen

Teig:
250 g Margarine
250 g Zucker
1 Prise Salz
3 Eier
4 Eigelb
100 g Mehl
2 EL Orangenlikör
abgeriebene Schale von 1 Orange und 1 Zitrone
100 g Speisestärke
2 EL Orangensaft
1 EL Zitronensaft
100 g gemahlene Mandeln
80 g gewürfeltes Orangeat
Margarine und Semmelmehl für die Form

Guß:
100 g Orangengelee
200 g Puderzucker
3 EL Orangensaft
20 g gewürfeltes Orangeat

1. Margarine, Zucker und Salz schaumig rühren, nacheinander Eier und Eigelbe zufügen, dabei einige Löffel Mehl unterrühren. Orangenlikör, Orangen- und Zitronenschale zufügen, dann das restliche Mehl, Speisestärke, Orangen- und Zitronensaft, Mandeln und Orangeat unter den Teig rühren.
2. Den Teig in eine gefettete und gebröselte Kastenform (25 cm) füllen und im vorgeheizten Ofen bei 175°C (Gasherd: Stufe 2) 75–90 Minuten backen.
3. Den abgekühlten Kuchen mit erhitztem Orangengelee bestreichen. Puderzucker und Orangensaft zu einem Guß verrühren und den Kuchen damit beziehen. Mit Orangeat bestreuen.

MARMORKUCHEN

Für etwa 20 Portionen

250 g Margarine
275 g Zucker
1 P. Vanillinzucker
4 Eier
2 EL Rum
1 Prise Salz
500 g Mehl
1 P. Backpulver
⅛ l Milch und 2 EL Milch
30 g Kakao
30 g gehackte Mandeln
Margarine für die Form

1. Margarine, 250 g Zucker und Vanillinzucker schaumig rühren. Nacheinander die Eier unterrühren, dann Rum und Salz zufügen. Mehl mit Backpulver mischen und abwechselnd mit ⅛ l Milch ebenfalls unterrühren.
2. Ein Drittel des Teiges mit Kakao, Mandeln, 25 g Zucker und 2 EL Milch verrühren.
3. Eine Kastenform (30 cm) fetten und schichtweise weißen, braunen und weißen Teig einfüllen, dann eine Gabel spiralförmig durch alle Teigschichten ziehen.
4. Den Kuchen im vorgeheizten Ofen bei 175°C (Gasherd: Stufe 2) 60–75 Minuten backen.

GEWÜRZKUCHEN

Für etwa 20 Portionen

4 Eier
200 g Zucker
125 g Margarine
abgeriebene Schale von
½ Zitrone
2 geh. TL gemahlener Zimt
1 geh. TL gemahlene Nelken
1 gestr. TL Kardamom
½ TL Anis
½ TL Ingwerpulver
1 Prise Muskat
250 g Mehl
2 TL Backpulver
30 g gehackte Mandeln
50 g geschabte Schokolade
50 g feingestifteltes Zitronat
50 g Maraschinokirschen in Scheibchen
Margarine für die Form
Puderzucker zum Bestäuben

1. Eier dickschaumig schlagen und nach und nach den Zucker dazugeben. Dann nacheinander zerlassene, abgekühlte Margarine, Zitronenschale, Gewürze, mit dem Backpulver gesiebtes Mehl, Mandeln, Schokolade, eingemehltes Zitronat und Kirschscheibchen unterrühren.
2. Den Boden einer gefetteten Kastenform (25 cm) mit Pergamentpapier belegen, den Teig einfüllen und im vorgeheizten Ofen bei 175–200° C (Gasherd: Stufe 2–3) etwa 50 Minuten backen.
3. Den fertigen Kuchen mit Puderzucker bestäuben und nach Belieben mit Maraschinokirschen und Zitronat garnieren.

HEFEGUGELHUPF

Für etwa 20 Portionen

30 g Hefe
⅛ l Milch
250 g Margarine
500 g Mehl
1 Prise Salz
250 g Zucker
150 g gehackte Mandeln
abgeriebene Schale von
1 Zitrone
4 EL Zitronensaft
4 Eier
50 g gewürfeltes Zitronat
200 g Rosinen
Margarine für die Form
Puderzucker zum Bestäuben

1. Hefe in lauwarme Milch bröckeln und aufgehen lassen. Margarine schmelzen und abkühlen lassen.
2. Mehl, Salz, Zucker und 125 g Mandeln in einer Schüssel mischen. Hefemilch, Margarine, Zitronenschale, -saft und die Eier dazugeben. Alles gut vermengen und mit einem Handrührgerät zu einem glatten Teig verkneten. Zitronat und Rosinen kurz untermengen.
3. Den Teig in eine gefettete, mit 25 g Mandeln ausgestreute Gugelhupfform (22 cm ∅) füllen, nochmals gehen lassen.
4. Den Kuchen im vorgeheizten Ofen bei 175° C (Gasherd: Stufe 2) etwa 75 Minuten backen.
5. Den fertigen Kuchen mit Puderzucker bestäuben.

GUGLHUPF & CO. 25

RÜHRTEIG-SCHOKOLADEN-KUCHEN

Für etwa 20 Portionen

Teig:

200 g Mehl
½ P. Backpulver
30 g Kakaopulver
30 g gehackte Mandeln
150 g Zucker
1 Prise Salz
1 P. Vanillinzucker
150 g sehr weiche Margarine
3 Eier
4 EL Milch
Margarine für die Form

Glasur:

2 EL Aprikosenkonfitüre
100 g Kuvertüre
Zuckerperlen, Zuckerschrift

1. Mehl, Backpulver, Kakaopulver und Mandeln in einer Schüssel mischen, Zucker, Salz, Vanillinzucker, Margarine, Eier und Milch dazugeben und alles mit dem Handrührgerät oder in der Küchenmaschine gut durchrühren.
2. Eine Sternform (22 cm Ø) ausfetten, den Teig einfüllen und bei 175° C (Gasherd: Stufe 2) etwa 50 Minuten backen.
3. Den abgekühlten Kuchen dünn mit Konfitüre bestreichen und mit geschmolzener Kuvertüre beziehen. Mit Zuckerzeug verzieren.

Der Tip:
Zum Verschenken den Schokoladenkuchen in einer schönen Schachtel verpacken.

SANDKUCHEN

Für etwa 20 Portionen

250 g Margarine
250 g Zucker
1 P. Vanillinzucker
abgeriebene Schale von
½ Zitrone
2 EL Rum
1 Prise Salz
4 Eier
125 g Mehl
125 g Speisestärke
1 TL Backpulver
Margarine für die Form

NOUGATKUCHEN

Für etwa 16 Portionen

150 g Margarine
150 g Zucker
1 P. Vanillinzucker
1 Prise Salz
3 Eier
250 g Mehl
3 TL Backpulver
3 EL Rum
3 EL Milch
50 g gehackte Mandeln
Margarine für die Form
100 g Nougatmasse

1. Margarine mit Zucker, Vanillinzucker und Salz schaumig rühren, nach und nach die Eier zugeben. Mehl mit gesiebtem Backpulver mischen und abwechselnd mit Rum, Milch und Mandeln unterrühren.

2. ⅔ des Teiges in eine gefettete Napfkuchenform (20 cm Ø) geben, den Rest des Teiges mit der im Wasserbad geschmolzenen und abgekühlten Nougatmasse verrühren. Den dunklen Teig auf dem hellen Teig verteilen, dann eine Gabel spiralförmig durch beide Teigschichten ziehen.

3. Den Kuchen im vorgeheizten Ofen bei 175°C (Gasherd: Stufe 2) etwa 60 Minuten backen.

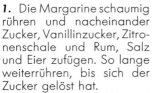

1. Die Margarine schaumig rühren und nacheinander Zucker, Vanillinzucker, Zitronenschale und Rum, Salz und Eier zufügen. So lange weiterrühren, bis sich der Zucker gelöst hat.
2. Mehl, Speisestärke und Backpulver mischen, sieben und nach und nach unterrühren.
3. Eine Kastenform (25 cm) fetten, mit Pergamentpapier auslegen, den Teig einfüllen und den Kuchen im vorgeheizten Ofen bei 175°C (Gasherd: Stufe 2) etwa 60 Minuten backen.

GUGLHUPF & CO.

KASSELER SCHNITTEN

Für etwa 40 Portionen

Mürbeteig:
200 g Mehl
100 g Margarine
50 g Zucker
1 Ei
1 Prise Salz
Margarine für das Blech

Rührteig:
250 g Margarine
250 g Zucker
1 Prise Salz
4 Eier
abgeriebene Schale von 2 Zitronen
100 g Marzipanmasse
500 g Mehl
1 P. Backpulver
knapp ¼ l Milch

außerdem:
125 g rote Marmelade
125 g Puderzucker
3 EL Wasser
100 g gestiftelte Mandeln

1. Mehl, Margarine, Zucker, Ei und Salz zu einem Mürbeteig verkneten und einige Zeit kalt stellen; dann auf einem gefetteten Backblech ausrollen und bei 200°C (Gasherd: Stufe 3) 15 Minuten vorbacken.

2. Inzwischen Margarine, Zucker und Salz schaumig rühren, nacheinander Eier, Zitronenschale und zerdrücktes Marzipan unterrühren. Mehl und Backpulver mischen und im Wechsel mit der Milch dazugeben.

3. Den gebackenen Mürbeteig mit Marmelade bestreichen, den Rührteig daraufgeben und nochmals 30 Minuten backen.

4. Puderzucker mit Wasser glattrühren und den heißen Kuchen damit bestreichen. Dann Mandelstifte darüberstreuen. Sofort in schmale Stücke schneiden.

SCHOKOLADEN-GEWÜRZ-KUCHEN

Für etwa 20 Portionen

Teig:
250 g Margarine
300 g brauner Zucker
1 P. Vanillinzucker
3 Eier
4 EL Crème fraîche
80 g Zuckerrübensirup
1 Msp. gemahlene Nelken
2 EL Zimt
1 Msp. Muskat
100 g geraspelte Zartbitterschokolade
3 EL Kakao
2 TL Backpulver
200 g Mehl
200 g gemahlene Mandeln
150 g gemahlene Walnüsse
2 EL Rum
Margarine für das Blech

Füllung:
250 g Zartbitterschokolade
150 g Margarine
150 g Puderzucker
1 EL Nußlikör
1 EL Instantkaffee

Glasur:
1 P. Nußglasur
1 P. Schokokaffeebohnen

1. Margarine schaumig rühren, nach und nach den Zucker zugeben. Vanillinzucker, Eier, Crème fraîche, Zuckerrübensirup, Gewürze, Schokolade, mit Kakao und Backpulver vermischtes Mehl, Mandeln, Nüsse und Rum nacheinander in angegebener Reihenfolge unterrühren.

2. Den Teig auf ein gefettetes Backblech streichen und im vorgeheizten Ofen bei 200°C (Gasherd: Stufe 3) etwa 25 Minuten backen.
3. Für die Füllung Schokolade im Wasserbad erwärmen. Margarine und Puderzucker schaumig schlagen, Likör, Kaffee und zum Schluß die abgekühlte flüssige Schokolade unterrühren.
4. Den abgekühlten Kuchen halbieren. Eine Hälfte mit der Creme bestreichen und die zweite Hälfte darüberlegen.

5. Den Kuchen mit Nußglasur beziehen und mit Schokokaffeebohnen garnieren.

KUCHEN VOM BLECH

GROSSMUTTERS STREUSELKUCHEN

Für etwa 30 Portionen

| 40 g Hefe |
| knapp ¼ l lauwarme Milch |
| 350 g Zucker |
| 400 g Margarine |
| 1 kg Mehl |
| Salz |
| 2 Eier |
| Mark von 2 Vanilleschoten |
| Margarine für das Blech |

1. Hefe in die lauwarme Milch bröckeln, eine Prise Zucker zufügen und abgedeckt an einem warmen Ort gehen lassen. 125 g Margarine zerlaufen und wieder abkühlen lassen.
2. 500 g Mehl, 1 Prise Salz, 100 g Zucker, Eier, die zerlassene Margarine und die Hefemilch gut vermengen und zu einem glatten Teig verkneten (möglichst mit einer Küchenmaschine). Den Hefeteig abdecken und gehen lassen.
3. In der Zwischenzeit die restlichen 500 g Mehl mit 1 Prise Salz, dem Vanillemark, 250 g Zucker und 275 g Margarine locker zu Streuseln verkneten.
4. Den aufgegangenen Hefeteig kurz durchschlagen, auf ein gefettetes Backblech geben und mit dem Teigschaber verstreichen. Die offene Blechseite mit Alufolie abgrenzen. Die Streusel auf dem Teig verteilen, kurz gehen lassen.
5. Den Kuchen im vorgeheizten Ofen bei 200 bis 225°C (Gasherd: Stufe 3–4) etwa 20 Minuten backen.

SCHOKOLADENKUCHEN

Für etwa 24 Portionen
Teig:

| 375 g Margarine |
| 375 g Zucker |
| 7 Eier |
| 300 g geriebene Schokolade |
| 1 P. Backpulver |
| 400 g Weizenmehl |
| 150 g gemahlene Mandeln |
| Margarine für das Blech |

1. Margarine schaumig rühren, Zucker langsam einrieseln lassen. Eier nacheinander unterrühren. Geriebene Schokolade, mit Backpulver vermischtes Mehl und Mandeln zugeben.
2. Den Teig auf ein gefettetes Backblech streichen und

Belag:

| 200 g Marzipanrohmasse |
| 4 EL Wasser |
| 250 g Puderzucker |

im vorgeheizten Ofen bei 175°C (Gasherd: Stufe 2) 40 Minuten backen.
3. Die Marzipanmasse mit Wasser und Puderzucker glattrühren, den gebackenen Kuchen damit bestreichen und in Rechtecke schneiden.

MARZIPANKUCHEN

Für etwa 24 Portionen
Teig:

| 250 g Margarine |
| 250 g Zucker |
| 1 Prise Salz |
| 4 Eier |
| 250 g Mehl |
| 1 TL Backpulver |
| Margarine für das Blech |

Belag:

| 7 EL Johannisbeergelee |
| 450 g Marzipanrohmasse |
| 250 g Puderzucker |
| Eiweiß zum Bepinseln |

1. Margarine, Zucker und Salz schaumig schlagen, Eier nacheinander unterrühren. Mit Backpulver vermischtes Mehl zugeben.
2. Den Teig in eine gefettete Bratenpfanne streichen (30 x 40 cm) und im vorgeheizten Ofen bei 175°C (Gasherd: Stufe 2) etwa 30 Minuten backen.
3. Den fertigen Kuchen mit Johannisbeergelee bestreichen. Marzipanmasse mit Puderzucker gut durchkneten, zwischen zwei Plastikfolien legen und ausrollen. Den Kuchen damit belegen. Zum Schluß mit Eiweiß bepinseln.

HONIGKUCHEN

Für etwa 24 Portionen
Teig:
500 g Weizenmehl
150 g gehackte Haselnußkerne
1 TL Zimt
1 Msp. gemahlene Nelken
abgeriebene Schale von ½ Zitrone
50 g gemahlene Mandeln
325 g Honig
150 g Zucker
2 g Hirschhornsalz
2 g Pottasche
1 EL Rosenwasser
1 Ei
Margarine für das Blech

Glasur:
250 g Puderzucker
2–3 EL Wasser
100 g Mandelblätter

1. Mehl, Nüsse, Zimt, Nelken, Zitronenschale und Mandeln in einer Schüssel mischen. Honig mit Zucker heiß werden lassen, so lange rühren, bis der Zucker gelöst ist, und abgekühlt unterrühren. Hirschhornsalz und Pottasche in Rosenwasser auflösen und mit dem verschlagenen Ei zugeben.
2. Alles schnell zu einem glatten und glänzenden Teig verkneten, etwa 1 cm dick auf einem gefetteten Backblech ausrollen und im vorgeheizten Backofen bei 175°C (Gasherd: Stufe 2) etwa 40 Minuten backen.
3. Noch warm in Stücke schneiden; Puderzucker mit Wasser verrühren, die Stücke damit überziehen, mit Mandelblättern bestreuen.

HOLLÄNDISCHER MANDELKUCHEN

Für etwa 24 Portionen
Teig:
600 g Mehl
250 g Margarine
150 g Zucker
1 Prise Salz
2 Eier
3–4 EL Milch
Margarine für das Blech

Belag:
150 g Margarine
200 g Zucker
2 P. Vanillinzucker
6 Eier
abgeriebene Schale von 1 Zitrone
300 g gemahlene Mandeln
60 g Mehl
1 TL Backpulver
50 g Schlagsahne
100 g Aprikosenkonfitüre

1. Mehl, Margarine, Zucker, Salz, Eier und Milch zu einem Mürbeteig verkneten; kalt stellen.
2. Den Teig ausrollen, auf ein gefettetes Backblech (30 x 40 cm) legen, mit einer Gabel mehrmals einstechen und im vorgeheizten Ofen bei 225°C (Gasherd: Stufe 4) 15 Minuten vorbacken.
3. Inzwischen Margarine, Zucker, Vanillinzucker, Eier, Zitronenschale und Mandeln verrühren. Mehl mit Backpulver mischen, mit der Schlagsahne unterrühren.
4. Den Boden mit Aprikosenkonfitüre bestreichen, die Mandelmasse darauf verteilen und den Kuchen bei 175°C (Gasherd: Stufe 2) etwa 40 Minuten backen.

ORANGENKUCHEN

Für etwa 32 Portionen
Kokosteig:
250 g Mehl
75 g Zucker
1 Prise Salz
150 g Margarine
50 g Kokosraspel
Margarine für das Blech

Rührteig:
250 g Margarine
200 g Zucker
4 Eier
abgeriebene Schale von
1 Orange
200 g Mehl
2 TL Backpulver
3 EL Orangensaft

zum Bestreichen:
125 g Orangenkonfitüre
1 EL Orangensaft

BIENENSTICH

Für 24 Portionen
Teig:
40 g Hefe
¼ l lauwarme Milch
100 g Zucker
500 g Mehl
1 Prise Salz, 1 Ei
abgeriebene Zitronenschale
100 g zerlassene Margarine
Margarine für das Blech

Belag:
150 g Margarine
150 g brauner Zucker
150 g Mandelblätter
1 EL Mehl
2 EL Schlagsahne
1 EL Honig

Creme:
1 P. Tortencremepulver Vanille
½ l Milch
250 g Margarine

1. Aus den Teigzutaten einen Hefeteig bereiten, gehen lassen; auf einem gefetteten Backblech nicht zu dünn ausbreiten.
2. Für den Belag alle Zutaten aufkochen. Die Masse leicht abgekühlt auf der Teigplatte verteilen. Aufgehen lassen und im vorgeheizten Ofen bei 200°C (Gasherd: Stufe 3) etwa 20 Minuten backen.
3. Tortencremepulver mit Milch cremig schlagen. Weiche Margarine schaumig rühren, nach und nach die Creme unterrühren.
4. Den abgekühlten Bienenstich vierteln, jedes Teil einmal waagrecht durchschneiden und mit der Creme füllen.

KUCHEN VOM BLECH

zum Tränken:
100 ml Orangensaft
1 EL Zitronensaft
2 EL Orangenlikör
30 g Puderzucker

außerdem:
dünn abgeschälte Schale von
2 Orangen
etwas Zuckerwasser
100 g Puderzucker
3 EL Orangensaft

1. Für den Kokosteig Mehl, Zucker und Salz auf einem Backbrett mischen, kalte Margarine in Stücken daraufgeben und alles mit einem Pfannenmesser gut durchhacken. Kokosraspel dazugeben, alles nochmals durchhacken und rasch zu einem glatten Teig verkneten; kalt stellen.

2. Den Teig ausrollen, auf ein gefettetes Backblech (30 x 40 cm) geben, mehrmals mit der Gabel einstechen und im vorgeheizten Ofen bei 200°C (Gasherd: Stufe 3) etwa 10 Minuten backen.

3. Für den Rührteig weiche Margarine und Zucker schaumig rühren, nach und nach Eier und Orangenschale zugeben. Mehl mit Backpulver vermischen, mit Orangensaft unterrühren.

4. Orangenkonfitüre mit Orangensaft verrühren, auf den warmen Kokosboden streichen und den Rührteig darüber verteilen. Weitere 15–20 Minuten backen.

5. Den warmen Kuchen mit einer Mischung aus Orangensaft, Zitronensaft, Orangenlikör und Puderzucker tränken und dann abkühlen lassen.

6. Die Orangenschale in dünne Streifchen schneiden, in Zuckerwasser aufkochen, abtropfen lassen. Puderzucker mit Orangensaft verrühren, den Kuchen damit glasieren und mit Orangenstreifchen bestreuen.

THÜRINGER ZWETSCHENKUCHEN

Für etwa 24 Portionen
Teig:
40 g Hefe
¼ l Milch
125 g Zucker
500 g Mehl
1 Prise Salz
125 g Margarine
1 Ei
Margarine für das Blech

Belag:
1½ kg entsteinte Zwetschen
2 Eier
100 g Zucker
Zimt nach Geschmack
¼ l saure Sahne

1. Hefe in lauwarme Milch bröckeln, 1 Prise Zucker zugeben und aufgehen lassen. Mehl, Zucker, Salz und eben zerlassene Margarine in eine Schüssel geben, die Hefemilch und das Ei dazugeben, gut vermengen und kräftig schlagen. Mit Alufolie abdecken und gehen lassen.
2. Den Teig in eine gefettete Bratenpfanne streichen. Die Zwetschen darauflegen und im vorgeheizten Ofen bei 200–225°C (Gasherd: Stufe 3–4) etwa 50 Minuten backen.
3. Eier, Zucker, Zimt und Sahne verrühren und die Masse nach 20 Minuten Backzeit über den Kuchen geben.

APRIKOSENKUCHEN MIT BAISERHAUBE

Für etwa 12 Portionen
Belag:
750 g Aprikosen
75 g Zucker

Teig:
125 g Margarine
125 g Zucker
1 P. Vanillinzucker
1 Prise Salz
abgeriebene Schale von 1 Zitrone
3 Eier
2 TL Backpulver
200 g Mehl
2 EL Schlagsahne
2 EL Rum
Margarine für die Form

Baiserhaube:
2 Eiweiß
100 g Zucker
40 g Kokosraspeln oder gemahlene Mandeln

1. Aprikosen überbrühen und abziehen, halbieren, entsteinen und mit Zucker abgedeckt durchziehen lassen.
2. Für den Teig Margarine schaumig rühren und nach und nach Zucker, Vanillinzucker, Salz, Zitronenschale und Eier zufügen. Das mit gesiebtem Backpulver gemischte Mehl abwechselnd mit Schlagsahne und Rum unterrühren.

3. Den Boden einer gefetteten Springform (26 cm Ø) mit Backtrennpapier auslegen und den Teig hineingeben. Die abgetropften Aprikosen darauf verteilen und den Kuchen im vorgeheizten Ofen bei 175°C (Gasherd: Stufe 2) etwa 60 Minuten backen.

4. Inzwischen die Eiweiße zu steifem Schnee schlagen, den Zucker nach und nach unterschlagen, dann Kokosraspeln oder Mandeln unterheben. Die Masse in einen Spritzbeutel füllen, den heißen Kuchen 10 Minuten vor Ende der Backzeit beliebig damit garnieren.

ZWETSCHENKUCHEN MIT QUARK-ÖL-TEIG

Für etwa 24 Portionen

Teig:

| 200 g Magerquark |
| 6 EL Milch |
| 1 Ei |
| 3 EL Pflanzenöl |
| 100 g Zucker |
| 1 P. Vanillinzucker |
| Salz |
| 400 g Mehl |
| 1 P. Backpulver |
| Margarine für das Blech |

Belag:

| 1½ kg Zwetschen |
| 2 Eier |
| 100 g Zucker |
| Zimt nach Geschmack |
| ¼ l dicke saure Sahne |

1. Quark mit Milch, Ei, Pflanzenöl, Zucker, Vanillinzucker und Salz verrühren. Mehl mit gesiebtem Backpulver vermischen, die Hälfte davon unterrühren, den Rest unterkneten. Den Teig ausrollen und in die gefettete Bratenpfanne des Backofens legen.

2. Für den Belag die Zwetschen entsteinen und auf den Teig legen. Im vorgeheizten Ofen bei 200 bis 225°C (Gasherd: Stufe 3–4) 50 Minuten backen.

3. Eier, Zucker, Zimt und saure Sahne verrühren. Die Masse nach etwa 20 Minuten Backzeit über die Zwetschen geben.

HEIDELBEER-KUCHEN MIT STREUSELN

Für etwa 24 Portionen

Teig:
30 g Hefe
¼ l lauwarme Milch
1 Prise Zucker
500 g Mehl
125 g Zucker
1 Prise Salz
150 g Margarine
2 Eier
Margarine für das Blech

Streusel:
500 g Mehl
250 g Zucker
Mark von 1 Vanilleschote
300 g Margarine
2 TL Zimt

Belag:
1 kg Heidelbeeren

1. Hefe in lauwarme Milch bröckeln, mit einer Prise Zucker verrühren und zugedeckt an einem warmen Ort 20 Minuten gehen lassen.
2. Mehl, Zucker, Salz, eben zerlassene Margarine und Eier verrühren, Hefemilch zufügen und den Teig gut durchkneten. Zugedeckt bis zur doppelten Größe aufgehen lassen.
3. Steuselzutaten zu Streuseln verarbeiten. Heidelbeeren waschen und verlesen.
4. Hefeteig auf einem gefetteten Backblech ausrollen, ⅓ der Streuselmasse und die Heidelbeeren darübergeben. Mit den restlichen Streuseln bestreuen.
5. Den Kuchen im vorgeheizten Ofen bei 200°C (Gasherd: Stufe 3) 20–25 Minuten backen.

Der Tip:
Hefe- und Streuselteig können Sie auch durch Backmischungen ersetzen.

KUCHEN MIT OBST

ÄPFEL IM SCHLAFROCK

Für 8 Portionen

Teig:
250 g Mehl
125 g Margarine
65 g Zucker, 1 Prise Salz
abgeriebene Schale von
1 Zitrone
1 Ei, Margarine für das Blech

Füllung:
8 kleine Äpfel
30 g Rosinen
30 g gehackte Walnüsse
2 EL Rum, 1 EL Zucker

außerdem:
1 Eigelb, Puderzucker

1. Die Teigzutaten verkneten, kalt stellen.
2. Äpfel schälen und das Kernhaus ausstechen. Rosinen, Walnüsse, Rum und Zucker mischen und in die Äpfel füllen.
3. Den Teig nicht zu dünn ausrollen und mit dem Teigrädchen, der Apfelgröße entsprechend, Kreise ausschneiden. Auf jeden Kreis einen Apfel setzen, den Teig über den Äpfeln zusammendrücken und mit Teigplätzchen besetzen.

4. Eigelb verschlagen und die Äpfel im Schlafrock damit bepinseln. Die Äpfel auf ein gefettetes Blech stellen und im vorgeheizten Ofen bei 225°C (Gasherd: Stufe 4) etwa 25 Minuten backen.
5. Die Äpfel mit Puderzucker bestäuben.

STACHELBEER-KUCHEN MIT STREUSELN

Für etwa 24 Portionen

Teig:
375 g Mehl
1 TL Backpulver
175 g Margarine
100 g Zucker
2 Eier, 1 EL Milch
Margarine und Semmelmehl für das Blech

Belag:
1/2 l Milch
2 P. Sahnepuddingpulver
gut 1/8 l Wasser (175 ml)
1 Eigelb
750 g Magerquark
300 g Zucker
2 P. Vanillinzucker, 1 Eiweiß
750 g Stachelbeeren

Streusel:
175 g Mehl
125 g Margarine
125 g Zucker

1. Die Teigzutaten verkneten, kalt stellen.
2. Inzwischen aus Milch, Puddingpulver, Wasser und Eigelb nach Anweisung einen festen Pudding kochen; dann Quark, Zucker, Vanillinzucker und geschlagenes Eiweiß unterrühren.
3. Eine gefettete Bratenpfanne mit Semmelmehl bestreuen und den Mürbeteig 1 cm dick darauf ausrollen. Die Käsecreme auf den Teig streichen, dann die Stachelbeeren darauf verteilen.
4. Mehl, Margarine, Zucker verkneten und die Streusel auf dem Kuchen verteilen. Im vorgeheizten Ofen bei 225°C (Gasherd: Stufe 4) etwa 45 Minuten backen.

KIRSCHEN IM VERSTECK

Für etwa 24 Portionen

Teig:
40 g Hefe
¼ l lauwarme Milch
1 Prise Zucker
750 g Mehl
150 g Zucker
1 Prise Salz
abgeriebene Schale von ½ Zitrone
125 g Margarine
Margarine für das Blech

Belag:
2 Eier
2 kg Süßkirschen
200 g gemahlene Mandeln
125 g Zucker
1–2 TL Zimt
Puderzucker

1. Hefe in lauwarme Milch bröckeln, eine Prise Zucker und etwas Mehl zufügen und aufgehen lassen.
2. Mehl, Zucker, Salz und Zitronenschale mischen; nacheinander die Hefemilch, die eben zerlassene Margarine und die Eier hinzufügen und alles gut verkneten. Den Teig kräftig schlagen, dann aufgehen lassen.
3. Inzwischen die Kirschen entsteinen. Die Hälfte des Hefeteigs ausrollen, auf ein gefettetes Blech legen und am Rand etwas hochziehen. Die Mandeln darüberstreuen und die Kirschen darauf verteilen.
4. Zucker mit Zimt mischen und über die Kirschen streuen. Den restlichen Teig ebenfalls ausrollen und als Deckel darüberlegen. Die Ränder mit Wasser anfeuchten und gut festdrücken.
5. Den Kuchen mit Alufolie bedeckt nochmals gehen lassen, dann im vorgeheizten Ofen bei 200°C (Gasherd: Stufe 3) etwa 30 Minuten backen. Abgekühlt mit Puderzucker bestäuben.

APFELTORTE VERKEHRT

Für etwa 12 Portionen

Belag:
20 g Margarine
40 g gehackte Walnußkerne
20 g Zucker
500 g säuerliche Äpfel

Teig:
100 g Margarine
175 g Zucker
abgeriebene Schale von 1 Zitrone
1 Prise Salz
2 Eier
4 EL Zitronensaft
200 g Mehl
2 gestr. TL Backpulver

1. Den Boden einer Springform (26 cm Ø) mit Pergamentpapier auslegen. Margarine schmelzen lassen und mit dem Pinsel auf das Papier streichen.
2. Walnußkerne und Zucker mischen. Äpfel mit dem Apfelausstecher vom Kernhaus befreien, schälen, in

PFLAUMENTORTE

Für 12 Portionen

Teig:
100 g Margarine
100 g Zucker
1 P. Vanillinzucker
1 Prise Salz
2 Eier
2 EL Rum
150 g Mehl
1 TL Backpulver
100 g Kokosraspel

Margarine und Semmelbrösel für die Form
1 kg Pflaumen
Puderzucker

1. Margarine, Zucker, Vanillinzucker, Salz, Eier und Rum schaumig rühren, Mehl mit Backpulver mischen und zusammen mit den Kokosraspeln zufügen.
2. Eine gefettete Springform (26 cm Ø) ausbröseln, den Teig hineinfüllen und am Rand etwas hochziehen.
3. Die Pflaumen entsteinen und dicht nebeneinander in die Form setzen.
4. Den Kuchen im vorgeheizten Ofen bei 175°C (Gasherd: Stufe 2) etwa 60 Minuten backen. Mit Puderzucker überstäuben.

Variation:
Statt den Kokosraspel gemahlene Mandeln verwenden.

dicke Scheiben schneiden und die Springform damit auslegen. Das Nußgemisch dazwischenstreuen.

3. Margarine, Zucker, abgeriebene Zitronenschale und Salz schaumig rühren. Nacheinander die Eier unterrühren und Zitronensaft zufügen. Mehl mit Backpulver mischen und eßlöffelweise dazugeben. Den fertigen Teig auf die Äpfel streichen.

4. Den Kuchen im vorgeheizten Ofen bei 200 bis 225°C (Gasherd: Stufe 3–4) etwa 45 Minuten backen.

5. Nach dem Backen etwa 10 Minuten abkühlen lassen, dann den Springformrand lösen, den Kuchen auf eine Platte stürzen und das Papier abziehen.

WINTERLICHE ERDBEERTORTE

Für etwa 12 Portionen

Teig:
200 g Mehl
1 gestr. TL Backpulver
100 g Margarine
50 g Zucker
2 Eigelb
Margarine für die Form

Belag:
2 Eiweiß
30 g geriebene Mandeln
20 g Orangeat
20 g Zitronat
50 g Puderzucker
1–2 EL Semmelmehl
2 P. TK-Erdbeeren

1. Das mit Backpulver gesiebte Mehl, Margarineflöckchen, Zucker und Eigelbe rasch zu einem glatten Mürbeteig verkneten. Eine gefettete Springform (26 cm Ø) damit auslegen (etwa ⅓ für den Rand verwenden), den Boden einige Male mit der Gabel einstechen. Im vorgeheizten Ofen bei 200°C (Gasherd: Stufe 3) etwa 15–20 Minuten backen.

2. Inzwischen Eiweiße steif schlagen und mit Mandeln, sehr fein gewürfeltem Orangeat und Zitronat und Puderzucker vermengen.

3. Den erkalteten Tortenboden mit Semmelmehl bestreuen, die aufgetauten Erdbeeren darauf verteilen und die Eiweißmasse darüberstreichen.

4. Die Torte bei 225°C (Gasherd: Stufe 4) 10 Minuten überbacken. Die Baisermasse soll sich goldgelb färben. Die abgekühlte Torte bald servieren.

KUCHEN MIT OBST

APRIKOSEN-KÜCHLEIN

Für etwa 18 Portionen

Teig:
100 g Margarine
50 g Zucker
1 P. Vanillinzucker
1 Prise Salz
2 Eier
4 EL saure Sahne
350 g Mehl
2 TL Backpulver

Füllung:
½ Dose (240 g) Aprikosen
etwa 20 g Kokosraspel

außerdem:
1 Eigelb
Pflanzenfett zum Ausbacken
etwa 10 g Puderzucker

1. Margarine mit Zucker, Vanillinzucker, Salz und Eiern schaumig rühren. Die Sahne zufügen. Das Mehl mit dem Backpulver mischen und zum Teil unterrühren; den Rest mit der Hand unterkneten und einige Zeit ruhen lassen. Dann den Teig etwa 5 mm dick ausrollen.
2. Die Aprikosen zum Abtropfen auf ein Sieb geben. Die Aprikosenhälften in Kokosraspeln wenden und in Abständen auf die Hälfte der Teigplatte setzen.
3. Das Eigelb verschlagen und um die Aprikosen pinseln. Die andere Hälfte der Teigplatte darüberklappen. Mit dem Finger die beiden Teigschichten zusammendrücken.
4. Die Aprikosen mit einer runden Ausstechform ausstechen. Die Teigränder, wenn nötig, nochmals zusammendrücken.
5. Pflanzenfett zum Ausbacken in einem Topf oder einer Friteuse auf etwa 175°C erhitzen. Die Aprikosenküchlein partieweise etwa 4 Minuten darin ausbacken. Abtropfen lassen und mit Puderzucker bestäubt servieren.

STACHELBEER-TÖRTCHEN MIT JOGHURT

Für 8 Stück

Teig:
175 g Mehl
1 Prise Salz
1 P. Vanillinzucker
1 EL Anislikör
175 g Margarine
175 g Magerquark
Margarine für die Formen

Belag:
750 g Stachelbeeren aus dem Glas
40 g Kokosraspel
50 g Zucker
2 Eier
150 g Vollmilchjoghurt
1 EL Anislikör
Zucker zum Bestreuen

1. Mehl, Salz, Vanillinzucker, Anislikör, Margarine und Quark rasch zu einem Teig verkneten und im Kühlschrank ruhen lassen.
2. Stachelbeeren zum Abtropfen auf ein Sieb geben; falls noch erforderlich, mit Zucker süßen. Kokosraspel mit 2 Eßlöffeln Zucker goldgelb rösten.
3. Teig ausrollen und 8 gefettete Törtchenformen (11 cm Ø) damit auslegen, Kokosraspel darüberstreuen und die abgetropften Stachelbeeren darauf verteilen. Eier, Vollmilchjoghurt, Anislikör und restlichen Zucker verrühren und über die Stachelbeeren gießen.
4. Die Törtchen im vorgeheizten Ofen bei 200 bis 225° C (Gasherd: Stufe 3–4) etwa 25 Minuten backen; danach sofort aus der Form nehmen und mit Zucker bestreuen.

BUXTEHUDER ZWETSCHENKUCHEN

Für 24 Portionen
Teig:
40 g Hefe
¼ l lauwarme Milch
125 g Zucker
500 g Mehl
1 Prise Salz
125 g zerlassene Margarine
1 Ei
Margarine für das Blech

Belag:
1,5 kg Zwetschen
75 g Hagelzucker, Zimt
50 g gehackte Mandeln

1. Die Hefe in die Milch bröckeln und mit je einer Prise Zucker und Mehl verrühren. Zugedeckt an einem warmen Ort 5–10 Minuten gehen lassen.
2. Mehl, Zucker, Salz, die abgekühlte Margarine, das verschlagene Ei in eine Rührschüssel geben, die Hefemilch zufügen, alles vermengen und den Teig kräftig kneten und schlagen (am besten mit der Küchenmaschine). Mit Folie abdecken und an einem warmen Ort bis zur doppelten Größe aufgehen lassen. Den Teig nochmals durchkneten, in eine gefettete Bratenpfanne streichen.
3. Die entkernten Zwetschen auf den Teig legen, den Teig nochmals aufgehen lassen und im vorgeheizten Ofen bei 200 bis 225°C (Gasherd: Stufe 3–4) 25–30 Minuten backen.
4. Hagelzucker mit Zimt mischen, zusammen mit den leicht gerösteten Mandeln über den warmen Kuchen streuen.

RHABARBERKUCHEN BOURBON

Für etwa 12 Portionen
Belag:
750 g Rhabarber

Teig:
125 g Margarine
200 g Zucker
1 P. Vanillinzucker
1 Prise Salz
3 Eier
200 g Mehl
70 g Speisestärke
2 gestr. TL Backpulver
2–3 EL Schlagsahne
3 EL gemahlene Mandeln
Margarine für die Form

Guß:
30 g Zucker
1 P. Puddingpulver Vanille
½ l Milch
1 Ei

1. Rhabarber putzen und in etwa 3 cm lange fingerdicke Stücke schneiden.
2. Margarine mit Zucker, Vannilinzucker und Salz schaumig rühren, nach und nach die Eier zufügen. Mehl und Backpulver mischen, abwechselnd mit der Schlagsahne unterrühren.
3. Den Teig in eine gefettete Springform (24 cm Ø) füllen, mit den gemahlenen Mandeln bestreuen und mit Rhabarber belegen. Im vorgeheizten Ofen bei 175°C (Gasherd: Stufe 3) etwa 40 Minuten backen.
4. Zucker, Puddingpulver und einige EL Milch verrühren, das Ei zugeben. Restliche Milch zum Kochen bringenn, angerührtes Puddingpulver unterrühren, kurz aufkochen lassen und von der Kochstelle nehmen. Den etwas abgekühlten Pudding über den Rhabarberkuchen streichen.

KUCHEN MIT OBST

ERDBEERTORTE SOMMERTRAUM

Für 12 Portionen

Teig:
1 P. Obstkuchen-Backmischung
125 g Margarine
2 Eier
4 EL Wasser
Margarine für die Form

Belag:
250 g Quark (20% Fett)
125 g Zucker
1 P. Vanillinzucker
abgeriebene Schale von 1 Zitrone
3 EL Zitronensaft
3 Blatt weiße Gelatine
1/8 l Schlagsahne
1 kg Erdbeeren

Guß:
1/8 l Apfelsaft
1/8 l Rotwein
2 EL Zitronensaft
30 g Zucker
1 P. roter Tortenguß

1. Aus der Obstkuchen-Backmischung, Margarine, Eiern und Wasser nach Anweisung den Teig bereiten und in eine gefettete Springform (26 cm Ø) füllen. Im vorgeheizten Ofen bei 175 bis 200° C (Gasherd: Stufe 2–3) 20–25 Minuten backen.
2. Den Quark mit Zucker, Vanillinzucker, Zitronensaft und Zitronenschale verrühren. Die aufgelöste Gelatine unter den Quark rühren; kalt stellen. Sahne steifschlagen und unter die halbsteife Quarkmasse heben.
3. Die Quark-Sahne-Masse auf den abgekühlten Tortenboden geben, die geputzten, eventuell halbierten Erdbeeren darauf verteilen.
4. Apfelsaft, Rotwein, Zitronensaft und Zucker nach Anweisung mit Tortenguß binden und über die Erdbeeren geben.

TIROLER APFELSTRUDEL

Für 4–6 Portionen

Teig:
250 g Mehl, ½ TL Salz
⅛ l lauwarmes Wasser
40 g zerlassene Margarine
1 EL Semmelmehl

Füllung:
1 kg Äpfel, 125 g Zucker
½ TL Zimt
75 g Rosinen oder Korinthen
1 P. Vanillinzucker
50 g gehackte Mandeln

außerdem:
Margarine zum Bestreichen
50 g Puderzucker

1. Mehl, Salz, Wasser und Margarine zu einem Teig verarbeiten und so lange kneten, bis er weich und geschmeidig ist. Mit warmem Wasser bestreichen und in einem vorgewärmten Topf 30 Minuten ruhen lassen.
2. Den Teig auf einem bemehlten Tuch ausrollen und sehr dünn ausziehen. Man muß das Tuch durch den Teig sehen können. Mit Semmelmehl bestreuen.
3. Die geschälten Äpfel in feine Scheiben schneiden und mit Zucker, Zimt, Rosinen, Vanillinzucker und Mandeln mischen. Auf den Teig geben. Die Ränder seitlich 2 cm umschlagen, den Strudel nicht zu fest aufrollen, mit Margarine bestreichen und bei 200–225° C (Gasherd: Stufe 3–4) 50–60 Minuten backen. Während des Backens ein- bis zweimal mit Margarine bestreichen.
4. Den Strudel mit Puderzucker bestreut warm als Nachtisch oder kalt zum Kaffee servieren.

STACHELBEERPIE

Für etwa 16 Portionen
Füllung:
1 kg Stachelbeeren
125 g Zucker
40 g Speisestärke

Teig:
1 P. Obstkuchen-Backmischung
125 g Margarine
1 Ei
2 EL Wasser

Guß:
100 g Marzipanmasse
50 g Zucker
1 Eiweiß

1. Die geputzten Stachelbeeren mit Zucker kurz durchdünsten (nicht zu weich werden lassen), dann mit der in kaltem Wasser angerührten Speisestärke binden. Abkühlen lassen.
2. Aus der Obstkuchen-Backmischung, Margarine, Ei und Wasser nach Anweisung den Teig bereiten und in eine gefettete Pieform (28 cm Ø) verteilen, dabei am Rand hochziehen.
3. Die Stachelbeeren auf den Teig geben (Flüssigkeit zurücklassen) und den Kuchen im vorgeheizten Ofen bei 200°C (Gasherd: Stufe 3) 20–25 Minuten backen.
4. Die Marzipanmasse mit Zucker und Eiweiß verrühren, nicht schaumig schlagen. Die Masse in einen Spritzbeutel füllen und die Torte damit garnieren. Unter vorgeheiztem Grill goldgelb überbacken.

RHABARBERKRANZ

Für etwa 20 Portionen

250 g Margarine
250 g Zucker
2 P. Vanillinzucker
1 Prise Salz
5 Eigelb
100 g gemahlene Mandeln
375 g Rhabarber
250 g Mehl
1 P. Backpulver
5 Eiweiß
Margarine und Semmelbrösel für die Form
Puderzucker zum Bestäuben

1. Margarine mit Zucker, Vanillinzucker, Salz und Eigelben gut schaumig rühren. Mandeln mit dem kleingeschnittenen Rhabarber vermengen und dazugeben. Mehl mit Backpulver vermischen, unterrühren und zum Schluß die geschlagenen Eiweiße vorsichtig unterheben.
2. Den Teig in eine gefettete und ausgebröselte Kranzform (26 cm Ø) füllen. Im vorgeheizten Ofen bei 175°C (Gasherd: Stufe 2) etwa 60 Minuten backen.
3. Den Kranz stürzen und vor dem Anrichten mit Puderzucker bestäuben.

KIRSCH-MARZIPAN-KUCHEN

Für etwa 20 Portionen

125 g Margarine
200 g Zucker
2 P. Vanillinzucker
4 Eier
1 Prise Salz
abgeriebene Schale von 1 Zitrone
300 g Mehl
2 TL Backpulver
250 g Marzipanrohmasse
200 g Schattenmorellen (Glas)
Margarine und Semmelmehl für die Form
150 g Kuvertüre

1. Margarine, Zucker und Vanillinzucker schaumig rühren. Eier, Salz und Zitronenschale dazugeben und gut unterrühren. Mehl und Backpulver mischen und nach und nach zugeben. Zerkleinerte Marzipanrohmasse unterrühren. Zuletzt die gut abgetropften Kirschen vorsichtig unterheben.

2. Den Teig in eine gefettete, gebröselte Kastenform (28 cm) füllen und im vorgeheizten Backofen bei 150 bis 175°C (Gasherd: Stufe 1–2) 70–80 Minuten backen. Vor dem Stürzen etwas abkühlen lassen. Nach Belieben mit flüssiger Kuvertüre bepinseln.

SCHWÄBISCHER TRÄUBLESKUCHEN

Für etwa 12 Portionen

Teig:

250 g Mehl
125 g Margarine
100 g Zucker, 1 Prise Salz
2 Eigelb
abgeriebene Schale von ½ Zitrone
Margarine für die Form

Belag:

500 g Johannisbeeren
4 Eiweiß
150 g Zucker
1 EL Speisestärke

1. Mehl, Margarine, Zucker, Salz, Eigelbe und Zitronenschale zu einem Knetteig verarbeiten. 30 Minuten kalt stellen. Dann ausrollen und eine gefettete Springform (26 cm Ø) damit auslegen. Im vorgeheizten Ofen bei 200°C (Gasherd: Stufe 3) 20–25 Minuten backen.

2. Inzwischen Johannisbeeren waschen und abzupfen. Gut abtropfen lassen.

3. Eiweiße sehr steif schlagen, Zucker und Speisestärke darunterziehen und die Masse noch weitere 5 Minuten schlagen. Die Johannisbeeren vorsichtig mit der Schaummasse mischen, auf den Tortenboden geben.

4. Den Kuchen bei 150 bis 175°C (Gasherd: Stufe 1–2) in etwa 40 Minuten backen.

BROMBEER-SCHNITTEN

Für etwa 24 Portionen

Teig:
250 g Mehl
150 g Zucker
1 Prise Salz
150 g Margarine
1 Ei
40 g gemahlene Mandeln
2 EL Rum
Margarine für das Blech

Belag:
3 EL Brombeerkonfitüre
1 EL Maraschino
500 g Brombeeren
20 g Kokosraspel
10 g Zucker

Guß:
500 g Quark (20% Fett)
125 g Zucker
1 P. Vanillinzucker
abgeriebene Schale von
1 Zitrone, 6 EL Zitronensaft
7 Blatt weiße Gelatine
250 g Schlagsahne

Glasur:
2 EL Brombeerkonfitüre
knapp ¼ l Brombeersaft
3 Blatt weiße Gelatine

1. Mehl, Zucker und Salz auf einem Backbrett mischen, die gut gekühlte Margarine in Stücken daraufgeben und mit einem Pfannenmesser gut durchhacken; Ei, Mandeln und Rum in eine Vertiefung geben und alles rasch zu einem glatten Teig verkneten, 30 Minuten kalt stellen.
2. Den Teig ausrollen und die Hälfte eines gefetteten Backblechs damit auslegen. Nochmals glattrollen, mit einer Gabel mehrmals einstechen und im vorgeheizten Ofen bei 200–225°C (Gasherd: Stufe 3–4) 10–15 Minuten backen.
3. Brombeerkonfitüre mit Maraschino verrühren, auf die warme Teigplatte streichen, die Brombeeren darauf verteilen. Kokosraspel und Zucker goldgelb rösten, darüberstreuen.
4. Quark, Zucker, Vanillinzucker, Zitronenschale und -saft verrühren, eingeweichte Gelatine in etwas Wasser bei schwacher Hitze auflösen und darunterrühren. Schlagsahne unter die halbsteife Quarkmasse heben und gleichmäßig über die Brombeeren verteilen.
5. Brombeerkonfitüre verrühren und mit Brombeersaft auf ¼ l auffüllen. Eingeweichte Gelatine in etwas Wasser bei schwacher Hitze auflösen, unter den Brombeersaft rühren, leicht ansteifen lassen und mit einem Pinsel auf die Quarkplatte streichen. Das Gebäck im Kühlschrank erstarren lassen, dann in Portionsstücke teilen.

APFELKUCHEN CALVADOS

Für 16 Portionen

Teig:
750 g Mehl
175 g Zucker
2 P. Vanillinzucker
375 g Margarine
3 Eier
Margarine für das Blech

Füllung:
2½ kg Kochäpfel
⅜ l Weißwein
⅜ l Wasser
abgeriebene Schale von 1 Zitrone
125 g Zucker
80 g gehackte Mandeln
150 g Korinthen
½ l Apfelsaft vom Kochen
25 g Speisestärke

Guß:
200 g Puderzucker
6 EL Calvados
20 g Kokosfett (100%)

1. Aus Mehl, Zucker, Vanillinzucker, Margarine und Eiern einen Mürbeteig bereiten und abgedeckt im Kühlschrank ruhen lassen.
2. Inzwischen die Äpfel schälen und in dickere Spalten schneiden. Weißwein, Wasser, Zitronenschale und Zucker aufkochen und die Äpfel darin portionsweise halbgar kochen. Zum Abtropfen auf ein Sieb geben.
3. Die Hälfte des Teiges ausrollen und auf ein gefettetes Blech oder in die Bratenpfanne geben. Die Mandeln daraufstreuen. Die abgekühlten Äpfel darüber verteilen, mit den Korinthen bestreuen. Den Apfelsaft (wenn nötig mit Wasser aufgefüllt) mit angerührter Speisestärke binden und über die Äpfel verteilen.
4. Den restlichen Teig ausrollen, die Äpfel damit bedecken und am Rand festdrücken, mit einer Gabel mehrmals einstechen. Im vorgeheizten Ofen bei 225°C (Gasherd: Stufe 4) etwa 30 Minuten backen.
5. Aus Puderzucker, Calvados und flüssigem Kokosfett einen Guß bereiten und über den etwas abgekühlten Kuchen pinseln. Dann in Portionsstücke schneiden.

DIE SCHÖNSTEN TORTEN FÜR GENIESSER

Tortenträume, die Wirklichkeit werden: Sie müssen kein Konditor sein, um sich und Ihre Lieben mit verführerischen, zauberhaft dekorierten Schlemmereien zu verwöhnen, wie sie die folgenden Seiten zeigen. Wählen Sie aus, und probieren Sie – auch Ihre Lieblingstorte ist bestimmt dabei!

SCHOKOLADEN-TORTE WINDMÜHLE

Für 12 Portionen
Teig:
250 g Margarine
250 g Zucker
1 Prise Salz, 5 Eier
300 g Mehl, ½ P. Backpulver
1 EL Pulverkaffee
3 EL warmes Wasser
Margarine für die Form
1 ½ EL Kakao
1 EL warmes Wasser
1 EL Kakaolikör

Füllung:
½ l Milch
1 P. Schokoladenpuddingpulver
150 g Zucker, ½ EL Kakao
200 g Margarine

zum Verzieren:
Schokostäbchen
hauchdünne Täfelchen Edelbitter

1. Aus Margarine, Zucker, Salz, Eiern, Mehl und Backpulver einen Rührteig bereiten. Pulverkaffee im Wasser auflösen und unterrühren.
2. Die Hälfte des Teiges in eine gefettete Springform (24 cm Ø) füllen und im vorgeheizten Ofen bei 175°C (Gasherd: Stufe 2) etwa 35 Minuten backen.
3. Inzwischen Kakao mit warmem Wasser und Kakaolikör mischen und unter den restlichen Teig geben.
4. Den ersten Boden abkühlen lassen und einmal durchschneiden. Den dunklen Teig ebenso backen, abkühlen lassen und durchschneiden.
5. Aus Milch, Puddingpulver, Zucker und Kakao einen Pudding kochen und abgedeckt erkalten lassen. Margarine schaumig rühren und den Pudding unterziehen.
6. Die Kuchenschichten abwechselnd hell und dunkel mit der Puddingcreme füllen und außen eine Windmühlenform aufspritzen. Die Zwischenräume oben mit Schokostäbchen und den Rand mit halbierten hauchdünnen Täfelchen verzieren.

ZIMTTORTE

Für etwa 12 Portionen
Teig:
4 Eigelb
3 EL warmes Wasser
125 g Zucker
1 P. Vanillinzucker
1 Prise Salz
2 EL Zimt
4 Eiweiß
75 g Mehl
50 g Speisestärke
1 Msp. Backpulver
Margarine für die Form

Füllung:
½ l Milch
1 P. Puddingpulver Vanille
2 Eigelb
125 g Zucker
3 EL weißer Rum
3 TL Zimt
250 g Margarine

Guß:
100 g Puderzucker
2–3 EL weißer Rum
Schokoladenraspel zum Garnieren

1. Die Eigelbe mit Wasser, Zucker, Vanillinzucker und Salz schaumig schlagen, Zimt unterrühren. Eiweiße steif schlagen, auf die Eigelbmasse geben. Mehl, Speisestärke und Backpulver mischen, darübersieben und alles mit einem Schneebesen vorsichtig mischen. Den Teig in eine gefettete Springform (24 cm Ø) füllen und im vorgeheizten Ofen bei 200°C (Gasherd: Stufe 3) etwa 40 Minuten backen.

2. Aus Milch, Puddingpulver, Eigelben, Zucker, Rum und Zimt nach Anweisung einen Pudding kochen. Margarine zerlassen und abgekühlt langsam unter den warmen Pudding rühren.
3. Den Tortenboden zweimal durchschneiden und mit der Creme füllen.
4. Puderzucker und Rum verrühren und die Torte damit beziehen. Mit Schokoladenraspeln garnieren.

MARONEN-EISTORTE

Für 8 Portionen

630 g Maronen (Eßkastanien) aus der Dose
3/8 l Milch, 125 g Zucker
1 Vanilleschote, 1 Prise Salz
125 g Margarine
50 g Kakao, 4 cl Rum
150–200 g Makronen
2 EL Rum, 200 g Schlagsahne
1 EL Margarine, 2 EL Zucker
100 g Mandelkrokant

1. 6 Kastanien für die Dekoration beiseite stellen und den Rest im Mixer pürieren oder durch ein Sieb streichen. Zusammen mit Milch, Zucker, dem Mark der Vanilleschote und etwas Salz aufkochen und unter ständigem Rühren etwa 40 Minuten köcheln lassen, bis die Masse eingedickt ist; abkühlen lassen. Dann weiche Margarine, Kakao, Rum unterrühren.
2. Die Makronen in einer Schüssel zerbröseln, mit Rum beträufeln und etwas ziehen lassen.
3. Springform (18 cm Ø) mit feuchtem Pergament auslegen, eine Schicht Maronencreme einfüllen, die Hälfte der zerbröselten Makronen darüberstreuen, wieder Maronencreme, dann Maronenbrösel und zuletzt wieder Maronencreme darauf geben. Die Torte für etwa 80 Minuten ins Tiefgefrierfach stellen.

4. Inzwischen die Sahne steif schlagen und die gekühlte Torte rundum damit bestreichen.
5. Die 6 zurückgelassenen Kastanien in der Pfanne mit Margarine wenden und mit Zucker glasieren. Die Eistorte mit Krokant bestreuen, mit den Maronen verzieren und sofort servieren.

MOKKATORTE

Für 12 Portionen
Teig:
3 Eigelb
3 EL lauwarmes Wasser
1 Prise Salz
150 g Zucker
50 g Margarine
3 Eiweiß, 75 g Mehl
50 g Speisestärke
1 TL Backpulver
Margarine für die Form

Baisermasse:
1 Eiweiß
50 g Zucker

Füllung:
1/8 l Eierlikör
5 g Pulverkaffee
1 TL Kakao
50 g Puderzucker
5 Blatt weiße Gelatine
500 g Schlagsahne

1. Eigelbe, Wasser, Salz und Zucker schaumig rühren, die zerlassene und wieder abgekühlte Margarine zufügen. Eiweiße steif schlagen, daraufgeben. Mehl, Speisestärke und Backpulver vermischen, darübersieben und alles vorsichtig unterheben.

2. Den Boden einer Springform (24 cm Ø) fetten, den Teig hineinfüllen und im vorgeheizten Ofen bei 175°C (Gasherd: Stufe 2) 25–30 Minuten backen.

3. Pergamentpapier in der Größe der Springform ausschneiden und in 12 Tortenstücke knicken. Das Papier einfetten, auf ein Blech legen. Eiweiß steif schlagen, nach und nach Zucker darunterschlagen. Die Baisermasse in einen Spritzbeutel geben und Garnierungen für die Torte auf das Pergamentpapier spritzen. Sofort bei 50°C (Gasherd: Stufe 1 bei spaltbreit offener Tür) etwa 40 Minuten trocknen lassen.

4. Den abgekühlten Biskuitboden einmal durchschneiden. Eierlikör, Kaffee, Kakao und Puderzucker gut verrühren. Die eingeweichte Gelatine in etwas Wasser bei schwacher Hitze auflösen und unter die Mokkamasse rühren. Schlagsahne steif schlagen und unter die halbsteife Masse heben.

5. Die Hälfte der Füllung auf den Boden im Springformrand verteilen, den zweiten Boden darauflegen, die restliche Füllung darauf verteilen. Die Baisergarnierung darauf anordnen und die fertige Torte kalt stellen.

Der Tip:
Sie können diese Torte auch halb gefroren servieren.

PFIRSICHTORTE MIT MANDELCREME

Für 12 Portionen

Teig:
100 g Margarine
100 g Zucker
1 Prise Salz, 3 Eier
40 g gemahlene Mandeln
100 g Weizenmehl Type 550
50 g Weizenmehl Type 1050
1 TL Backpulver
Margarine für die Form

Creme:
1 P. Puddingpulver Mandel
1/4 l Milch
50 g Zucker, 2 Eier
250 g Schlagsahne

Belag:
3 Kiwis
1 große Dose Pfirsiche
4 EL Aprikosenkonfitüre
geröstete Mandelblätter

1. Margarine, Zucker, Salz und Eier schaumig rühren, Mandeln und das mit Backpulver gemischte Mehl dazugeben. Den Teig in eine gefettete Springform (24 cm Ø) einfüllen und bei 175 bis 200°C (Gasherd: Stufe 2–3) etwa 25 Minuten backen.

2. Puddingpulver mit etwas Milch, Zucker und Eiern verrühren. Schlagsahne und restliche Milch aufkochen, angerührtes Puddingpulver unter Rühren zugeben und nochmals kurz aufkochen lassen. Unter gelegentlichem Umrühren abkühlen lassen.

3. Springformrand über den Tortenboden stellen und den fast festen Pudding einfüllen. Im Kühlschrank erstarren lassen.

4. Kiwis abziehen, in Scheiben schneiden und zusammen mit den gut abgetropften Pfirsichen auf den Pudding legen.

5. Aprikosenkonfitüre erhitzen, durch ein Sieb streichen und die Pfirsiche damit beziehen. Die Torte mit Mandelblättern bestreuen. Eventuell mit Sahne garnieren.

ANANAS-MARZIPANTORTE

Für 12 Portionen
Teig:
150 g Marzipanrohmasse
175 g Margarine
175 g Zucker
1 P. Vanillinzucker
3 Eier
300 g Weizenmehl
2 gestr. EL Backpulver
50 g gemahlene Mandeln
4 Scheiben oder 200 g Ananas in Stücken

Verzierung:
100 g Marzipanrohmasse
50 g Puderzucker
rote und grüne Speisefarbe
1 P. Schokoglasur

1. Marzipanmasse und Margarine mit dem Handrührgerät zu einer weichen Masse verrühren. Nach und nach Zucker, Vanillinzucker und Eier untermengen. Danach mit Backpulver vermischtes Mehl löffelweise und die Mandeln zugeben. Ananas gut abtropfen lassen, in kleine Stücke schneiden und zum Teig geben.
2. Den Teig in eine mit Pergamentpapier ausgelegte Springform (26 cm Ø) geben und auf der mittleren Schiene im vorgeheizten Backofen bei 175°C (Gasherd: Stufe 2) 60–70 Minuten backen.
3. Marzipanmasse mit Puderzucker zu einer formbaren Masse verkneten. Die Hälfte der Masse mit roter Speisefarbe färben, ein Viertel bleibt weiß, das andere Viertel wird grün gefärbt.
4. Schokoglasur im Wasserbad erhitzen und den Kuchen damit bestreichen. Trocknen lassen.

5. Marzipanmasse dünn ausrollen und zwei Herzen, sowie Blätter ausschneiden. Mit einem Messerrücken Rippen in die Blätter drücken.

6. Für die Rosen zunächst kleine, etwa 2 cm hohe Kegel formen. Das restliche Marzipan ausrollen und viele kleine Kreise (3–3,5 cm Ø) ausstechen, dann die Kreise halbieren.
7. Die Kreishälften versetzt mit der abgerundeten Seite nach oben lose um den Kegel legen und unten fest andrücken. Die fertigen Rosen hübsch auf dem Herz anordnen.

MARZIPANTORTE

Für 12 Portionen

Teig:
4 Eigelb
3 EL warmes Wasser
125 g Zucker
1 P. Vanillinzucker
1 Prise Salz
75 g eben zerlassene Margarine
4 Eiweiß
75 g Mehl
75 g Speisestärke
1 Msp. Backpulver
Margarine für die Form

Belag:
100 g Orangenkonfitüre
400 g Marzipanrohmasse
150 g Puderzucker
2 EL Rum
625 g Schlagsahne
25 g Zucker
1 P. Vanillinzucker
2 P. Sahnesteif
60 g gemahlene Haselnüsse
4 EL Instant-Schokoladenpulver

1. Eigelbe mit Wasser, Zucker, Vanillinzucker und Salz gut schaumig rühren und die abgekühlte Margarine zufügen. Die Eiweiße schlagen und auf die Masse geben, Mehl und Speisestärke mit Backpulver vermischt darübersieben und alles vorsichtig unterheben.
2. Den Teig in eine gefettete Springform (26 cm Ø) füllen und im vorgeheizten Ofen bei 225°C (Gasherd: Stufe 3–4) 35–40 Minuten backen.
3. Abgekühlt einmal durchschneiden und auf den unteren Boden die glattgerührte Konfitüre streichen.
4. Marzipanmasse mit Puderzucker und Rum verkneten und zwei runde Platten in Tortenbodengröße ausrollen. Einen Marzipanboden auf den bestrichenen Boden geben.
5. Sahne mit Zucker, Vanillinzucker und Sahnesteif schlagen, Haselnüsse und Schokoladenpulver unterrühren.
6. Die Torte wie folgt füllen: 1/3 der Sahne auf den Marzipanboden, darüber die zweite Teigplatte, dann das zweite Drittel Sahne darauf und die restliche Sahne um die Torte herum garnieren. Obenauf den zweiten Marzipanboden legen.
7. Die Marzipanreste zusammenkneten, ausrollen und beliebige Formen ausstechen. Unterm Grill kurz bräunen und die Torte damit garnieren.

ORANGENBERG

Für 12 Portionen

Teig:
- 100 g Margarine
- 2 Eier
- 125 g Zucker
- 1 P. Vanillinzucker
- 1 Prise Salz
- 100 g Mehl
- 1½ TL Backpulver
- 2–3 EL Schlagsahne
- Margarine und Semmelmehl für die Form

Belag:
- 4 EL Abricot Brandy
- 5 Blatt weiße Gelatine
- 3 Orangen
- 500 g Schlagsahne
- 30 g Zucker
- 1 P. Vanillinzucker
- etwas abgeriebene Orangenschale

Guß:
- ⅛ l Orangensaft
- 40 g Zucker
- ½ P. klarer Tortenguß
- Pistazien zum Garnieren

1. Margarine schmelzen und abkühlen lassen. Eier, Zucker, Vanillinzucker und Salz schaumig rühren, Margarine zufügen. Mehl mit Backpulver mischen, unterrühren, Sahne ebenfalls untermengen.

2. Den Teig in eine gefettete und mit Semmelmehl ausgebröselte Form (26 cm Ø) geben und im vorgeheizten Ofen bei 175–200°C (Gasherd: Stufe 2–3) 20–25 Minuten backen, abkühlen lassen.

3. Boden mit Abricot Brandy beträufeln. Gelatine einweichen.

4. Orangen schälen, in Scheiben schneiden, auf ein Sieb geben. Sahne mit Zucker, Vanillinzucker und Orangenschale steif schlagen.

5. Die Gelatine abgießen, bei schwacher Hitze auflösen, unter die Schlagsahne rühren. Einen Teil der Sahne in den Spritzbeutel geben und den Tortenrand damit garnieren, den Rest hügelförmig auf den Boden streichen. Den Sahneberg mit Orangenscheiben belegen.

6. Den abgetropften Orangensaft mit Orangensaft auf ⅛ l auffüllen. Mit Zucker und Tortengußpulver nach Anweisung einen Tortenguß bereiten, über die Früchte geben. Den Rand des Orangenbergs mit gehackten Pistazien garnieren.

DIE SCHÖNSTEN TORTEN

ANANASTORTE MIT HIMBEERSAHNE

Für 12 Portionen
Teig:
175 g Margarine
150 g Zucker
1 P. Vanillinzucker
5 Eier
1 Prise Salz
abgeriebene Schale von 1 Zitrone
300 g Mehl
2 TL Backpulver
80 g feingehackte Walnüsse
Margarine für die Form

Füllung:
250 g Himbeeren
30 g Zucker
1 l Schlagsahne
4 P. Sahnesteif
3 P. Vanillinzucker
1 frische Ananas in Scheiben

1. Aus Margarine, 125 g Zucker, dem Vanillinzucker, Eiern, Salz, Zitronenschale, Mehl und Backpulver einen Rührteig bereiten. Walnüsse und 25 g Zucker gut mischen.

2. Den Teig in 6 Portionen teilen. Eine Portion auf einen gefetteten Springformboden (26 cm Ø) streichen, dünn mit etwas Zucker-Nuß-Mischung bestreuen und im vorgeheizten Ofen bei 200°C (Gasherd: Stufe 3) 8–10 Minuten goldbraun backen und sofort vorsichtig auf Pergamentpapier schieben und abkühlen lassen. Auf die gleiche Weise 5 weitere Böden backen. Einen Boden noch warm in 12 Stücke teilen.

3. Himbeeren mit Zucker bestreuen. Ein paar zum Garnieren zurückbehalten und die restlichen pürieren. Sahne mit Sahnesteif und Vanillinzucker schlagen, Himbeerpüree unterheben. Zum Spritzen etwas Himbeersahne zurückbehalten.

4. Die Böden mit Himbeersahne bestreichen und aufeinandersetzen. Die 12 abgeteilten Stücke fächerartig auf die Torte setzen und mit gespritzter Sahne festhalten. Ananasscheiben (eventuell halbiert) in die Zwischenräume setzen und mit Himbeeren garnieren.

OBSTTORTE KARIBIK

Für 12 Portionen

Teig:
100 g Mehl
65 g Puderzucker
1 Prise Salz
65 g gemahlene Mandeln
65 g Margarine
Margarine für die Form
Sahnesteif zum Bestreuen

Belag:
1 Dose Cream of Coconut
6 Blatt weiße Gelatine
250 g Schlagsahne
1 Dose Ananas in Scheiben
2 Bananen
3 Kiwis
1 Dose Mandarinen

Guß:
1/8 l Ananassaft, 1 EL Zucker
1/2 P. klarer Tortenguß

1. Aus den Teigzutaten einen Knetteig bereiten, ausrollen und den Boden einer gefetteten Springform (26 cm Ø) damit auslegen. Im vorgeheizten Ofen bei 200°C (Gasherd: Stufe 3) 12–15 Minuten backen. Abgekühlt mit einem Tortenring umranden und Sahnesteif auf den Boden streuen.
2. 1/4 l Cream of Coconut in eine Schüssel geben, die eingeweichte, nach Anweisung aufgelöste Gelatine unterrühren. Sahne steif schlagen, unter die halbsteife Creme heben, auf dem Tortenboden glattstreichen.
3. Abgetropfte Ananasscheiben in Drittel oder halbe Ringe schneiden, Bananenscheiben leicht mit Zitronensaft bepinseln, Kiwis in Scheiben schneiden und eventuell halbieren, Mandarinen abtropfen lassen.
4. Alle Früchte beliebig auf dem Tortenboden verteilen und dabei etwas in die Creme drücken. Aus Ananassaft, Zucker und Tortenguß nach Anweisung einen Guß bereiten und die Früchte damit überglänzen.

Der Tip:
Den Rest der Cream of Coconut können Sie für kurze Zeit im Schraubglas im Kühlschrank aufbewahren. Er läßt sich gut für Obstsalate, Mixgetränke usw. verwenden.

BIRNENTORTE MIT MANDELKROKANT

Für 12 Portionen

Mürbeteig:
150 g Mehl
½ gestr. TL Backpulver
65 g Zucker
60–80 g Margarine
1 kleines Ei

Belag:
1 Dose Birnen (485 g) oder etwa 600 g frische Birnen (weiche Sorte)

Biskuitteig:
3 große Eigelb
2–3 EL Birnenschnaps
150 g Zucker
3 große Eiweiß
75 g Mehl
75 g Speisestärke
50 g gemahlene Mandeln
20 g Kakao
3 gestr. TL Backpulver

zum Verzieren:
4 Birnenhälften
etwas Schokoglasur
1 P. Zitronen- oder Schokoglasur
1 P. Mandelkrokant

1. Die Mürbeteigzutaten verkneten und den Teig kalt stellen. Anschließend ausrollen, in eine gefettete Springform (26 cm Ø) geben und im vorgeheizten Ofen bei 200°C (Gasherd: Stufe 3) 10 Minuten backen.
2. Die gut abgetropften Birnenhälften mit den Schnittflächen nach unten auf den Mürbeteigboden legen.
3. Eigelbe mit Birnenschnaps schaumig schlagen. Zucker zugeben und so lange schlagen, bis er gelöst ist. Eiweiße zu steifem Schnee schlagen, darübergeben. Mehl, Speisestärke, Mandeln, Kakao und Backpulver darübersieben. Alles mit einem Schneebesen vorsichtig vermischen.
4. Den Biskuitteig über die Birnen gießen und die Torte im vorgeheizten Ofen bei 175–200°C (Gasherd: Stufe 2–3) etwa 50 Minuten fertigbacken.
5. Birnenhälften mit Schokoglasur beziehen. Den Kuchen rundherum mit Zitronenglasur bestreichen, den Rand mit Krokant bestreuen und die Schokoladenbirnen auf die Torte legen.

TROPENTORTE COCO

Für 12 Portionen

Teig:
125 g Margarine
75 g Puderzucker
1 P. Vanillinzucker
1 Ei
1 Prise Salz
250 g Mehl
½ Fl. Rumaroma
Margarine für die Form

Belag:
200 g Datteln
100 g Margarine
100 g brauner Zucker
100 g Coco-Crispis
1 Dose Ananasscheiben (800 ml)
1 P. klarer Tortenguß
4 Rumkugeln

SACHERTORTE

Für 12 Portionen

125 g Blockschokolade
60 g ungeschälte Mandeln
125 g Margarine
125 g Zucker
5 Eigelb
125 g Mehl
1 geh. TL Backpulver
5 Eiweiß
Margarine für die Form
1/8 l Weinbrand
200 g Aprikosenmarmelade
125 g Kuvertüre

1. Schokolade und Mandeln mahlen. Margarine mit Zucker, Eigelben und Schokolade schaumig rühren. Mehl mit Backpulver mischen und vorsichtig unterrühren, dann die Mandeln unter den Teig heben. Eiweiße zu steifem Schnee schlagen und ebenfalls unter den Teig heben.
2. Den Boden einer Springform (24 cm Ø) einfetten, den Teig einfüllen und im vorgeheizten Ofen bei 200 bis 225°C (Gasherd: Stufe 3–4) 40–45 Minuten backen.
3. Den Boden etwas abkühlen lassen und einmal durchschneiden. Beide Böden mit Weinbrand beträufeln und auskühlen lassen.
4. Einen Boden mit Marmelade bestreichen, wieder zusammensetzen und die Außenseite mit der restlichen Marmelade bestreichen. Die Kuvertüre schmelzen lassen und die Torte damit beziehen.

1. Margarine schaumig rühren, Puderzucker und Vanillinzucker unterrühren. Mit Ei, Salz, Mehl und Rumaroma zu einem lockeren Teig verkneten und kalt stellen.
2. Eine gefettete Obstkuchenform (26 cm Ø) mit dem Teig auslegen, im vorgeheizten Ofen bei 200°C (Gasherd: Stufe 3) 15–20 Minuten backen und abkühlen lassen.
3. Datteln entsteinen und in kleine Würfel schneiden. Margarine in einer Pfanne erhitzen und die Datteln darin weichdünsten. Zucker unterrühren und zum Schluß die Coco-Crispis zugeben.
4. Die warme Knuspermasse auf dem Tortenboden verteilen und andrücken. Mit Ananasscheiben belegen und mit nach Anweisung des Herstellers zubereitetem Tortenguß beziehen. Die Torte mit halbierten Rumkugeln verzieren.

DIE SCHÖNSTEN TORTEN

SCHWARZWÄLDER KIRSCHTORTE

Für 12 Portionen

Teig:
75 g Margarine, 75 g Zucker
1 P. Vanillinzucker
1 Prise Salz, 4 Eigelb
75 g dunkle Schokolade
2 EL Kirschwasser
75 g gemahlene Mandeln
4 Eiweiß, 75 g Mehl
1 geh. TL Backpulver
Margarine für die Form

Füllung:
½ Glas Sauerkirschen
8 EL Kirschwasser
4 Blatt Gelatine
500 g gesüßte Schlagsahne
30 g Borkenschokolade

1. Margarine, Zucker, Vanillinzucker, Salz und Eigelbe schaumig rühren. Schokolade zerbröckeln, mit heißem Wasser übergießen, etwas stehenlassen, dann das Wasser bis auf etwa 2 EL abgießen. Schokolade glattrühren, mit Kirschwasser und Mandeln unter die Eigelbmasse ziehen.
2. Eiweiße steif schlagen und daraufgeben. Mehl mit Backpulver mischen, darübersieben und alles vorsichtig unterheben.
3. Den Teig in eine gefettete Springform (24 cm Ø) füllen und im vorgeheizten Ofen bei 175°C (Gasherd: Stufe 2) etwa 50 Minuten backen.
4. Sauerkirschen abtropfen lassen. Den abgekühlten Tortenboden einmal durchschneiden und mit Kirschwasser beträufeln. Gelatine einweichen, bei schwacher Hitze auflösen und unter die Sahne ziehen.
5. Den unteren Boden mit Sahne bestreichen, die Kirschen daraufgeben, mit dem zweiten Boden bedecken und ringsum mit der restlichen Sahne bestreichen. Die Torte mit Borkenschokolade garnieren.

SÜDSEETORTE

Für 12 Portionen
Knetteig:
125 g Mehl
40 g Zucker
20 g Kokosraspel
75 g Margarine
Margarine für die Form

Biskuitteig:
2 Eigelb
2 EL Wasser
65 g Zucker
2 Eiweiß
50 g Mehl
25 g Speisestärke

zum Bestreichen:
30 g Aprikosenmarmelade

Belag:
500 g Äpfel
1/8 l Weißwein
40 g Zucker
abgeriebene Schale von 1 Zitrone
1 Dose Papayawürfel (260 g)
etwa 4 EL Weißwein
5 Kiwis
2 EL Zitronensaft
2 P. klarer Tortenguß

Baiserhaube:
2 Eiweiß
75 g Zucker, 1 Prise Zimt
30 g Kokosraspel

1. Knetteigzutaten verkneten, etwas ruhen lassen, dann ausrollen und den gefetteten Boden einer Springform (24 cm Ø) damit auslegen. Den Teig mehrmals einstechen und im vorgeheizten Ofen bei 225°C (Gasherd: Stufe 4) etwa 10 Minuten backen.
2. Inzwischen Eigelbe, Wasser und Zucker gut schaumig schlagen, Eiweiße steif schlagen, auf die Eimasse geben, dann Mehl und Speisestärke darübersieben und alles vorsichtig unter die schaumige Masse heben.
3. Marmelade (wenn sie sehr steif ist, mit etwas Wasser verrühren) mit dem Pinsel auf den heißen Boden streichen, dann die Biskuitmasse darauf verteilen und das Ganze weitere 12–15 Minuten backen. Den Boden abkühlen lassen.
4. Äpfel schälen, entkernen, achteln; in Weißwein mit Zucker und Zitronenschale etwa 5 Minuten vorsichtig garen und anschließend zum Abtropfen auf ein Sieb geben.
5. Papayawürfel abgießen und den Papayasaft mit dem Apfelsaft und Weißwein auf 1/2 l auffüllen. Kiwis schälen und in dickere Scheiben schneiden. Alles Obst vorsichtig miteinander vermischen. Den Obstsaft mit Zitronensaft abschmecken und einen Tortenguß nach Anweisung daraus bereiten.
6. Den Tortenboden mit dem Springformrand oder Alufolie umstellen, etwas Tortenguß auf dem Teig verteilen, das Obst bis an den Rand darauf verteilen und den restlichen Guß darübergeben. Etwas steif werden lassen.
7. Eiweiße steif schlagen, Zucker darunterschlagen, Zimt und Kokosraspel unterrühren. Diese Masse auf die Torte streichen und unter dem vorgeheizten Grill auf der untersten Schiene goldgelb werden lassen.

DIE SCHÖNSTEN TORTEN

MANDELTORTE FLORA

Für 12 Portionen

Teig:
150 g gemahlene Mandeln
150 g Zucker
1 P. Vanillinzucker
2 Eier
5 Eigelb
50 g Mehl
50 g Speisestärke
abgeriebene Schale von
1 Zitrone
5 Eiweiß
Margarine für die Form

zum Beträufeln:
2 EL Weinbrand

Füllung:
200 g Margarine
4 Eigelb
180 g Puderzucker
6 EL starker, kalter Kaffee
200 g Haselnußkrokant

außerdem:
2 Eiweiß
Puderzucker
Speisefarben
100 g Marzipanrohmasse
Zuckerblümchen

1. Mandeln, Zucker, Vanillinzucker, Eier und Eigelbe dick-schaumig schlagen. Mehl, Speisestärke und abgeriebene Zitronenschale darübergeben und mit einem Schneebesen vorsichtig unterrühren. Eiweiße zu einem steifen Schnee schlagen und unterheben.
2. Den Teig in eine am Boden gefettete Springform (26 cm Ø) geben und im vorgeheizten Ofen bei 175°C (Gasherd: Stufe 2) etwa 50 Minuten backen.
3. Den ausgekühlten Boden zweimal durchschneiden, jede Schicht mit Weinbrand beträufeln und durchziehen lassen.
4. Margarine schaumig rühren, Eigelbe, Puderzucker und Kaffee nacheinander zugeben. So lange weiterrühren, bis eine dickschaumige Masse entstanden ist. Krokant dazugeben.
5. Die Böden mit der Creme bestreichen und wieder aufeinandersetzen.
6. Eiweiße leicht schaumig schlagen und Puderzucker unterrühren, bis ein streichfähiger Guß entsteht. Die Torte damit beziehen.
7. Marzipanrohmasse mit Puderzucker und eventuell Speisefarben verkneten. Blüten, Blätter und Stiele formen und auf die Torte legen. Mit Zuckerblümchen dekorieren.

BISKUITTORTE ALASKA

Für 7 Portionen

Teig:
1 Ei, getrennt
50 g Zucker
1 P. Vanillinzucker
1 EL Wasser
40 g Mehl
Margarine für das Blech

Füllung:
100 g Rosinen
5 EL Rum
375 g Schlagsahne (von ⅜ l)
30 g Zucker
50 g Borkenschokolade
1 P. Eiscreme Schoko-Orange

zum Verzieren:
Borkenschokolade

1. Aus den Teigzutaten einen Biskuitteig herstellen (siehe S. 244). Ein Backblech oben quer mit einem etwa 12 cm breiten Streifen Alufolie oder Pergamentpapier belegen (an der offenen Seite etwas hochkniffen), einfetten, die Biskuitmasse daraufstreichen und im vorgeheizten Ofen bei 225°C (Gasherd: Stufe 4) 12–15 Minuten backen. Biskuit stürzen, Folie oder Papier abziehen und den Boden abkühlen lassen. Dann in zwei Rechtecke von 9 x 15 cm schneiden.

2. Gewaschene Rosinen in Rum erhitzen und darin abkühlen lassen. Wenn die Rosinen den Rum nicht ganz aufsaugen, den Biskuit damit tränken. Steif geschlagene Sahne mit Zucker abschmecken. In zwei Portionen teilen; unter die eine die zerbröckelte Borkenschokolade und die Rumrosinen geben.

3. Nun die Torte wie folgt zusammensetzen: Biskuit – 1 Schicht Rosinensahne – ½ Packung Eiscreme (einmal flach durchgeschnitten) – 1 Schicht Rosinensahne – 1 Schicht Eiscreme – 1 Schicht Rosinensahne – Biskuit.

4. Die Torte rundherum mit der neutralen Sahne bestreichen, mit Borkenschokolade garnieren und einfrieren (für mindestens 3 Stunden). In Scheiben geschnitten servieren.

ERDBEER-ZITRONEN-CREME-TORTE

Für 12 Portionen
Teig:
250 g Mehl
50 g Zucker
1 Prise Salz
abgeriebene Schale von 1 Zitrone
125 g Margarine
1 Ei

Belag:
750 g Erdbeeren
50 g Zucker
2 EL Grenadinesirup
2 P. roter Tortenguß
1 P. Götterspeise Zitrone
1/8 l Weißwein
175 g Zucker
200 g Doppelrahm-Frischkäse
2 P. Vanillinzucker
4 EL Zitronensaft
500 g Schlagsahne
Zitronenscheiben zum Garnieren

1. Aus den Teigzutaten einen Knetteig bereiten, kalt stellen.
2. Inzwischen Erdbeeren waschen, halbieren und mit Zucker bestreuen.
3. Den Teig ausrollen, eine mit Pergamentpapier ausgelegte Springform (26 cm Ø) damit füllen und mehrmals mit der Gabel einstechen. Im vorgeheizten Ofen bei 200° C (Gasherd: Stufe 3) etwa 20 Minuten backen, in der Form abkühlen lassen.
4. Erdbeeren abtropfen lassen und Flüssigkeit mit Wasser auf ½ l auffüllen. Grenadinesirup dazugeben. Die Hälfte der Erdbeeren auf dem Tortenboden verteilen. 1 Paket Tortenguß nach Anweisung mit ¼ l Erdbeersaft zubereiten. Über die Erdbeeren verteilen.
5. Götterspeise mit Weißwein verrühren und 10 Minuten quellen lassen. Zucker zufügen und unter Rühren bei schwacher Hitze auflösen, abkühlen lassen.
6. Frischkäse mit Vanillinzucker und Zitronensaft verrühren, dann die Götterspeise zugeben. Steif geschlagene Sahne unter die halbsteife Masse heben, dann auf die Erdbeerschicht geben und glattstreichen. Fest werden lassen und die restlichen Erdbeeren darüber verteilen.
7. Das zweite Paket Tortenguß ebenfalls nach Anweisung mit Erdbeersaft zubereiten und darübergießen. Fest werden lassen. Vorsichtig das Pergamentpapier vom Rand und vom Boden entfernen. Mit Zitronenscheiben garnieren.

BANANEN-TURMTORTE

Für 12 Portionen
Teig:
5 Eier
225 g Zucker
1 Prise Salz
6 EL Sahne
125 g geschmolzene und abgekühlte Margarine
250 g Mehl
3 TL Backpulver

3. Die abgekühlten Tortenböden je 1x durchschneiden und mit Bananenlikör tränken.

4. Eigelbe, Zucker und Vanillinzucker schaumig rühren, den Wein zufügen. Die Bananen schälen, in Scheiben schneiden, mit Zitronensaft vermischt pürieren und unter die Schaummasse rühren. Die eingeweichte und im Tropfwasser aufgelöste Gelatine anschließend darunterschlagen.

5. Wenn die Masse halbsteif geworden ist, nacheinander Schlagsahne und steif geschlagene Eiweiße vorsichtig unterheben.

6. Den großen Tortenboden mit knapp der halben Creme füllen (Springformrand herumstellen).

7. Den Rest der Creme teilen, die eine Hälfte in den kleinen Boden füllen und diesen dann mit der restlichen Creme auf den großen Boden setzen.

8. Die Schokoladenglasur nach Vorschrift schmelzen, Kokosfett zufügen und die Torte damit überziehen. Die Torte mit geschlagener Sahne garnieren.

zum Tränken:
5 EL Bananenlikör oder Maraschino

Füllung:
5 Eigelb
175 g Zucker
1 P. Vanillinzucker
abgeriebene Schale von 1 Zitrone
3 EL Weißwein
750 g reife Bananen
7 EL Zitronensaft
8 Blatt weiße Gelatine
250 g Schlagsahne (von ¼ l)
5 Eiweiß

Guß:
200 g Schokoladenglasur
25 g Kokosfett (100%)

zum Garnieren:
¼ l Schlagsahne

1. Eier mit Zucker und Salz gut schaumig schlagen, nach und nach die Sahne und die Margarine unterrühren. Mehl mit Backpulver mischen und zufügen.

2. Den Teig in 2 gefettete Springformen (16 und 24 cm Ø) füllen, im vorgeheizten Ofen bei 200–225°C (Gasherd: Stufe 3–4) 20–25 Minuten backen.

DIE SCHÖNSTEN TORTEN

EINLADUNG ZUM TEE

Lieben Sie die feine englische Art? Dann laden Sie Ihre Gäste doch einmal zum Tee ein. Dazu können Sie zartes und knuspriges Gebäck reichen oder auch drei verschiedene Kuchen, für die Sie nur einen Teig zubereiten müssen.

MANDELDREISPITZCHEN MIT SCHOKOLADENGUSS

Für etwa 45 Stück
Teig:
250 g Mehl
125 g Margarine
1 Ei
75 g Zucker
Margarine für das Blech

Füllung:
100 g geriebene Mandeln
150 g Zucker
1 Eiweiß
1 Eigelb

Guß:
25 g Kokosfett (100%)
75 g Puderzucker
15 g Kakao
1–2 EL Rum

1. Aus Mehl, Margarine, Ei und Zucker einen Mürbeteig kneten; etwa 30 Minuten kalt stellen.
2. Mandeln, Zucker und Eiweiß zu einer festen Masse verarbeiten.
3. Den Mürbeteig dünn ausrollen, runde Plätzchen von etwa 6 cm Ø ausstechen und auf ein gefettetes Backblech legen. Mit je einer Kugel aus der Mandelmasse belegen, den Rand mit verschlagenem Eigelb bepinseln. Den Teig an drei Seiten etwas hochklappen und leicht an die Mandelkugel drücken.
4. Die Dreispitzchen im vorgeheizten Ofen bei 200°C (Gasherd: Stufe 3) 10–15 Minuten backen.
5. Inzwischen das Kokosfett zerlassen, mit Puderzucker, Kakao und Rum verrühren. Die hochgeklappten Teigseiten der noch warmen Dreispitzchen mit Schokoladenguß beziehen.

RUMKRÄNZCHEN

Für etwa 40 Stück

300 g Mehl
50 g Kakao, 1 Prise Salz
100 g Zucker
200 g Margarine, 2 EL Rum
Margarine für das Blech
1 Ei, 20 g gehackte Mandeln

1. Aus Mehl, Kakao, Salz, Zucker, Margarine und Rum einen Knetteig zubereiten. Mindestens 60 Minuten kalt stellen.
2. Aus dem Teig dünne Rollen formen, je zwei Rollen kordelartig zusammendrehen und anschließend zu einem Kränzchen zusammenlegen.
3. Die Kränzchen auf ein gefettetes Blech geben, mit verschlagenem Ei bestreichen und zum Schluß noch mit gehackten Mandeln bestreuen.
4. Die Rumkränzchen im vorgeheizten Ofen bei 200–225°C (Gasherd: Stufe 3–4) 12–14 Minuten goldgelb backen.

HOLLÄNDISCHES SPRITZGEBÄCK

Für etwa 25 Stück

200 g Margarine
125 g Zucker
2 P. Vanillinzucker
1 Prise Salz
2 EL Rum
100 g gemahlene Mandeln
300 g Mehl
1 Msp. Backpulver
Margarine für das Blech

1. Margarine, Zucker, Vanillinzucker und Salz schaumig rühren. Rum, Mandeln und mit Backpulver gemischtes Mehl darunterrühren.
2. Den Teig in einen Spritzbeutel oder eine Teigspritze füllen und breite Streifen auf ein gefettetes Backblech spritzen.
3. Die Plätzchen im vorgeheizten Ofen bei 225°C (Gasherd: Stufe 4) 10–15 Minuten backen.

SÜSSES KÜMMELGEBÄCK RENATE

Für etwa 40 Stück

250 g Mehl
125 g Margarine
125 g Zucker
1 EL Kümmel
1 Msp. gemahlene Muskatnuß
abgeriebene Schale von
1 Zitrone
1 kleines Ei, 1 EL Sherry
Zucker zum Bestreuen

ZITRONENHERZEN

Für etwa 40 Stück

250 g Mehl
125 g Margarine
150 g Zucker
3 Eigelb
abgeriebene Schale von
1 Zitrone
1 Msp. Backpulver
Margarine für das Blech
50 g Puderzucker
1 EL Zitronensaft
etwa 1 EL Wasser

1. Aus Mehl, Margarine, Zucker, Eigelben, Zitronenschale und Backpulver rasch einen Mürbeteig kneten; kurze Zeit kalt stellen.
2. Den Teig nicht zu dünn ausrollen, Herzen ausstechen und auf ein gefettetes Backblech legen. Im vorgeheizten Ofen bei 225°C (Gasherd: Stufe 4) etwa 12 Minuten goldgelb backen.
3. Aus Puderzucker, Zitronensaft und Wasser einen dünnen Guß rühren und die Herzen damit beziehen.

1. Aus Mehl, Margarine, Zucker, Kümmel, Muskatnuß, Zitronenschale, Ei und Sherry einen Knetteig bereiten und kalt stellen.
2. Den Teig 1 cm dick ausrollen und beliebige Formen ausstechen.
3. Die Plätzchen auf ein mit Backtrennpapier belegtes Blech setzen und bei 200°C (Gasherd: Stufe 3) 10–15 Minuten backen.
4. Das Gebäck mit Zucker bestreuen.

HANSEATEN

Für etwa 25 Stück

250 g Mehl
125 g Margarine
100 g Zucker
2 P. Vanillinzucker
1 Ei
25 g geriebene Haselnüsse
Margarine für das Blech
200 g Puderzucker
2–3 EL Johannisbeersirup

1. Aus Mehl, Margarine, Zucker, Vanillinzucker, Ei und Nüssen einen Mürbeteig kneten; 15 Minuten kalt stellen.
2. Den Teig messerrückendick ausrollen, mit einem Glas Plätzchen (4 cm Ø) ausstechen und auf ein gefettetes Backblech legen. Im vorgeheizten Ofen bei 225°C (Gasherd: Stufe 4) etwa 12 Minuten hellgelb backen.
3. Die Hälfte des Puderzuckers mit Johannisbeersirup und 1 TL Wasser zu einem dicken Guß rühren, die andere Hälfte nur mit Wasser anrühren.
4. Jedes Plätzchen halb mit weißem und halb mit rotem Zuckerguß bepinseln und trocknen lassen.

TEEGEBÄCK

KOKOSPLÄTZCHEN

Für etwa 60 Stück

200 g Margarine
200 g Zucker
1 P. Vanillinzucker
1 Prise Salz
4 Eiweiß
200 g Kokosraspel
200 g Mehl
½ TL Backpulver
Margarine für das Blech

1. Margarine mit Zucker, Vanillinzucker, Salz und Eiweißen schaumig rühren. Kokosraspeln und Mehl mit Backpulver vermischt zufügen.
2. Den Teig in einen Spritzbeutel mit glatter Tülle füllen und runde Häufchen auf ein gefettetes Backblech spritzen. Im vorgeheizten Ofen bei 200° C (Gasherd: Stufe 3) etwa 10 Minuten backen.

Der Tip:
Man kann den Teig auch mit dem Teelöffel als Häufchen auf das Blech setzen.

RAHMKEKSE

Für etwa 40 Stück

500 g Mehl
½ TL Backpulver
Salz
Mark von 2 Vanilleschoten
375 g Margarine
200 g saure Sahne
Hagelzucker oder vanillierter
Zucker zum Wenden

KORINTHEN-PLÄTZCHEN

Für etwa 80 Stück

200 g Margarine
200 g Zucker
1 Prise Salz
1 Ei
200 g Korinthen
350 g Mehl
1 TL Natron
1 EL Wasser
Margarine für das Blech

1. Margarine mit Zucker, Salz und Ei schaumig rühren. Korinthen, ⅔ des Mehls und in Wasser aufgelöstes Natron unterrühren, den Rest des Mehls unterkneten.
2. Den Teig im Kühlschrank ruhen lassen; dann mit wenig Mehl ausrollen und Taler von etwa 4 cm Ø ausstechen. Auf einem gefetteten Blech im vorgeheizten Ofen bei 200–225°C (Gasherd: Stufe 3–4) etwa 10 Minuten backen.

1. Aus den Zutaten einen Knetteig bereiten und über Nacht im Kühlschrank ruhen lassen.
2. Den Teig etwa 2 mm dick ausrollen, beliebige Plätzchen ausstechen, in Hagel- oder vanillierten Zucker drücken und auf ein mit Backpapier ausgelegtes Blech legen. Im vorgeheizten Ofen bei 200°C (Gasherd: Stufe 3) 10 Minuten backen.

MANDELSPLITTER

Für etwa 15 Stück

100 g Mandelstifte
1 EL Honig
1 P. Vanillinzucker
75 g Schokoladenraspel
25 g Kokosfett (100%)
4 EL Schlagsahne

1. Mandelstifte mit Honig und Vanillinzucker goldgelb rösten und abkühlen lassen.
2. Schokoladenraspel mit Kokosfett im Wasserbad schmelzen, Mandelstifte unterrühren. Die Masse leicht abkühlen lassen, Sahne unterrühren, dann längliche Häufchen auf geöltes Pergamentpapier oder Alufolie setzen.
3. Die Mandelsplitter im Kühlschrank fest werden lassen.

SPANISCHE ZIMTKÜCHLEIN

Für etwa 12 Stück

250 g Margarine
250 g Zucker
1 Prise Salz
6 Eier
3 TL Zimt
250 g Mehl
Margarine für die Formen

1. Margarine mit Zucker, Salz und Eiern schaumig rühren, dann Zimt und Mehl zufügen.
2. Den Teig in kleine gefettete Förmchen füllen und auf der untersten Leiste im vorgeheizten Ofen bei 200 bis 225°C (Gasherd: Stufe 3–4) etwa 15 Minuten backen.

SCHOKOLADEN-RINGE

Für etwa 50 Stück

175 g Margarine
150 g Puderzucker
1 Eigelb
1 P. Vanillinzucker
2 EL Kakao
1 TL Pulverkaffee
250 g Mehl
Margarine für das Blech

1. Margarine mit Puderzucker, Eigelb, Vanillinzucker, Kakao und Kaffee schaumig rühren. Dann das Mehl daruntermengen.
2. Den Teig durch den Spritzkuchenvorsatz (Stern) eines Fleischwolfs drehen, Ringe formen und auf ein mit gefetteter Alufolie belegtes Backblech geben.
3. Die Ringe im vorgeheizten Ofen bei 200–225°C (Gasherd: Stufe 3–4) 8–10 Minuten backen.

SCHOKO-MANDEL-GEBÄCK

Für etwa 45 Stück

200 g Mandeln
100 g Bitterschokolade
200 g Zucker
3 gestr. TL Zimt
125 g Mehl, 3 Eier
Margarine und Mehl für das Blech

1. Mandeln mit Schale reiben, Schokolade ebenfalls reiben und zusammen mit Zucker, Zimt, Mehl und Eiern zu einem Teig verrühren.
2. Mit zwei Teelöffeln kleine Teighäufchen auf ein gefettetes und mit Mehl bestäubtes Blech setzen.
3. Die Plätzchen im vorgeheizten Ofen bei 175°C (Gasherd: Stufe 2) etwa 20 Minuten backen.

ENGADINER

Für etwa 50 Stück

175 g Mehl
85 g Margarine
75 g Zucker
1 P. Vanillinzucker, 1 Ei
1 Prise Salz
50 g Rosinen
60 g Haselnußkerne
Margarine für das Blech

1. Aus Mehl, Margarine, Zucker, Vanillinzucker, Ei und Salz einen Mürbeteig kneten. Rosinen und Haselnußkerne daruntermengen.
2. Teigrollen von etwa 4 cm Ø formen, in Alufolie einschlagen und einfrieren oder für 24 Stunden sehr kalt stellen. Dann in ½ cm dicke Scheiben schneiden, auf ein gefettetes Backblech legen und im vorgeheizten Ofen bei 200–225°C (Gasherd: Stufe 4) 15–20 Minuten hellbraun backen.

GRIECHISCHES WALNUSSGEBÄCK

Für etwa 40 Stück

250 g Margarine
100 g Puderzucker
1 Prise Salz
300 g Mehl
1½ TL Backpulver
50 g gehackte Walnüsse
Margarine für das Blech
Puderzucker zum Bestäuben

1. Margarine mit Puderzucker und Salz verrühren, aber nicht schaumig schlagen. Mehl mit Backpulver vermischen und zusammen mit den Walnüssen unterrühren.
2. Aus dem Teig fingerdicke Rollen formen und etwa 15 cm lange Stücke abschneiden.
3. Die Teigstücke auf einem gefetteten Blech zu Dreiecken formen und im vorgeheizten Ofen bei etwa 200°C (Gasherd: Stufe 3) 10–12 Minuten backen.
4. Das abgekühlte Gebäck mit Puderzucker bestäuben.

KLEINE FELSEN

Für etwa 80 Stück

450 g Mehl
1 P. Backpulver
150 g Zucker
250 g Margarine
150 g Sultaninen oder Korinthen
2 Eier
4 EL Milch
Margarine für das Blech

1. Mehl, Backpulver und Zucker auf dem Backbrett mischen. Kalte Margarine in Stücken daraufgeben und alles mit dem Pfannenmesser gut durchhacken. Sultaninen daruntermischen.
2. Eier mit Milch verschlagen, in eine Vertiefung des Teigs geben und alles rasch zu einem weichen Teig vermengen.
3. Löffelweise kleine unregelmäßige Häufchen auf ein gefettetes Backblech setzen und im vorgeheizten Ofen bei 200°C (Gasherd: Stufe 3) 20–25 Minuten backen.

MÜRBCHEN

Für etwa 40 Stück

| 250 g Mehl |
| 1 TL Backpulver |
| 200 g Margarine |
| 3 EL Schlagsahne |
| 1 P. Vanillinzucker |
| Eigelb zum Bepinseln |
| Hagelzucker |
| Margarine für das Blech |

1. Mit Backpulver gemischtes Mehl mit Margarine, Sahne und Vanillinzucker zu einem glatten Teig verkneten und kühl stellen.
2. Den Teig ausrollen, Herzen oder Sterne ausstechen, dünn mit Eigelb bepinseln und mit Hagelzucker bestreuen.
3. Die Plätzchen auf ein gefettetes Backblech legen und im vorgeheizten Ofen bei 200–225°C (Gasherd: Stufe 3–4) etwa 8 Minuten hellbraun backen.

MANDELBÖGEN

Für etwa 50 Stück

| 75 g Margarine |
| 100 g Zucker |
| 100 g heller Sirup, 1 TL Zimt |
| 40 g gehackte Mandeln |
| 150 g Mehl |
| 2 EL Schlagsahne |
| 100 g Kuvertüre |

1. Margarine mit Zucker und Sirup schaumig rühren, Zimt, Mandeln, Mehl und Sahne unterrühren.
2. Jeweils 4 Häufchen (etwa ½ TL voll) in großem Abstand auf ein gefettetes Backblech setzen. Ein Messer in Wasser tauchen und die Häufchen plattdrücken.
3. Im vorgeheizten Ofen bei 200–225°C (Gasherd: Stufe 3–4) 3–5 Minuten backen.
4. Etwas abkühlen lassen. Dann noch warm vorsichtig vom Blech nehmen und über einer Alufolienrolle oder ähnlichem rundbiegen.
5. Die Bögen zur Hälfte in flüssige Kuvertüre tauchen.

TEEGEBÄCK

WEICHKROKANT-PRALINEN

Für etwa 20 Stück

125 g Zucker
125 g gehackte Mandeln
250 g Schlagsahne
50 g Zitronat
30 g Margarine
5 EL Orangenlikör
Pflanzenöl für die Form
dunkle Schokoladenglasur
Orangenschalenstreifen

1. Zucker in einem Topf schmelzen, aber nicht gelb werden lassen; die Mandeln darin verrühren, dann Sahne und Zitronat zufügen und unter Rühren kochen lassen, bis die Masse anfängt, dicklich zu werden. Margarine und Orangenlikör zufügen und weiter einkochen, bis die Masse anfängt, sich vom Boden zu lösen und »Straßen« zu ziehen. Dann schnell in eine mit Öl ausgepinselte Form gießen.
2. Wenn die Krokantmasse fest geworden ist, mit einem in Wasser getauchten Messer in briefmarkengroße Stücke schneiden.
3. Die Stücke gut auskühlen lassen, dann ganz dünn mit geschmolzener Schokoladenglasur beziehen und kalt stellen.
4. Wenn die Glasur halbfest ist, mit hauchdünnen Orangenschalenstreifen garnieren.

SCHOKO-COOKIES

Für etwa 30 Stück

100 g Margarine
75 g Zucker
75 g brauner Zucker
1 TL Vanillinzucker
1 Prise Salz
1 Ei
1 TL Wasser
175 g Mehl
100 g Halbbitterschokolade
50 g Haselnußkerne
Margarine für das Blech

1. Margarine mit Zucker, braunem Zucker und Vanillinzucker schaumig rühren; Salz, Ei und Wasser zufügen und alles gut verrühren. Mehl dazusieben und unterrühren. Schokolade in kleine Würfel schneiden, Haselnußkerne grob hacken und beides unter den Teig ziehen.
2. Mit einem Teelöffel kleine Berge auf ein gefettetes Blech setzen und etwas plattdrücken. Im gut vorgeheizten Ofen bei 200°C (Gasherd: Stufe 3) etwa 12 Minuten backen.

ENGLISH COOKIES

Für etwa 30 Stück

225 g Mehl
1 Prise Salz
50 g gemahlene Mandeln
1 TL Ingwerpulver
1 TL Zimt
20 g geriebener Ingwer (Glas)
125 g Zucker
125 g Margarine
1 Ei
Margarine für das Blech
1 Eigelb zum Bepinseln
Mandeln, kandierte Kirschen oder Ingwer zum Garnieren

1. Mehl, Salz, Mandeln, Ingwerpulver, Zimt, geriebenen Ingwer und Zucker auf dem Backbrett mischen, die Margarine daraufgeben und alles mit dem Pfannenmesser durchhacken. Das verschlagene Ei in eine Vertiefung geben, nochmals durchhacken, alles rasch zu einem glatten Teig verkneten und abgedeckt kalt stellen.
2. Den Teig ausrollen und beliebig ausstechen; auf ein gefettetes Backblech setzen. Eigelb mit wenig Wasser verrühren, die Plätzchen damit bepinseln und beliebig garnieren. Im vorgeheizten Ofen bei 200°C (Gasherd: Stufe 3) etwa 8 Minuten backen.

GRÜSCHBRÖTLI

Für etwa 50 Stück

250 g Mehl
250 g Zucker
1 Prise Salz
2 TL Zimt
125 g gemahlene Mandeln
125 g Margarine
1 Ei
Margarine für das Blech
1 Eigelb

1. Mehl, Zucker, Salz, Zimt und Mandeln auf dem Backbrett vermischen, die Margarine und das verschlagene Ei mit dem Pfannenmesser unterhacken und alles verkneten.
2. Den Teig auf einem gefetteten Backblech gut ½ cm dick ausrollen. Eigelb mit wenig Wasser verrühren und die Teigplatte damit bepinseln. Mit einer Gabel ein diagonales Kreuzmuster einritzen.
3. Im vorgeheizten Ofen bei 175–200°C (Gasherd: Stufe 2–3) etwa 20 Minuten backen und noch heiß in Quadrate von etwa 4 cm schneiden.

KAKAOPLÄTZCHEN

Für etwa 40 Stück

200 g Margarine
250 g Mehl
50 g Speisestärke
125 g Zucker
1 P. Vanillinzucker
30 g Kakao
2 gestr. TL Backpulver
Mehl für das Blech
etwa 20 Mandelkerne

1. Margarine zerlaufen und wieder abkühlen lassen. Mehl, Speisestärke, Zucker, Vanillinzucker, Kakao, Backpulver sowie die noch flüssige Margarine in eine Schüssel geben und einen glatten Teig kneten.

2. Aus dem Teig 2–3 cm dicke Rollen formen, Scheiben abschneiden, walnußgroße Kugeln daraus formen und auf ein gemehltes Blech setzen.

3. Mandelkerne abziehen, halbieren und je eine Hälfte auf die Kugeln legen; im vorgeheizten Ofen bei 200°C (Gasherd: Stufe 3) etwa 20 Minuten backen.

Der Tip:
Die Kakaoplätzchen lassen sich gut mit Kuvertüre bepinseln.

FLORENTINER

Für etwa 30 Stück

200 g gestiftelte Mandeln
100 g gewürfeltes Orangeat
50 g Margarine
125 g Schlagsahne
200 g Zucker
125 g Mehl
Margarine und Mehl für das Blech
125 g dunkle Kuchenglasur

1. Mandeln, Orangeat, Margarine, Sahne, Zucker und Mehl in einen Kochtopf geben und unter Rühren einmal gut aufkochen lassen.
2. Auf ein gefettetes, mit Mehl bestäubtes Blech in größeren Abständen kleine Teighäufchen setzen und mit einem in Wasser getauchten Teelöffel zu runden Plätzchen drücken (5 bis 6 cm Ø).
3. Die Plätzchen im vorgeheizten Ofen bei 200 bis 225°C (Gasherd: Stufe 3–4) 7–10 Minuten backen.
4. Kuchenglasur im Wasserbad schmelzen, die Unterseite der Florentiner damit beziehen und eventuell mit der Gabel verzieren.

1 BISKUITTEIG = 3 KUCHEN

Teig:

75 g Margarine, 6 Eigelb
6 EL warmes Wasser
200 g Zucker, 1 Prise Salz
6 Eiweiß, 100 g Mehl
75 g Speisestärke
1 TL Backpulver

1. Margarine zerlassen und abkühlen lassen.
2. Eigelbe mit Wasser, Zucker und Salz schaumig schlagen, abgekühlte Margarine vorsichtig zugeben.
3. Eiweiße steif schlagen, darübergeben.
4. Mehl, Speisestärke und Backpulver mischen und darübersieben. Alles mit dem Schneebesen vorsichtig unterheben.
5. Den Teig in drei gleichgroße Portionen teilen.

PREISELBEER-SCHNITTEN

Für etwa 8 Portionen

1 Portion Teig
Margarine für die Form
250 g Schlagsahne
1 EL Zucker
1 P. Sahnesteif
100 g Preiselbeeren
Puderzucker zum Bestreuen

1. Teig in eine gefettete Kastenform (20 cm) füllen und im vorgeheizten Ofen bei 200°C (Gasherd: Stufe 3) 20–25 Minuten backen.
2. Sahne mit Zucker und Sahnesteif schlagen. Preiselbeeren mit einer Gabel etwas zerdrücken und unterheben.
3. Den Biskuit einmal waagrecht durchschneiden. Die Sahnemasse auf die untere Teighälfte streichen und den Deckel wieder darüberlegen. Mit Puderzucker bestreuen.

MOKKATORTE

Für etwa 6 Portionen

1 Portion Teig
Margarine für die Formen
250 g Schlagsahne
2 EL Zucker
1 P. Sahnesteif
1 EL Pulverkaffee

1. Teig in eine gefettete Springform (16 cm Ø) füllen, im vorgeheizten Ofen bei 200°C (Gasherd: Stufe 3) 20–25 Minuten backen und abkühlen lassen.
2. Sahne mit Zucker und Sahnesteif schlagen. Pulverkaffee fein zerstoßen und unterrühren.
3. Mokkasahne in eine Tortenspritze geben und die Torte damit bespritzen.

PFIRSICHTORTE

Für etwa 6 Portionen

1 Portion Teig
Margarine für die Form
400 g Pfirsiche (Dose)
4 EL Aprikosenmarmelade
1 EL Gin
250 g Schlagsahne
1 EL Zucker, 1 P. Sahnesteif
Pfirsichstückchen zum Garnieren

1. Teig in eine gefettete Springform (18 cm Ø) geben und im vorgeheizten Ofen bei 200°C (Gasherd: Stufe 3) 20–25 Minuten backen.
2. Pfirsiche zum Abtropfen auf ein Sieb geben. Aprikosenmarmelade erhitzen, mit dem Gin verrühren.
3. Den fertigen Biskuit einmal waagrecht durchschneiden, einen Boden mit in Spalten geschnittenen Pfirsichen belegen, Aprikosenmasse darüberstreichen, zweiten Boden auflegen.
4. Sahne mit Zucker und Sahnesteif schlagen, die Torte damit beziehen, mit Pfirsichstückchen garnieren.

1 HEFETEIG = 3 KUCHEN

Teig:
1 P. Hefe
¼ l lauwarme Milch
75 g Zucker
600 g Mehl, 1 Prise Salz
150 g eben zerlassene Margarine, 1 Ei

ROSENKUCHEN

Für 8 Portionen

1 Portion Teig
20 g Margarine
25 g Zimtzucker
25 g Haselnußkrokant
Margarine für die Form

1. Hefe in die Milch bröckeln, etwas Zucker zufügen und abgedeckt an einem warmen Ort gehen lassen.
2. Mehl, den restlichen Zucker und Salz in eine Schüssel geben, Hefemilch, Margarine und Ei zufügen und alles gut verkneten (möglichst in der Küchenmaschine). Den Hefeteig abdecken und gehen lassen.

Teig ausrollen (20 x 35 cm). Margarine daraufstreichen, Zimtzucker und Haselnußkrokant darüberstreuen. Teig von der Längsseite her aufrollen und in acht gleich große Stücke schneiden. Mit der Schnittfläche nach oben in eine gefettete Springform (16 cm Ø) setzen, abgedeckt gehen lassen.

3. Aufgegangenen Teig durchkneten und in drei gleich große Portionen teilen.

HEFEGUGELHUPF

Für etwa 4 Portionen

1 Portion Teig
20 g Zucker
etwas abgeriebene Zitronenschale
25 g Rosinen
25 g Zitronat
25 g kandierte Kirschen
3 EL lauwarme Milch
Margarine für die Form
Puderzucker zum Bestäuben

HEFEZOPF

Für etwa 8 Portionen

1 Portion Teig
Margarine für das Blech
Milch zum Bepinseln
Hagelzucker und Mandelblätter
zum Bestreuen

Teig zu drei gleich langen und dicken Rollen formen und einen Zopf daraus flechten. Auf ein kleines gefettetes Blech oder einen Springformboden legen und abgedeckt gehen lassen. Vor dem Backen mit Milch bepinseln. Mit Mandelblättern und Hagelzucker bestreuen.

Alle drei Gebäcke im vorgeheizten Ofen bei 200 bis 225°C (Gasherd: Stufe 3–4) backen. Den Zopf nach etwa 20 Minuten, Gugelhupf und Rosenkuchen nach 30 bis 40 Minuten herausnehmen. Den fertigen, abgekühlten Gugelhupf mit Puderzucker bestäuben.

Der Tip:
Alle Gebäcke eignen sich gut zum Einfrieren.

Teig, Zucker, Zitronenschale, Rosinen, gewürfeltes Zitronat, geviertelte kandierte Kirschen und lauwarme Milch miteinander verrühren, in eine gefettete Napfkuchenform (16 cm Ø) füllen und abgedeckt gehen lassen.

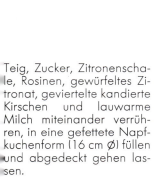

1 TEIG = 3 KUCHEN

1 RÜHRTEIG = 3 KUCHEN

ORANGENCAKE

Für etwa 4 Portionen

1 Portion Teig
abgeriebene Schale von
½ Orange
2 EL Orangenlikör
Margarine und Semmelbrösel für die Form
100 g Puderzucker
2 EL Orangensaft
1 TL Kokosfett

Teig der dritten Schüssel mit Orangenschale und Orangenlikör verrühren und in eine gefettete, ausgebröselte Kranzkuchenform (16 cm Ø) füllen.

Alle drei Gebäcke im vorgeheizten Ofen bei 200 bis 225°C (Gasherd: Stufe 3–4) backen; den Orangencake nach etwa 40 Minuten, Gewürzkuchen und Haselnußkuchen nach etwa 50 Minuten herausnehmen.
Den Haselnußkuchen vor dem Servieren mit Puderzucker bestreuen.
Den abgekühlten Gewürzkuchen mit geschmolzener Schokoladenglasur beziehen und mit kandierten Früchten garnieren.
Für den Orangencake Puderzucker mit Orangensaft und geschmolzenem Kokosfett verrühren und den Kuchen damit beziehen.

Der Tip:
Alle Kuchen eignen sich zum Einfrieren.

Teig:

375 g Margarine
375 g Zucker
7 Eier
375 g Mehl
½ P. Backpulver
Semmelbrösel für die Formen

Margarine, Zucker und Eier schaumig rühren, Mehl mit dem gesiebten Backpulver vermischt zufügen. Den Teig auf drei Rührschüsseln verteilen.

HASELNUSSKUCHEN

Für etwa 4 Portionen

1 Portion Teig
50 g gemahlene, geröstete Haselnüsse
2 EL Rum
Margarine und Semmelbrösel für die Form
Puderzucker zum Bestäuben

Teig einer Schüssel mit Haselnüssen und Rum verrühren und in eine gefettete und ausgebröselte Napfkuchenform (16cm Ø) füllen.

GEWÜRZKUCHEN

Für etwa 8 Portionen

1 Portion Teig
4 EL Pfefferkuchengewürz
1 EL Rum
2 EL Schokoladenplätzchen
Margarine und Semmelbrösel für die Form
150 g Schokoladenglasur
kandierte Früchte

Teig der zweiten Schüssel mit Pfefferkuchengewürz und Rum verrühren, Schokoladenplätzchen unterheben. In eine gefettete und ausgebröselte Kastenform (20 cm) füllen.

1 TEIG = 2 BECHERKUCHEN

Als Maß gilt ein Sahnebecher von 200 g

Teig:
1 Becher Schlagsahne
1 Becher Zucker, 1 Prise Salz
1 P. Vanillinzucker
4 Eier
2 Becher Mehl
1 P. Backpulver
abgeriebene Schale von
1 Zitrone
Margarine für die Formen

Belag 1:
Für etwa 8 Portionen

75 g Margarine
½ Becher Zucker
1 P. Vanillinzucker
2 EL Milch
100 g Mandelblätter

Belag 2:
Für etwa 8 Portionen

500 g Äpfel
1 EL Zucker
1 TL Zimt

1. Sahne, Zucker, Salz, Vanillinzucker und Eier verrühren. Mehl und Backpulver mischen und zusammen mit der Zitronenschale unterrühren.

2. Die Hälfte des Teiges in die gefettete Bratenpfanne streichen und im vorgeheizten Backofen bei 200°C (Gasherd: Stufe 3) etwa 15 Minuten backen.

3. Inzwischen für Belag 1 Margarine, Zucker, Vanillinzucker, Milch und Mandeln aufkochen, etwas abkühlen lassen. Auf den Kuchen streichen und weitere 15 Minuten backen.

4. Für Belag 2 die geschälten Äpfel in Spalten schneiden.

5. In eine gefettete Springform (22 cm Ø) die zweite Hälfte des Teiges streichen, dicht mit den Apfelspalten belegen, Zimt mit Zucker mischen, über die Äpfel verteilen und bei 200°C (Gasherd: Stufe 3) etwa 35 Minuten backen.

1 RÜHRTEIG = 3 KUCHEN II

Teig:
125 g Margarine
5 Eier
200 g Zucker
1 P. Vanillinzucker
1 Prise Salz
250 g Mehl
1 P. Backpulver
5 EL Schlagsahne
Margarine und Semmelbrösel für die Formen

Margarine schmelzen und abkühlen lassen. Eier mit Zucker, Vanillinzucker und Salz schaumig rühren. Dann nacheinander geschmolzene Margarine, Mehl und Backpulver vermischt und Sahne zufügen. Den Teig wie folgt verteilen:
Für die Obsttorte knapp 1/3 des Teiges in eine gefettete, ausgebröselte Springform (16 cm Ø) geben. Backzeit etwa 15 Minuten.
Für den Schlemmerkuchen 1/3 des Teiges in eine gefettete, ausgebröselte Kastenform (20 cm) geben. Backzeit etwa 45 Minuten.
Für den Hummelkuchen den restlichen Teig in eine gefettete, ausgebröselte Springform (16 cm Ø) geben. Etwa 15 Minuten vorbacken.
Alle Kuchen bei 200–225°C (Gasherd: Stufe 3–4) gleichzeitig backen.

HUMMELKUCHEN

Für etwa 4 Portionen

50 g Margarine
50 g Zucker
50 g Mandelstifte
1 EL Sahne, 10 g Mehl

Die Zutaten in einen Topf geben, aufkochen und über den vorgebackenen Teig geben. Weitere 15 Minuten backen.

SCHLEMMER-KUCHEN

Für etwa 8 Portionen

2 Eier
30 g Zucker
3 P. Vanillinzucker
1 Prise Salz
125 g Margarine
½ P. Nußnougat
1 EL Kokosfett
kandierte Früchte zum Garnieren

1. Den abgekühlten Boden 2mal waagrecht durchschneiden.

2. Eier, Zucker, Vanillinzucker und Salz im Wasserbad schlagen. Die Masse abkühlen lassen und dabei hin und wieder umrühren.
3. Inzwischen die Margarine schaumig rühren und nach und nach die abgekühlte Masse unterrühren.
4. Den Kuchen mit der Creme füllen und wieder zusammensetzen.
5. Die Nougatmasse mit heißem Wasser übergießen, etwas stehenlassen, dann wieder abgießen, das geschmolzene Kokosfett unter die heiße Nougatmasse rühren und den Kuchen damit beziehen. Mit kandierten Früchten und einigen Cremetupfen hübsch garnieren.

OBSTTORTE

Für etwa 4 Portionen

3 EL Kirschwasser
200 g grüne Trauben
2 Kiwis
1 kleine Banane
2 EL Zitronensaft
⅛ l Weißwein
40 g Zucker
abgeriebene Schale von ½ Zitrone
½ P. klarer Tortenguß

1. Den abgekühlten Boden mit Kirschwasser beträufeln. Die Trauben überbrühen, abziehen und entkernen. Die Kiwis schälen und in dickere Scheiben schneiden. Die Banane in Scheiben schneiden und in Zitronensaft kurz schwenken. Das Obst auf dem Tortenboden verteilen.

2. Aus Weißwein, Zucker, Zitronenschale und Tortengußpulver nach Anweisung einen Tortenguß bereiten und über die Früchte gießen. Abgekühlt servieren. Eventuell Schlagsahne dazu reichen.

1 TEIG = 3 KUCHEN

1 MÜRBETEIG = 3 KUCHEN

Teig:
375 g Mehl
100 g Zucker, 1 Prise Salz
1 P. Vanillinzucker
175 g Margarine
2 kleine Eier

Mehl, Zucker, Salz und Vanillinzucker auf dem Backbrett mischen, gut gekühlte Margarine in Flöckchen daraufsetzen und alles mit einem Pfannenmesser gut durchhacken. Verschlagene Eier dazugeben, nochmals durchhacken und zu einem glatten Teig verkneten. In drei gleich große Portionen teilen und kalt stellen.

KIRSCHTORTE

Für etwa 6 Portionen

1 kl. Glas Sauerkirschen ohne Stein (340 g)
1 Portion Teig
Margarine für die Form
40 g Kokosraspel
1 Ei
1 EL Zucker
½ P. Vanillinzucker
100 g Sahnequark

1. Sauerkirschen zum Abtropfen auf ein Sieb geben.
2. Mürbeteig ausrollen und in eine gefettete Springform (18 cm Ø) legen. Mit Kokosraspeln bestreuen und mit Sauerkirschen belegen. Ei, Zucker, Vanillinzucker und Quark schaumig rühren und darübergeben.
3. Den Kuchen im vorgeheizten Ofen bei 200°C (Gasherd: Stufe 3) etwa 30 Minuten backen.

GROSSMUTTERS MANDELTORTE

Für etwa 6 Portionen

35 g Margarine
50 g Zucker
½ P. Vanillinzucker
1 Ei
2 EL Schlagsahne
75 g gemahlene Mandeln
1 EL Mehl
1 Msp. Backpulver
1 Portion Teig
Margarine für die Form
2 EL Aprikosenkonfitüre

APFELKUCHEN

Für etwa 6 Portionen

500 g Äpfel
1 EL Zitronensaft
1 Eigelb
50 g Zucker
1 TL Rum
1 Eiweiß
1 EL Mehl
1 Msp. Backpulver
100 g gemahlene Mandeln
1 Portion Teig
Margarine für die Form

1. Äpfel schälen, vierteln, vom Kernhaus befreien und mit Zitronensaft beträufeln. Eigelb mit Zucker und Rum schaumig rühren. Eiweiß zu steifem Schnee schlagen und unterheben. Mehl, Backpulver und Mandeln mischen und unterrühren.
2. Den Mürbeteig ausrollen, in eine gefettete Springform (18 cm Ø) geben und bei 225°C (Gasherd: Stufe 4) 10 Minuten vorbacken.
3. Mandelmasse auf den vorgebackenen Boden streichen, Äpfel daraufflegen und etwas in die Mandelmasse eindrücken.
4. Den Kuchen im vorgeheizten Ofen bei 175 bis 200°C (Gasherd: Stufe 2–3) in etwa 45 Minuten fertigbacken.

1. Margarine, Zucker, Vanillinzucker, Ei und Schlagsahne schaumig rühren, Mandeln zugeben, Mehl mit Backpulver mischen und unterrühren.
2. Den Mürbeteig ausrollen und in eine gefettete Springform (18 cm Ø) geben. Bei 225°C (Gasherd: Stufe 4) 15 Minuten vorbacken, mit Aprikosenkonfitüre bestreichen und die Mandelmasse daraufgeben. Bei 175 bis 200°C (Gasherd: Stufe 2–3) weitere 45 Minuten backen.

1 TEIG = 3 KUCHEN

VOLLKORN-GEBÄCK, DIE GESUNDE ALTERNATIVE

Genießen ohne Reue – unter diesem Motto steht dieses Kapitel. Vollkornmehl ist ein wichtiger Bestandteil der gesunden Ernährung, und daß es nicht nur in Form von Brot und Brötchen gut schmeckt, beweist Ihnen die Vielzahl der köstlichen Kuchen, Torten und Plätzchen auf den folgenden Seiten.

PICKNICKHAPPEN

Für etwa 24 Stück

100 g Weizenmehl Type 550
100 g Weizenmehl Type 1050
50 g Hirse, fein gemahlen
2 TL Backpulver
100 g zarte Haferflocken
100 g Haferfleks
150 g Sultaninen
50 g gehackte Mandeln
250 g Margarine
200 g Zucker
2 EL Honig
2 Eier
1 TL flüssiger Vanilleextrakt
Margarine für das Blech
4 EL Aprikosenkonfitüre

1. Mehl, Backpulver, Haferflocken, Haferfleks, Sultaninen und Mandeln gut miteinander vermengen.
2. Margarine, Zucker und Honig unter Rühren erhitzen, bis der Zucker aufgelöst ist. Abkühlen lassen. Die Eier und Vanilleextrakt dazugeben und mit den anderen Zutaten vermengen.
3. Den Teig auf ein gefettetes Backblech streichen und im vorgeheizten Ofen bei 175°C (Gasherd: Stufe 3) backen.
4. Nach 25 Minuten Backzeit mit der warmen, gut verrührten Konfitüre bestreichen und weitere 5 Minuten backen. Den abgekühlten Kuchen in beliebige Stücke schneiden.

GRAHAM-PLÄTZCHEN

Für etwa 60 Stück

300 g Weizenmehl Type 1700
1/4 TL Backpulver
1/2 TL Zimt
1 Prise Salz
abgeriebene Schale von 1 Zitrone
150 g brauner Zucker
100 g gemahlene Mandeln
175 g Margarine
2 Eier
1 Eiweiß
1 EL Zitronensaft
1 Eigelb zum Bepinseln
brauner Zucker zum Bestreuen

1. Mehl, Backpulver, Zimt, Salz und Zitronenschale mischen, mit den restlichen Zutaten zu einem glatten Teig verkneten, kalt stellen.
2. Den Teig ausrollen, beliebig ausstechen und auf ein mit Backpapier ausgelegtes Blech legen.
3. Eigelb mit wenig Wasser verrühren, die Plätzchen damit bepinseln und mit braunem Zucker bestreuen. Im vorgeheizten Ofen bei 200°C (Gasherd: Stufe 3) 15–20 Minuten backen.

BESCHWIPSTE MANDELPLÄTZCHEN

Für 60–70 Stück

200 g Margarine
150 g Zucker
150 g heller Sirup
1 TL Zimt
1 TL gemahlene Nelken
125 g gehackte Mandeln
3 EL Weinbrand oder Rum
200 g zarte Haferflocken
200 g Weizenmehl Type 1050
2 TL Backpulver
100 g Weizenmehl Type 550
Margarine für das Blech

1. Margarine, Zucker und Sirup schaumig rühren; Zimt, Nelken, Mandeln, Weinbrand oder Rum, Haferflocken und das Mehl Type 1050, vermischt mit dem Backpulver, zufügen. Das Mehl Type 550 unterkneten.
2. Aus dem Teig zwei Rollen formen und diese über Nacht im Kühlschrank ruhen lassen.
3. Die Rollen in dünne Scheiben schneiden und auf einem gefetteten Backblech im vorgeheizten Ofen bei 225° C (Gasherd: Stufe 4) etwa 10 Minuten backen.

GEWÜRZ-PLÄTZCHEN

Für etwa 30 Stück

250 g heller Sirup
50 g Zucker
25 g Margarine
1 Msp. Nelken
1 Msp. Kardamom
1 Msp. Zimt
1 Msp. Ingwerpulver
3 g gestoßene Pomeranzenschale
250 g Weizenmehl Type 1050
3 g Pottasche, 1 EL Wasser
Margarine für das Blech

1. Sirup mit Zucker erhitzen, bis sich der Zucker gelöst hat, kurz abkühlen lassen, Margarine, Gewürze, Mehl hineingeben. Die in Wasser aufgelöste Pottasche zugeben und alles gut verkneten.
2. Den Teig messerrückendick ausrollen und daraus Plätzchen in verschiedenen Formen ausstechen.
3. Die Plätzchen auf ein gefettetes Backblech legen und im vorgeheizten Ofen bei 225° C (Gasherd: Stufe 4) 10–15 Minuten backen.

Teig eine Rolle formen, als Rand auf den Teig legen, mit den Fingerspitzen andrükken. Im vorgeheizten Backofen bei 200°C (Gasherd: Stufe 3) 10 Minuten vorbakken, dann mit Quittengelee bestreichen.
2. Eier und Zucker dickschaumig rühren, Kokosraspel, Weißbrot, Zimt, Orangen- oder Zitronenschale und Backpulver mischen und nach und nach unter die Schaummasse rühren.
3. Den Belag auf den Teigboden geben und die Torte bei 175°C (Gasherd: Stufe 2) noch etwa 40 Minuten backen. Mit Puderzucker bestäubt servieren.

STREUSELKUCHEN MIT SAUERKIRSCHEN

Für etwa 24 Portionen
Teig:
30 g Hefe
1/4 l lauwarme Milch
80 g Zucker
200 g Weizenmehl Type 1050
200 g Weizenmehl Type 550
100 g Buchweizenmehl
1 Prise Salz
abgeriebene Zitronenschale
50 g Margarine
2 Eier
Margarine für das Blech

Belag:
1 kg Sauerkirschen (Glas)

BUCHWEIZEN-TORTE

Für etwa 12 Portionen

4 Eigelb
200 g Zucker
1 Msp. gemahlene Nelken
1/2 TL Zimt
50 g gemahlene Mandeln
abgeriebene Schale von 1/2 Zitrone
6 Eiweiß
150 g Buchweizenmehl
Margarine und Mehl für die Form
Schlagsahne nach Belieben

1. Eigelbe und Zucker schaumig schlagen, Gewürze, Mandeln und Zitronenschale zugeben. Eiweiße steif schlagen und abwechselnd mit Mehl unterrühren.
2. Den Teig in eine gefettete und ausgemehlte Springform (24 cm Ø) geben. Im vorgeheizten Ofen bei 175°C (Gasherd: Stufe 2) etwa 60 Minuten backen.
3. Den fertigen Kuchen nach Belieben mit Schlagsahne überziehen.

FEINE BROTTORTE

Für etwa 12 Portionen
Teig:
100 g Weizenmehl Type 550
100 g Weizenmehl Type 1050
50 g Buchweizenmehl
125 g Margarine
65 g Zucker
1 Ei
Margarine für die Form

Belag:
100 g Quittengelee
3 Eier
125 g Zucker
125 g Kokosraspel
125 g trockenes, geriebenes Weißbrot
1 Msp. Zimt
etwas abgeriebene Orangen- oder Zitronenschale
1 Msp. Backpulver
Puderzucker zum Bestäuben

1. Mehl, Margarine, Zucker und Ei zu einem glatten Teig verkneten und durchkühlen lassen. Zwei Drittel des Teiges ausrollen und den Boden einer gefetteten Springform (24 cm Ø) damit belegen. Aus dem restlichen

Streusel:

200 g Weizenmehl Type 1050
150 g brauner Zucker
50 g gehackte Mandeln
Zimt
125 g Margarine

1. Hefe in die Milch bröckeln und mit je 1 Prise Zucker und Mehl verrühren. Zugedeckt an einem warmen Ort 5–10 Minuten gehen lassen.

2. Mehl, Zucker, Salz, Zitronenschale, eben zerlassene und abgekühlte Margarine und verschlagene Eier in eine Rührschüssel geben, die Hefemilch zufügen, alles vermengen und den Teig kräftig kneten und schlagen (am besten mit der Küchenmaschine). Mit Folie abdecken und an einem warmen Ort bis zur doppelten Größe aufgehen lassen. Dann den Teig nochmals durchkneten und auf ein gefettetes Blech geben.

3. Die entsteinten Kirschen gut abtropfen lassen. Mehl, Zucker, Mandeln, Zimt und Margarine locker zu Streuseln verkneten. Kirschen und Streusel abwechselnd in Streifen auf den Hefeboden geben.

4. Den Teig nochmals kurz aufgehen lassen und im vorgeheizten Ofen bei 200–225° C (Gasherd: Stufe 3–4) etwa 30 Minuten bakken.

Der Tip:
Sie können auch frische Sauerkirschen verwenden; diese nach dem Backen mit Zucker bestreuen.

MÜSLIKUCHEN

Für etwa 16 Portionen

125 g Margarine
125 g Zucker
1 P. Vanillinzucker
3 Eier
1 Prise Salz
1 TL Zimt
abgeriebene Schale von 1 Zitrone
150 g Früchtemüsli
150 g Weizenmehl Type 1700
2 TL Backpulver
125 g Schlagsahne
Margarine für die Form

1. Margarine schaumig rühren, Zucker, Vanillinzukker und Eier nach und nach hinzufügen und so lange weiterrühren, bis der Zucker gelöst ist. Dann Salz, Zimt und Zitronenschale dazugeben.
2. Müsli, Vollkornmehl und Backpulver mischen und abwechselnd mit der Sahne unter die Eimasse rühren.
3. Den Teig in eine gefettete Kastenform (25 cm) füllen und im vorgeheizten Ofen bei 175° C (Gasherd: Stufe 2) 50–60 Minuten backen.

GRAHAMTORTE

Für etwa 12 Portionen

4 Eigelb
125 g Puderzucker
abgeriebene Schale von ½ Zitrone
125 g Grahammehl
1 TL Backpulver
4 Eiweiß
400 g Birnen
Margarine für die Form
Konfitüre oder Schlagsahne nach Belieben

1. Eigelbe mit Puderzucker und Zitronenschale schaumig schlagen, nach und nach das mit Backpulver vermischte Mehl unterrühren. Eiweiße zu steifem Schnee schlagen und unterheben. Zum Schluß geschälte, entkernte und kleingeschnittene Birnen unter den Teig heben.
2. Den Teig in eine gefettete Springform (24 cm Ø) geben und im vorgeheizten Ofen bei 175° C (Gasherd: Stufe 2) etwa 60 Minuten backen.
3. Nach Belieben mit Aprikosenkonfitüre, Preiselbeerkonfitüre oder Schlagsahne beziehen.

SCKOKO-MANDEL-TORTE

Für etwa 12 Portionen

250 g Margarine
200 g Zucker
6 Eigelb
125 g Schokolade
225 g gemahlene Mandeln
6 EL Orangensaft
abgeriebene Schale von 1 Orange
100 g zerbröselte Vollkornkekse
2½ TL Backpulver
6 Eiweiß
Margarine für die Form
2 EL Puderzucker und
2 EL Kakao zum Bestäuben

1. Margarine und Zucker schaumig rühren, Eigelbe nach und nach unterrühren. Schokolade kleinschneiden und zusammen mit Mandeln, Orangensaft und -schale zu der Teigmasse geben. Keksbrösel mit Backpulver mischen und unterrühren. Eiweiße sehr steif schlagen und unter den Teig ziehen.

2. Den Teig in eine gefettete Springform (24 cm Ø) geben und im vorgeheizten Ofen bei 175° C (Gasherd: Stufe 2) etwa 60 Minuten backen.

3. Den Kuchen zum Abkühlen auf ein Kuchengitter geben, mit Puderzucker und Kakao bestäuben.

ZIMTKUCHEN NACH ALTER ART

Für etwa 20 Portionen

150 g Margarine
200 g Zucker
4 Eier
200 g gemahlene Mandeln
100 g Weizenmehl Type 550
100 g Weizenmehl Type 1050
60 g Buchweizenmehl
2–3 TL Backpulver
4 TL Zimt
125 g Schlagsahne
15 g kandierter Ingwer
75 g getrocknete Feigen
50 g gewürfeltes Zitronat

1. Margarine und Zucker schaumig rühren, nacheinander Eier und Mandeln zugeben. Mehl, Backpulver und Zimt mischen und abwechselnd mit der Schlagsahne unterrühren.

2. Ingwer kleinschneiden oder reiben, Feigen in dünne Streifen schneiden. Zusammen mit dem Zitronat unterheben.

3. Den Teig in eine gefettete Kastenform (25 cm) geben und im vorgeheizten Ofen bei 200° C (Gasherd: Stufe 3) 50 Minuten backen, dann noch 5 Minuten im abgestellten Ofen lassen.

LÜNEBURGER PFIRSICHTORTE

Für etwa 12 Portionen

Teig:
4 Eigelb
4 EL warmes Wasser
200 g Zucker, 1 Prise Salz
50 g Margarine
4 Eiweiß, 30 g Kakao
150 g Buchweizenmehl
3 TL Backpulver
Margarine für die Form

Füllung:
1 große Dose Pfirsiche
6 Blatt weiße Gelatine
250 g Schlagsahne

zum Verzieren:
500 g Schlagsahne
2 P. Vanillinzucker
1 P. Sahnesteif

1. Eigelbe, Wasser, 150 g Zucker und Salz schaumig schlagen. Zerlassene und abgekühlte Margarine in einem dünnen Strahl mit dem Schneebesen unter die Eimasse schlagen. Eiweiße mit 50 g Zucker zu einem steifen Schnee schlagen, über die Eigelbmasse geben. Kakao, Mehl und Backpulver mischen und darüberseben. Alles vorsichtig unterheben.
2. Den Teig in eine gefettete Springform (26 cm Ø) geben und im vorgeheizten Ofen bei 175° C (Gasherd: Stufe 2) etwa 30 Minuten backen. Den abgekühlten Boden waagrecht teilen.
3. Pfirsiche zum Abtropfen auf ein Sieb geben, kleinschneiden und mit ⅛ l Pfirsichsaft verrühren. Gelatine einweichen, im Tropfwasser auflösen und zum Pfirsichsaft geben. Steif geschlagene Sahne unter die halbsteife Pfirsichmasse geben, die Füllung auf dem unteren Boden verteilen und den zweiten Boden darauflegen.
4. Sahne mit Vanillinzucker und Sahnesteif schlagen, die Torte damit beziehen.

MOHNTORTE MIT VANILLECREME

Für etwa 12 Portionen

Teig:
60 g Mohn
4 Eigelb
200 g Puderzucker
1 P. Vanillinzucker
60 g Weizenmehl Type 1050
50 g Speisestärke
1 TL Backpulver
4 Eiweiß
Margarine für die Form

Füllung:
50 g Speisestärke
½ l Milch
50 g Margarine
1 Vanillestange
75 g Zucker
1 P. Vanillinzucker
2 Eigelb
5 Blatt weiße Gelatine
2 Eiweiß

zum Garnieren:
50 g gestiftelte Mandeln
geriebene Schokolade oder
Borkenschokolade

1. Mohn mit Wasser aufkochen, etwa 20 Minuten ausquellen und dann auf einem Haarsieb abtropfen lassen. Mit feinster Scheibe durch den Fleischwolf drehen.

2. Eigelbe mit Puderzucker und Vanillinzucker schaumig rühren. Mehl und Speisestärke mit Backpulver durchsieben, mit dem Mohn vermengen und unter die Eimasse rühren. Eiweiße sehr steif schlagen, vorsichtig unterziehen.

3. Den Teig in eine mit gefettetem Pergamentpapier ausgelegte Springform (24 cm Ø) geben und sofort im vorgeheizten Ofen bei 200°C (Gasherd: Stufe 3) etwa 45 Minuten backen. Stürzen, das Papier abziehen, abkühlen lassen und einmal waagrecht durchschneiden.

4. Speisestärke mit etwas Milch anrühren, restliche Milch mit Margarine, Vanillemark, Zucker und Vanillinzucker aufkochen, mit angerührter Speisestärke binden und mit Eigelben legieren. Dann die eingeweichte und gut ausgedrückte Gelatine darin auflösen. Eiweiße steif schlagen und unterheben.

5. Wenn die Creme halbsteif geworden ist, zwei Drittel davon auf den unteren Tortenboden streichen, den zweiten Boden darauflegen und die Torte mit der restlichen Creme beziehen; mit gestiftelten Mandeln und Schokolade garnieren. Für einige Stunden in den Kühlschrank stellen.

VOLLKORNGEBÄCK

APRIKOSEN-KUCHEN NACH BAUERNART

Für etwa 24 Portionen

Teig:
40 g Hefe
¼ l lauwarme Milch
125 g Zucker
1 Prise Salz
200 g Weizenmehl Type 1050
200 g Weizenmehl Type 550
100 g zarte Haferflocken
100 g gemahlene Mandeln
2 Eier
125 g zerlassene, abgekühlte Margarine
Margarine für das Blech

Belag:
1 kg Aprikosen
50 g Zucker
100 g gehackte Mandeln

Guß:
250 g Puderzucker
3–4 EL Zitronensaft

1. Hefe in lauwarme Milch bröckeln, mit einer Prise Zucker und etwas Mehl verrühren und abgedeckt 5–10 Minuten gehen lassen. Salz, Mehl, Haferflocken und Mandeln in einer Schüssel mischen, Hefemilch, Eier und Margarine zugeben und alles zu einem glatten Teig verkneten. Abgedeckt bis zur doppelten Größe gehen lassen.
2. Den Teig nochmals durchkneten, ausrollen und auf ein gefettetes Backblech geben. Halbierte, entsteinte Aprikosen darauflegen, Zucker und gehackte Mandeln darüberstreuen. Im vorgeheizten Ofen bei 175–200° C (Gasherd: Stufe 2–3) etwa 25 Minuten backen.
3. Puderzucker und Zitronensaft verrühren und den Kuchen damit beziehen. Durchziehen lassen.

MÖHRENTORTE

Für etwa 12 Portionen

Teig:

5 Eigelb
250 g Zucker
abgeriebene Schale von 1 Zitrone
4 EL Zitronensaft
250 g gemahlene Haselnüsse
250 g geriebene Möhren
80 g Buchweizenmehl
1 P. Backpulver
5 Eiweiß
1 Prise Salz

Guß:

200 g Puderzucker
2 EL Rum
1–2 EL Zitronensaft
Marzipanmöhren zum Verzieren

1. Eigelbe mit Zucker schaumig rühren, Zitronenschale, -saft, Haselnüsse und Möhren nacheinander dazugeben. Buchweizenmehl mit Backpulver mischen und ebenfalls hinzufügen. Zuletzt Eiweiße mit Salz zu steifem Schnee schlagen und unterziehen.

2. Eine Springform (26 cm Ø) ausfetten, mit Mehl ausstäuben, den Teig einfüllen und im vorgeheizten Ofen bei 175–200°C (Gasherd: Stufe 2–3) 50–60 Minuten backen.

3. Die fertige Torte mit einem Guß aus Puderzucker, Rum und Zitronensaft beziehen. Mit Marzipanmöhren verzieren.

BIRNENTORTE

Für etwa 12 Portionen
Teig:
100 g Weizenmehl Type 1050
150 g Weizenmehl Type 550
2 TL Backpulver
60 g Zucker
1 P. Vanillinzucker
1 Prise Salz
60 g Margarine
und Margarine für die Form
125 g Magerquark, gut ausgedrückt
1 Ei
2 EL Milch

Belag:
1 große Dose Birnenhälften
½ Glas Wildpreiselbeeren (etwa 200 g)

Streusel:
100 g Weizenmehl Type 550
75 g Weizenmehl Type 1050
75 g Zucker
1 Prise Salz
1 P. Vanillinzucker
100 g Margarine

1. Mehl, Backpulver, Zucker, Vanillinzucker und Salz auf einem Backbrett mischen. Gut gekühlte Margarine und Quark darauf verteilen. Alles mit einem Pfannenmesser gut durchhacken. Verschlagenes Ei und Milch zugeben, nochmals durchhacken und schnell zu einem glatten Teig verkneten. Kalt stellen.

2. Birnenhälften zum Abtropfen auf ein Sieb geben. Mehl, Zucker, Salz, Vanillinzucker und Margarine zu Streuseln verkneten.

3. Den Mürbeteig ausrollen und in eine gefettete Springform (26 cm Ø) geben. Mit Birnenhälften belegen, mit Preiselbeeren bestreichen, Streusel darübergeben und im vorgeheizten Ofen bei 225°C (Gasherd: Stufe 4) etwa 60 Minuten backen.

APFEL-MANDEL-TORTE

Für etwa 12 Portionen
Teig:
200 g Weizenmehl Type 1050
50 g fein gemahlene Hirse
60 g Zucker, 1 Prise Salz
125 g Margarine
1 Ei
Margarine für die Form

Belag:
3 Eigelb
150 g Zucker
1 EL Zitronensaft
1 EL Rum
1 großer und 6 kleine Äpfel
3 Eiweiß
50 g Buchweizenmehl
1 Msp. Backpulver
200 g gemahlene Mandeln
etwas flüssige Margarine
Puderzucker zum Bestreuen

1. Mehl, Hirse, Zucker, Salz auf einem Backbrett mischen, gut gekühlte Margarine in Stücken daraufgeben und mit einem Pfannenmesser gut durchhacken. Das Ei in eine Vertiefung geben und alles rasch zu einem glatten Teig verkneten, 30 Minuten kalt stellen.

2. Den Boden und den Rand einer gefetteten Springform

KRÜMELTORTE

Für etwa 12 Portionen

150 g Margarine
150 g Zucker
1 Prise Salz
1 Ei
abgeriebene Schale von 1 Zitrone
200 g Weizenmehl Type 550
150 g Weizenmehl Type 1050
30 g Buchweizenmehl
3 TL Backpulver
Margarine für die Form
750 g Äpfel
75 g Rosinen
20 g geschälte Sesamsaat
50 g gehackte Mandeln
50 g gemahlene Mandeln

1. Margarine mit Zucker, Salz, Ei und Zitronenschale schaumig rühren. Mehl und Backpulver mischen, einige Löffel davon unterrühren, den Rest darüberstreuen und mit den Händen zu Krümeln verarbeiten. Die Hälfte davon in eine gefettete Springform (26 cm Ø) füllen.

2. Äpfel schälen, kleinschneiden und auf dem Teig verteilen. Rosinen waschen und zusammen mit Sesamsaat und gehackten Mandeln darüberstreuen. Gemahlene Mandeln unter den restlichen Teig kneten und über die Äpfel krümeln.

3. Den Kuchen im vorgeheizten Ofen bei 200°C (Gasherd: Stufe 3) etwa 60 Minuten backen.

(26 cm ∅) mit dem Teig auslegen; im vorgeheizten Ofen bei 200–225°C (Gasherd: Stufe 3–4) 15 Minuten vorbacken.

3. Inzwischen Eigelbe mit Zucker schaumig schlagen, Zitronensaft, Rum zufügen und den großen geschälten Apfel in die Eimasse raspeln. Eiweiße zu steifem Schnee schlagen, daraufgeben, Buchweizenmehl mit Backpulver darübersieben, die Mandeln zufügen, alles vorsichtig unter die Ei-Apfel-Masse heben und auf den vorgebackenen Boden streichen.

4. Die kleinen Äpfel schälen, halbieren, entkernen, blättrig einschneiden und mit der Rundung nach oben auf die Mandelmasse setzen, mit flüssiger Margarine bepinseln.

5. Die Torte bei 175–200°C (Gasherd: Stufe 2–3) noch weitere 50 Minuten backen; dann sofort mit Puderzucker bestreuen.

JOHANNISBEERKUCHEN MIT SCHNEEHAUBE

Für etwa 24 Portionen

Teig:
25 g Hefe
150 ml lauwarme Milch
50 g Zucker
100 g Weizenmehl Type 1700
100 g Weizenmehl Type 1050
50 g Buchweizenmehl
1 Prise Salz
30 g gemahlene Mandeln
50 g Margarine
Margarine für die Form

Belag:
500 g Johannisbeeren

Schneehaube:
3 Eiweiß
100 g Puderzucker
50 g gemahlene Mandeln

1. Hefe in lauwarme Milch bröckeln, mit je 1 Prise Zucker und Mehl verrühren und abgedeckt etwa 10 Minuten gehen lassen. Zucker, Mehl, Salz, Mandeln und die eben zerlassene Margarine in eine Rührschüssel geben, Hefemilch zufügen und alles zu einem glatten und geschmeidigen Teig verkneten. Abgedeckt bis zur doppelten Größe aufgehen lassen. Nochmals gut durchkneten und in eine gefettete Bratenpfanne streichen.

2. Inzwischen die Johannisbeeren abstreifen, auf dem Hefeteig verteilen und nochmals kurz aufgehen lassen. Im vorgeheizten Ofen bei 225°C (Gasherd: Stufe 4) etwa 30 Minuten backen.

3. Eiweiße zu steifem Schnee schlagen, Puderzucker und Mandeln unterrühren. Die Baisermasse auf den Kuchen streichen und unter dem Grill oder im Backofen bei 275°C (Gasherd: Stufe 7) etwa 6 Minuten überbacken.

WALNUSS-APRIKOSEN-KUCHEN

Für etwa 12 Portionen

250 g Margarine
200 g Zucker
1 P. Vanillinzucker
4 Eier
3 TL Backpulver
1 TL Zimt
½ TL gemahlene Nelken
½ TL gemahlener Ingwer
100 g Weizenmehl Type 550
150 g Weizenmehl Type 1050
1 EL Honig
100 g Walnüsse
100 g Kuraprikosen
Margarine für die Form
1 P. helle Schokoladenglasur

1. Margarine, Zucker, Vanillinzucker und Eier schaumig rühren. Mit Backpulver, Zimt, Nelken und Ingwer gemischtes Mehl und Honig zufügen. 6 Walnüsse zum Garnieren beiseite legen, den Rest grob hacken. Zusammen mit den groß gewürfelten Aprikosen unterrühren.
2. Den Teig in eine gefettete Kastenform (30 cm) füllen und im vorgeheizten Ofen bei 175°C (Gasherd: Stufe 2) etwa 75 Minuten backen.
3. Den Kuchen abkühlen lassen, mit geschmolzener Schokoladenglasur beziehen und mit den Walnüssen garnieren.

SAVARIN MIT WILDBEEREN

Für etwa 12 Portionen
Teig:

15 g Hefe
6 EL lauwarme Milch
50 g Zucker
100 g Weizenmehl Type 1050
50 g Weizenmehl Type 550
50 g Buchweizenmehl
50 g Roggenmehl Type 1370
1 Prise Salz
75 g eben zerlassene Margarine
5 Eier
Margarine für die Form

Füllung:

1000 g TK-Wildbeeren
150 g Zucker
abgeriebene Schale von ½ Zitrone
1 EL Zitronensaft
6 EL Rum

1. Hefe in lauwarme Milch bröckeln, mit je 1 EL Zucker und Mehl verrühren und abgedeckt etwa 15 Minuten gehen lassen. Mehl, Salz, Zucker, abgekühlte Margarine und die verschlagenen Eier in eine Rührschüssel geben, die Hefemilch dazugeben, alles vermengen und den Teig kräftig schlagen. Abgedeckt gehen lassen, nochmals durchschlagen und in eine gefettete Ringform (26 cm Ø) geben. Die Form darf nur halb voll sein.
2. Den Teig kurz gehen lassen und im vorgeheizten Ofen bei 175–200°C (Gasherd: Stufe 2–3) etwa 30 Minuten backen.
3. Inzwischen die Wildbeeren mit 100 g Zucker bestreuen, ziehen lassen und anschließend zum Abtropfen auf ein Sieb geben. Saft mit 50 g Zucker, Zitronenschale und -saft auf etwa ⅛ l einkochen lassen und den Rum dazugeben. Den gestürzten, noch heißen Savarin waagrecht durchschneiden und mit dem Saft tränken.
4. Etwas Saft zurückbehalten, die Beeren darin wenden und den Ring damit füllen.

NUSS-MANDEL-KUCHEN

Für etwa 16 Portionen

125 g Margarine
100 g Zucker
1 TL Zimt
1 P. Vanillinzucker
2 Eier
50 g gehackte Haselnüsse
50 g gehackte Mandelkerne
75 g Weizenmehl Type 550
50 g Weizenmehl Type 1050
2 TL Backpulver
100 g Schlagsahne
1 EL Rum
Margarine für die Form

1. Margarine, Zucker, Zimt, Vanillinzucker und Eier schaumig rühren. Nüsse und Mandeln unter die Masse rühren. Mehl mit Backpulver mischen, nach und nach mit der Sahne darunterrühren und zuletzt den Rum zugeben.
2. Den Teig in eine gefettete Kastenform (25 cm) geben und im vorgeheizten Ofen bei 175°C (Gasherd: Stufe 2) etwa 45 Minuten backen.

ENGADINER NUSSTORTE

Für etwa 12 Portionen
Teig:

8 Eigelb
300 g Zucker
8 Eiweiß
1 Prise Salz
250 g gemahlene Haselnüsse
2 TL Backpulver
80 g Weizenmehl Type 1050
Margarine für die Form

Füllung:

625 g Schlagsahne
2 P. Sahnesteif
3 EL Zucker
Haselnußkerne zum Verzieren

1. Eigelbe mit Zucker sehr schaumig schlagen. Eiweiße mit Salz steif schlagen und darübergeben, dann nicht zu fein gemahlene Haselnüsse und mit Backpulver gemischtes Mehl. Alles mit einem Schneebesen vorsichtig unterziehen.
2. Den Teig in eine am Boden gefettete Springform (26 cm Ø) geben, im vorgeheizten Ofen bei 175–200°C (Gasherd: Stufe 2–3) 30–35 Minuten backen und noch 5–10 Minuten im abgeschalteten Ofen lassen.
3. Den Kuchen vorsichtig aus dem Ofen nehmen und in der Form erkalten lassen, da er leicht zusammenfällt.
4. Sahne mit Sahnesteif und Zucker schlagen. Den Tortenboden zweimal durchschneiden und mit der Sahne füllen. Den Kuchen mit Sahnetupfen und Haselnußkernen verzieren.

VOLLKORNGEBÄCK 107

FRÜCHTEKUCHEN

Für etwa 16 Portionen

100 g getrocknete Pflaumen ohne Stein
100 g getrocknete Aprikosen
100 g getrocknete Birnen
300 g Margarine
300 g Zucker
1 Prise Salz
6 Eier
abgeriebene Schale von 1 Zitrone
1 P. Vanillinzucker
200 g Weizenmehl Type 1050
50 g Weizenmehl Type 1700
100 g zarte Haferflocken
3 TL Backpulver
100 g gehackte Walnüsse
Margarine für die Form

1. Pflaumen, Aprikosen und Birnen in Würfel schneiden.
2. Margarine mit Zucker, Salz, Eiern, Zitronenschale und Vanillinzucker schaumig schlagen.
3. Mehl und Haferflocken mischen, etwas davon über die gewürfelten Früchte stäuben, den Rest mit Backpulver mischen und unter die Masse rühren. Früchte und Nüsse unterheben.
4. Den Teig in eine gefettete Napfkuchenform (22 cm Ø) füllen und im vorgeheizten Ofen bei 175°C (Gasherd: Stufe 2) 60–70 Minuten backen.

KIRSCHKUCHEN

Für etwa 16 Portionen

4 Eigelb
125 g Zucker
1 TL Zimt
abgeriebene Schale von 1 Zitrone
4 Eiweiß
75 g Vollkornzwieback
1 Glas Sauerkirschen ohne Stein (700 ml)
Margarine für die Form

1. Eigelbe, Zucker, Zimt und Zitronenschale schaumig rühren. Eiweiße steif schlagen und unterheben. Zwieback reiben und zusammen mit den Sauerkirschen unterheben.
2. Den Teig in eine gefettete, mit Backpapier ausgelegte Kastenform (25 cm) füllen und im vorgeheizten Ofen bei 175°C (Gasherd: Stufe 2) 50–60 Minuten backen.

NUSSKUCHEN

Für etwa 16 Portionen

250 g Margarine
250 g Zucker
4 Eier
1 Prise Salz
100 g gemahlene Nüsse
3 EL Milch
abgeriebene Schale von ½ Zitrone
½ P. Backpulver
250 g Weizenmehl Type 1050

1. Margarine und Zucker schaumig rühren, Eier nach und nach zugeben. Salz, Nüsse, Milch und Zitronenschale unterrühren. Backpulver mit Mehl verrühren und zugeben.
2. Den Teig in eine gefettete Kastenform (25 cm) füllen und im vorgeheizten Ofen bei 175°C (Gasherd: Stufe 2) 50–60 Minuten backen.

BANANEN-WALNUSS-KUCHEN

Für etwa 12 Portionen

100 g Weizenmehl Type 1050
50 g Buchweizenmehl
2 TL Backpulver
1 TL Zimt
50 g zarte Haferflocken
100 g gehackte Walnußkerne
50 g Haferfleks
2 kleine Bananen
(etwa 200 g netto)
2 Eier
100 g Margarine
200 g Zucker
2 EL Honig
Margarine für die Form
Puderzucker zum Bestäuben

1. Mehl mit Backpulver und Zimt mischen, sieben und mit Haferflocken, gehackten Walnußkernen und Haferfleks vermengen.
2. Bananen mit einer Gabel zerdrücken und mit den Eiern mischen. Margarine, Zucker und Honig unter Rühren erhitzen, bis der Zucker aufgelöst ist. Abkühlen lassen und mit der Bananen-Eier-Masse und dem Mehl vermengen.
3. Den Teig in eine gefettete Ringform (22 cm Ø) füllen und im vorgeheizten Ofen bei 175° C (Gasherd: Stufe 2) etwa 50 Minuten backen.
4. Den abgekühlten Kuchen mit Puderzucker bestäuben.

BROTTORTE

Für etwa 12 Portionen

3 Eigelb
65 g Puderzucker
35 g geriebene Schokolade
50 g gemahlene Mandeln
1/2 TL Zimt
1 Msp. gemahlene Nelken
etwas Anis
abgeriebene Schale
von 1 Zitrone
3 Eiweiß
75 g Schwarzbrot
125 ml Rotwein
Margarine für die Form
4 EL Preiselbeeren
200 g Schlagsahne

1. Eigelbe mit Puderzucker schaumig schlagen. Schokolade, Mandeln, Zimt, Nelken, Anis und Zitronenschale unterrühren. Eiweiße steif schlagen und unterheben. Schwarzbrot im Backofen trocknen, fein reiben, mit Rotwein verrühren und zum Teig geben.
2. Den Teig in eine gefettete Springform (26 cm Ø) geben und im vorgeheizten Ofen bei 175°C (Gasherd: Stufe 2) etwa 60 Minuten backen.
3. Den Kuchen mit Preiselbeeren und Schlagsahne bestreichen.

WIR BITTEN ZUR KAFFEETAFEL

Was gibt es Gemütlicheres als eine nette Runde am schön gedeckten Kaffeetisch mit frischem, duftendem Gebäck? Schwelgen Sie in der Vielfalt süßer Versuchungen, und lassen Sie sich von den folgenden Rezepten anregen – der Erfolg ist Ihnen sicher.

WALNUSS-TÖRTCHEN

Für etwa 12 Stück

Teig:
5 Eigelb
3 EL warmes Wasser
225 g Puderzucker
1 Prise Salz
5 Eiweiß
50 g gemahlene Walnüsse
50 g Mehl
40 g Speisestärke
1 TL Backpulver
Kokosfett für das Blech
Zucker zum Bestreuen

Füllung:
250 g Sahne
25 g Zucker
1 P. Vanillinzucker
1 P. Sahnesteif
50 g gemahlene Walnüsse

Guß:
100 g Puderzucker
1 EL Kakao
2 EL Rum
1 EL Wasser
25 g Kokosfett

zum Garnieren:
100 g Marzipanrohmasse

1. Eigelbe mit lauwarmem Wasser, Zucker und 1 Prise Salz schaumig schlagen. Eiweiße zu steifem Schnee schlagen, auf die Eigelbmasse geben, Walnüsse darunterheben. Mehl, Speisestärke und Backpulver mischen und darübersieben. Alles mit einem Schneebesen vorsichtig unter die Eigelbmasse heben.
2. Ein Blech fetten, mit Pergamentpapier auslegen, den Teig darauf verteilen und im vorgeheizten Ofen bei 200–225°C (Gasherd: Stufe 3–4) etwa 15 Minuten backen.
3. Den Boden mit Zucker bestreuen, mit einem Geschirrtuch stürzen, Pergamentpapier abziehen und auskühlen lassen. Dann Törtchenböden (etwa 6 cm Ø) ausstechen.
4. Sahne mit Zucker, Vanillinzucker und Sahnesteif steif schlagen, Walnüsse darunterziehen. Je zwei Törtchen mit Nußsahne zusammensetzen und kalt stellen.
5. Aus Puderzucker, Kakao, Rum, Wasser und zerlassenem, abgekühltem Kokosfett einen Guß rühren, die Törtchen damit beziehen und wieder kalt stellen.
6. Die Marzipanrohmasse ausrollen, beliebige Formen ausstechen und die Törtchen damit garnieren.

ECLAIRS MIT VANILLECREME

Für 10 Stück

Teig:
1/4 l Wasser
1 Prise Salz
1 P. Vanillinzucker
50 g Margarine
125 g Mehl
4 Eier
Margarine und Mehl für das Blech

Guß:
125 g Puderzucker
30 g Kakao
2 EL Wasser

Füllung:
1/4 l Milch
1 Vanillestange
1 Prise Salz
3 Eigelb
100 g Zucker
6 Blatt weiße Gelatine
125 g Schlagsahne
3 Eiweiß

1. Wasser, Salz, Vanillinzucker und Margarine zum Kochen bringen, vom Herd nehmen, das Mehl auf einmal hineinschütten, mit einem Kochlöffel glattrühren und unter ständigem Weiterrühren so lange erhitzen, bis sich die Masse als Kloß vom Topfboden löst. Den Teig in eine Schüssel geben und ein Ei sofort, dann nacheinander die anderen Eier unterrühren.

2. Den Teig in einen Spritzbeutel geben und je zwei fingerlange Streifen nebeneinander auf ein gefettetes und mit etwas Mehl bestäubtes Blech spritzen. Im vorgeheizten Ofen bei 225°C (Gasherd: Stufe 4) etwa 30 Minuten backen.

3. Sofort mit einer Schere den Deckel der Eclairs abschneiden und noch warm mit einem Guß aus Puderzucker, Kakao und Wasser beziehen. Die unteren Hälften gut auskühlen lassen.

4. Inzwischen Milch, Vanillemark und Salz aufkochen und abkühlen lassen. Eigelbe mit Zucker schaumig rühren, die Vanillemilch zufügen. Die eingeweichte, im Tropfwasser auf schwacher Hitze aufgelöste Gelatine unterrühren. Kalt stellen.

5. Schlagsahne und zu steifem Schnee geschlagene Eiweiße unter die halbsteife Masse ziehen. Wenn die Creme die nötige Steife hat, mit einem Spritzbeutel in die Eclairs füllen und die Deckel daraufsetzen.

RUDIS MOHNKUCHEN

Für etwa 24 Portionen

Teig:
| 600 g Mehl |
| 2 P. Trockenhefe |
| 150 g Zucker |
| 150 g Margarine |
| 200 ml Milch |

Füllung:
| ¾ l Milch |
| 200 g Zucker |
| 150 g Margarine |
| 500 g Mohn |
| 200 g Rosinen, 150 g Grieß |
| 1 TL Zitronensaft |
| 4 Eiweiß |

1. Mehl in eine Schüssel sieben, in die Mitte eine kleine Mulde drücken. Hefe, Zucker, zerlassene Margarine und lauwarme Milch hineingeben. Alles zu einem glatten Hefeteig verkneten, abgedeckt bis zur doppelten Größe aufgehen lassen.
2. Den Teig nochmals gut durchkneten, dünn ausrollen und auf ein gefettetes Blech (30 x 40 cm) legen.
3. Inzwischen die Milch aufkochen. Zucker, Margarine, Mohn, Rosinen und Grieß einrühren. Kurz aufkochen und dann abkühlen lassen. Zitronensaft unterrühren, die Eiweiße steif schlagen und unterheben.
4. Die Füllung auf dem Teig verteilen und den Kuchen im vorgeheizten Ofen bei 200 bis 225°C (Gasherd: Stufe 3-4) etwa 35-40 Minuten backen.

KNUSPRIGE SAHNEWAFFELN

Für etwa 12 Stück

| 375 g Schlagsahne |
| 150 g Mehl |
| 1 Prise Salz |
| ⅛ l Wasser |
| 50 g Margarine |
| 1 P. Vanillinzucker |
| Margarine für das Eisen |
| Puderzucker zum Bestäuben |

1. Sahne steif schlagen. Mehl, Salz und Wasser verrühren, die Schlagsahne daraufgeben und kurz unterheben. In der Rührschüssel 1 Stunde kalt stellen.
2. Margarine schmelzen und abkühlen lassen, zusammen mit Vanillinzucker unter den Teig rühren.
3. Ein Waffeleisen mit Margarine auspinseln; jeweils 2-3 EL Teig hineingeben, etwa 2-3 Minuten backen.
4. Die fertigen Waffeln mit Puderzucker bestäuben.

ORIGINELLE APFELKÜCHLEIN

Für etwa 8 Portionen
Teig:
150 g Margarine
200 g Zucker
1 P. Vanillinzucker
6 Eier
2 P. Schokoladenpuddingpulver
100 g Mehl
100 g gemahlene Mandeln
2 kleine geriebene Äpfel
Margarine und Semmelbrösel für die Form

zum Verzieren:
100 g Marzipanrohmasse
50 g Puderzucker
Speisefarben
Schokoblätter und Zuckerblumen

1. Margarine schaumig rühren, Zucker, Vanillinzucker, Eier, Puddingpulver, Mehl und Mandeln unterrühren. Zum Schluß die geriebenen Äpfel zugeben.
2. Zwei Apfelformen ausfetten und mit Semmelbröseln bestreuen. Den Teig einfüllen und im vorgeheizten Ofen bei 175–200°C (Gasherd: Stufe 2–3) etwa 45 Minuten backen. Danach etwa 5 Minuten in der Form abkühlen lassen und stürzen.
3. Marzipanmasse mit Puderzucker verkneten und mit Speisefarben einfärben. Zwischen zwei Plastikfolien dünn ausrollen und die Kuchen darin einschlagen. Mit Schokoblättern und Zuckerblumen dekorieren.

NUSSECKEN

Für 30 Stück
Teig:
250 g Margarine
200 g Zucker
1 P. Vanillinzucker
1 Prise Salz
3 Eier
4 EL Schlagsahne
200 g gemahlene Haselnüsse
250 g Mehl
3 TL Backpulver
Margarine für das Blech

Guß:
250 g Puderzucker
2 TL Pulverkaffee
3 TL Weinbrand
2–3 EL Wasser
30 Haselnußkerne zum Verzieren

1. Aus Margarine, Zucker, Vanillinzucker, Salz, Eiern, Schlagsahne, Haselnüssen, Mehl und Backpulver einen Rührteig bereiten.
2. Den Teig auf ein gefettetes Backblech streichen und im vorgeheizten Ofen bei 200°C (Gasherd: Stufe 3) 15–20 Minuten backen.
2. Inzwischen Puderzucker, Kaffee, Weinbrand und Wasser verrühren. Den Kuchen noch heiß in 30 Dreiecke schneiden, mit dem Guß beziehen und mit je einem Haselnußkern garnieren.

FRANKFURTER KRANZ

Für etwa 20 Portionen

Teig:
200 g Margarine
200 g Zucker
1 Prise Salz
4 Eier
1 TL Backpulver
200 g Mehl
Margarine für die Form

Füllung:
½ l Milch
50 g Zucker
1 P. Tortencremepulver Vanille
250 g Margarine

zum Verzieren:
150 g gehackte Mandeln
50 g Zucker
25 g Margarine
10 Cocktailkirschen

1. Margarine, Zucker, Salz und Eier schaumig rühren. Nach und nach das mit Backpulver gemischte Mehl unterrühren.
2. Den Teig in eine gefettete Ringform (26 cm Ø) füllen und im vorgeheizten Ofen bei 175° C (Gasherd: Stufe 2) etwa 60 Minuten backen, auf ein Kuchengitter stürzen und abkühlen lassen. Den Kuchen waagrecht in drei Ringe schneiden.
3. Aus Milch, Zucker, Tortencremepulver und Margarine nach Anweisung eine Vanillecreme zubereiten. Den Kranzkuchen mit der Creme füllen und auch von außen damit beziehen.
4. Mandeln in Zucker und Margarine goldgelb rösten; sofort aus der Pfanne nehmen. Erkalten lassen und den Kranz ringsum damit bestreuen. Dann mit der restlichen Creme bespritzen und mit Cocktailkirschen garnieren.

PLUNDER-SCHNECKEN

Für etwa 20 Stück

200 g gut gekühlte Margarine
50 g Mehl
40 g Hefe
200 ml lauwarme Milch
60 g Zucker
500 g Mehl
1 Prise Salz
50 g zerlassene Margarine
1 Ei
3 EL Milch
50 g Zimtzucker
30 g gehackte Mandeln
Eigelb zum Bepinseln

1. Margarine und Mehl mit einem Pfannenmesser durchhacken, schnell verkneten und kalt stellen.
2. Aus Hefe, Milch, Zucker, Mehl, Salz, Margarine und Ei einen Hefeteig bereiten. Zu doppelter Größe aufgehen lassen, nochmals durchkneten und zu einem Rechteck von etwa 20 x 30 cm ausrollen.
3. Margarine-Mehl-Masse in Flöckchen oder zwischen zwei Pergamentbögen ausgerollt (20 x 15 cm groß) auf die eine Hälfte der Hefeteigplatte legen, die andere Hälfte darüberklappen und

wieder zu einem Rechteck ausrollen, dann von den Schmalseiten her zur Mitte übereinanderschlagen. Abgedeckt etwa 10 Minuten kalt stellen.
4. Den Teig so hinlegen, daß die geschlossene Seite rechts liegt, wieder zu einem Rechteck ausrollen und wie beim erstenmal übereinanderschlagen und kalt stellen. Dies noch einmal wiederholen. Dann den Teig auf etwa 40 x 50 cm ausrollen, mit Milch bepinseln und eine Mischung aus Zimtzucker und Mandeln darüberstreuen.
5. Die Teigplatte von der Längsseite her aufrollen und in 2 cm dicke Scheiben schneiden. Auf ein mit Backtrennpapier ausgelegtes Blech setzen, nochmals aufgehen lassen und im vorgeheizten Ofen bei 200°C (Gasherd: Stufe 3) 10–15 Minuten backen. Kurz vor Ende der Backzeit Eigelb mit wenig Wasser verrühren und die Schnecken damit bepinseln.

Variation:
Den ausgerollten Teig in etwa 12 cm große Quadrate schneiden; ein Stück Marzipanmasse daraufsetzen. Die Ecken mit wenig Milch bepinseln und wie bei einem Briefumschlag auf der Marzipanmasse übereinanderlegen. Aufgehen lassen und backen.

gießen, wenig Salz darüberstreuen und einen geschmeidigen Teig herstellen – kräftig kneten und schlagen! In einer Schüssel mit kaltem Wasser 2–3 Stunden liegen lassen.
2. Den Teig gut abtrocknen und auf einem bemehlten Brett ½ cm dick ausrollen. Ringe von etwa 6 cm Durchmesser ausstechen, auf einem gefetteten Blech in den nur leicht vorgewärmten Ofen schieben und bei 200–225° C (Gasherd: Stufe 3–4) 15–20 Minuten backen.
3. Puder- und Vanillinzucker mischen und die noch heißen Ringe damit überstäuben.

HEFETALER

Für 30–40 Stück

400 g Mehl
250 g Kokosfett und
Kokosfett für das Blech
⅛ l Milch
15 g Hefe
etwas Salz
100 g Puderzucker
2 P. Vanillinzucker

1. Mehl in eine Schüssel sieben, Kokosfett mit einem Küchenmesser fein dazuschaben. Mit lauwarmer Milch angerührte Hefe zu-

Variation:
Sie können die Ringe auch mit einem Zitronenguß beziehen oder mit Konfitüre zusammensetzen.

BRANDY-TÖRTCHEN

Für 16 Stück
Teig:

1 P. Nußkuchen-Backmischung
100 g weiche Margarine
2 Eier
75 ml Wasser (5 EL)

Füllung:

125 g getrocknete Aprikosen
⅛ l Wasser
8 EL Apricot Brandy
200 g Marzipanmasse
40 g Puderzucker

Guß:

200 g Schokoladenglasur
Haselnußkerne zum Garnieren

1. Aus Backmischung, Margarine, Eiern und Wasser nach Anweisung einen Rührteig bereiten und in Backmanschetten (8 cm Ø) füllen. Im vorgeheizten Ofen bei 175° C (Gasherd: Stufe 2) etwa 20 Minuten backen.
2. Aprikosen mit Wasser und 5 EL Apricot Brandy etwa 10 Minuten kochen und in der Flüssigkeit abkühlen lassen. Dann abtropfen lassen und in Würfel schneiden. Marzipanmasse mit Puderzucker, 3 EL Brandy und den Aprikosen verkneten. Etwa 3 EL Aprikosenflüssigkeit unterrühren, so daß eine streichfähige Masse entsteht.
3. Die abgekühlten Törtchen einmal durchschneiden, mit der Masse füllen.
4. Die Schokoladenglasur im Wasserbad schmelzen, die Törtchen damit beziehen und mit Haselnußkernen garnieren.

ZITRONEN-TÖRTCHEN

Für etwa 10 Stück

Teig:
4 Eigelb
2 EL warmes Wasser
150 g Zucker
1 P. Vanillinzucker
1 Prise Salz
4 Eiweiß
75 g Mehl
50 g Speisestärke
1 Msp. Backpulver
Margarine für das Blech
Zucker zum Bestreuen

Füllung:
25 g Speisestärke
¼ l Milch
50 g Zucker
abgeriebene Schale von 1 Zitrone
1 Prise Salz
3 EL Zitronensaft
75 g Margarine

Guß:
100 g Puderzucker
3 EL Zitronensaft
25 g Kokosfett
Maraschinokirschen zum Garnieren

1. Eigelbe mit lauwarmem Wasser, Zucker, Vanillinzucker und Salz schaumig rühren. Eiweiß zu steifem Schnee schlagen, auf die Eigelbmasse geben. Mehl, Speisestärke und Backpulver mischen und darübersieben. Alles mit einem Schneebesen vorsichtig unter die Eigelbmasse heben.
2. Ein Blech fetten, mit Pergamentpapier auslegen, den Teig darauf verteilen und im vorgeheizten Ofen bei 200–225°C (Gasherd: Stufe 3–4) 10–12 Minuten backen. Mit Zucker bestreuen, mit einem Geschirrtuch stürzen, Pergamentpapier abziehen und den Biskuitboden auskühlen lassen. Dann Törtchenböden (etwa 6 cm Ø) ausstechen.

3. Speisestärke mit etwas Milch anrühren, den Rest der Milch mit Zucker, Zitronenschale und Salz zum Kochen bringen und mit der Speisestärke binden. Vom Herd nehmen, Zitronensaft unterrühren und erkalten lassen. Margarine schaumig rühren und den Pudding nach und nach unterrühren. Die Creme zwischen je zwei Böden verteilen.

4. Aus Puderzucker, Zitronensaft und zerlassenem Kokosfett einen Guß rühren und die Törtchen damit beziehen. Mit Maraschinokirschen garnieren.

ERDBEER-SAHNE-ROLLE

Für etwa 16 Portionen
Teig:
4 Eigelb
3 EL warmes Wasser
125 g Zucker
1 P. Vanillinzucker
50 g Margarine
4 Eiweiß
50 g Mehl
50 g Speisestärke
1 TL Backpulver
20 g gemahlene Mandeln
Margarine für das Blech
Zucker zum Bestreuen

Füllung:
250 g Erdbeeren
1 P. Vanillinzucker
375 g Schlagsahne
40 g Zucker, 5 Blatt Gelatine

1. Eigelbe, Wasser, Zucker und Vanillinzucker dickcremig schlagen, die eben zerlassene und abgekühlte Margarine darunterrühren. Eiweiße zu sehr steifem Schnee schlagen, auf die Eigelbmasse geben. Mehl, Speisestärke, Backpulver und Mandeln mischen und auf den Eischnee geben, alles vorsichtig unterheben.
2. Den Teig auf ein gefettetes, mit Pergamentpapier ausgelegtes Blech streichen und im vorgeheizten Ofen bei 225°C (Gasherd: Stufe 4) 10–12 Minuten backen.
3. Den fertigen Biskuit auf ein mit Zucker bestreutes Geschirrtuch stürzen, das Papier abziehen, den Kuchen mit dem Tuch aufrollen und abkühlen lassen.

4. Erdbeeren waschen, putzen, halbieren und mit Vanillinzucker bestreuen, etwas durchziehen lassen.
5. Schlagsahne mit Zucker schlagen. Die eingeweichte, auf schwacher Hitze aufgelöste Gelatine abgekühlt ganz vorsichtig unterheben. Wenn die Masse anfängt, steif zu werden, die Erdbeeren dazugeben.
6. Die Biskuitrolle zurückrollen, mit der Erdbeersahne bestreichen und wieder aufrollen. Kalt stellen und fest werden lassen.

FESTLICHE BAISERS

Für 24 Stück

2 Eiweiß
1 Prise Salz
125 g Zucker
500 g Schlagsahne
1 P. Vanillinzucker
1 P. Sahnesteif
30 g gehackte Cashewnüsse
30 g feingehackte kandierte Kirschen

1. Eiweiße mit Salz steif schlagen, aber nicht so lange, daß die Masse trocken wird. Die Hälfte des Zuckers zufügen und weiterschlagen. Den restlichen Zucker dazugeben und vorsichtig unterrühren.
2. Ein Blech mit Backpapier auslegen. Mit zwei Teelöffeln 48 Häufchen auf das Blech setzen oder die Baisermasse in einen Spritzbeutel mit gezackter Tülle

füllen und Rosetten spritzen. Bei 120°C (Gasherd: Stufe 1) mindestens 1 Stunde trocknen, bis die Baisers ganz trocken sind, aber noch hell. Auf dem Blech abkühlen lassen.
3. Kurz vor dem Servieren Sahne mit Vanillinzucker und Sahnesteif schlagen, die Baisers damit füllen und immer zwei zusammenklappen. Den Sahnerand mit Nüssen und Kirschen bestreuen.

APRIKOSEN-DATTEL-SCHNITTCHEN

Für 35 Stück

Teig:
| 300 g Mehl |
| 100 g Puderzucker |
| 2 Vanillestangen |
| 1 Prise Salz |
| 200 g Margarine |
| 1 Eigelb |
| 7 EL Schlagsahne |
| Margarine für das Blech |

Belag:
| 1/2 Dose Aprikosen |
| 4 EL Aprikosenkonfitüre |
| 150 g gemahlene Mandeln |
| 250 g Datteln |
| 4 Eiweiß, 150 g Zucker |

1. Aus Mehl, Puderzucker, Vanillemark, Salz, Margarine, Eigelb und Sahne einen Teig kneten, kalt stellen.
2. Den Teig ausrollen und 2/3 eines gefetteten Backblechs damit auslegen. Im vorgeheizten Ofen bei 200 bis 225°C (Gasherd: Stufe 3-4) 15 Minuten backen.
3. Inzwischen die abgegossenen Aprikosen pürieren und mit Konfitüre und 30 g Mandeln verrühren.
4. Datteln entkernen und fein hacken. Eiweiße sehr steif schlagen. Zucker, 125 g Mandeln und Datteln mischen und vorsichtig unter den Eischnee heben. Die Masse in einen Spritzbeutel mit glatter Tülle füllen. Auf den vorgebackenen Teigboden je einen Längsstreifen an den Blechrändern spritzen, dann jeweils im Abstand von etwa 5 cm einen Doppelstreifen spritzen. In die entstandenen Lücken die Aprikosenmasse füllen.

5. Den Kuchen bei 175°C (Gasherd: Stufe 2) weitere 15–20 Minuten backen. Abgekühlt zwischen den Doppelstreifen längs und dann quer in etwa 3 cm breite Streifen schneiden.

BISKUITROLLE MIT HIMBEEREN

Für etwa 16 Portionen

Teig:
| 4 Eigelb, 3 EL warmes Wasser |
| 125 g Zucker |
| 4 Eiweiß |
| 50 g Mehl, 75 g Speisestärke |
| Margarine für das Blech |
| Zucker zum Bestreuen |

Füllung:
| 250 g Schlagsahne |
| 25 g Zucker, 1 P. Sahnesteif |
| 500 g Himbeeren |
| 50 g Zucker |

1. Eigelbe, warmes Wasser und Zucker schaumig schlagen. Eiweiße steif schlagen, daraufgeben, Mehl und Speisestärke darübersieben; alles vorsichtig unter die Schaummasse heben.
2. Ein gefettetes Backblech mit Pergamentpapier belegen, einfetten und die Masse daraufstreichen. Im vorgeheizten Ofen bei 225°C (Gasherd: Stufe 4) 10–12 Minuten backen.
3. Ein Geschirrtuch mit Zucker bestreuen, den heißen Teigboden sofort daraufstürzen, schnell das Pergamentpapier abziehen und den Biskuit mit dem Handtuch aufrollen.
4. Schlagsahne mit Zucker und Sahnesteif schlagen. Himbeeren mit einer Gabel zerdrücken, mit Zucker süßen und unter die Schlagsahne heben; auf den abgekühlten, zurückgerollten Biskuitboden streichen, wieder aufrollen und kalt stellen.

NOUGATROLLE

Für etwa 16 Portionen

Teig:
| 4 Eigelb |
| 3 EL warmes Wasser |
| 125 g Zucker |
| Salz |
| 4 Eiweiß |
| 75 g Mehl |
| 50 g Speisestärke |
| 1 Msp. Backpulver |
| Zucker zum Bestreuen |

Füllung:
| 125 g Kokosfett |
| 100 g Nougatmasse |
| 2 Eier |
| 100 g Puderzucker |
| Salz, Zimt |
| 50 g Zitronat |
| 50 g Orangeat |
| 50 g Haselnüsse |
| 3 EL Rum |

1. Eigelbe mit Wasser, Zucker und Salz schaumig schlagen. Eiweiße zu steifem Schnee schlagen. Mehl, Speisestärke und Backpulver mischen und darübersieben. Alles mit einem

KIRSCHLIKÖR-ROLLE

Für etwa 20 Portionen

Teig:
| 4 Eigelb |
| 3 EL warmes Wasser |
| 125 g Zucker |
| 1 P. Vanillinzucker |
| 1 Prise Salz |
| 4 Eiweiß |
| 75 g Mehl |
| 50 g Speisestärke |
| 1 Msp. Backpulver |
| Margarine für das Blech |
| Zucker zum Bestreuen |

Füllung:
| 1 Blatt rote, |
| 5 Blatt weiße Gelatine |
| 1/4 l Kirschlikör |
| 250 g Schlagsahne |
| 30 g Zucker |

1. Eigelbe, Wasser, Zucker, Vanillinzucker und Salz gut schaumig schlagen. Eiweiße zu steifem Schnee schlagen und auf die Eigelbmasse geben. Mehl, Speisestärke und Backpulver mischen, darübersieben und alles mit dem Schneebesen vorsichtig unter die Eigelbmasse heben.
2. Den Teig auf ein gefettetes, mit Pergamentpapier ausgelegtes Blech streichen und im vorgeheizten Ofen bei 200–225°C (Gasherd: Stufe 3-4) 10–12 Minuten backen.
3. Den Boden sofort auf ein mit Zucker bestreutes Geschirrtuch stürzen. Das Pergamentpapier abziehen und Geschirrtuch mit Biskuitboden aufrollen und abkühlen lassen.
4. Eingeweichte, im Tropfwasser aufgelöste Gelatine unter den Likör rühren, kalt stellen. Sahne mit Zucker

Schneebesen vorsichtig unter die Eigelbmasse heben.
2. Den Teig auf ein mit Backtrennpapier ausgelegtes Backblech verteilen und bei 200°C (Gasherd: Stufe 3) etwa 12 Minuten backen.
3. Ein Geschirrtuch mit Zucker bestreuen, den Biskuit daraufstürzen, Papier abziehen, sofort mit dem Geschirrtuch aufrollen und abkühlen lassen.
4. Kokosfett und Nougatmasse im nicht zu heißen Wasserbad schmelzen lassen. Eier mit Puderzucker, Salz und Zimt schaumig rühren. Zitronat, Orangeat und Haselnüsse hacken, mit dem Rum und der leicht abgekühlten Nougatmasse unterrühren. Im Kühlschrank streichfähig werden lassen.
5. Den Biskuit vorsichtig auseinanderrollen, dann die Masse darauf verteilen, wieder aufrollen und kalt stellen.

steif schlagen, vorsichtig unter die halbsteife Kirschlikörmasse rühren.
5. Die Biskuitrolle vorsichtig zurückrollen, mit der Füllung bestreichen und mit Hilfe des Geschirrtuchs wieder aufrollen. Abgedeckt im Kühlschrank steif werden lassen.

REHRÜCKEN

Für etwa 16 Portionen
Teig:
4 Eier
150 g Zucker
1 P. Vanillinzucker
1 Prise Salz
2 EL Rum
abgeriebene Schale von ½ Zitrone
125 g zerlassene Margarine
75 g Mehl
100 g Weizengrieß
75 g Speisestärke
50 g Kakao
2 TL Backpulver
eventuell etwas Milch
Margarine und Mehl für die Form

Guß:
200 g Puderzucker
2 EL Kakao
½ TL Zimt
1–2 EL Rum

1. Eier mit Zucker, Vanillinzucker und Salz schaumig rühren. Rum, Zitronenschale und Margarine unterrühren. Mehl, Grieß, Speisestärke und Kakao mischen, nach und nach zugeben. Backpulver mit dem letzten Mehl mischen und sieben, dann unterrühren. Falls der Teig zu fest ist, noch etwas Milch zugeben.
2. Den Teig in eine gut gefettete und ausgemehlte Rehrückenform füllen und im vorgeheizten Ofen bei 175°C (Gasherd: Stufe 2) etwa 60 Minuten backen. Stürzen und auf einem Kuchengitter erkalten lassen.
3. Puderzucker, Kakao, Zimt und Rum glattrühren und den Kuchen damit beziehen.

KAFFEETAFEL

MARZIPAN-TEILCHEN

Für etwa 24 Portionen
Teig:
40 g Hefe
200 ml lauwarme Milch
100 g Zucker
500 g Mehl, 1 Prise Salz
100 g Margarine, 1 Ei
Margarine für das Blech

Füllung:
250 g Marzipanmasse
1 Eiweiß
25 g Zucker
30 g Margarine
25 g Zimtzucker

außerdem:
1 Eigelb
1 EL Wasser

1. Hefe in die Milch bröckeln und mit je einer Prise Zucker und Mehl verrühren. Abgedeckt an einem warmen Ort 5–10 Minuten gehen lassen. Mehl, Zucker, Salz, zerlassene, abgekühlte Margarine und verschlagenes Ei in eine Schüssel geben, die Hefemilch dazugeben, alles vermengen und den Teig kräftig durchschlagen, aufgehen lassen.
2. Marzipanmasse, steif geschlagenes Eiweiß und Zucker zu einer geschmeidigen Masse verrühren.

3. Den Hefeteig nochmals durchkneten, in drei Teile teilen. Ein Stück ausrollen, den Boden einer gefetteten Bratenpfanne damit auslegen. Die Marzipanmasse darauf verteilen.

4. Das zweite Teigstück ausrollen, darauflegen und leicht andrücken.

5. Zerlassene, abgekühlte Margarine daraufpinseln und Zimtzucker darüberstreuen. Die dritte, ausgerollte Teigplatte daraufgeben, andrücken, nochmals gehen lassen. Dann vorsichtig mit einem Messer nur die oberste Teigschicht rautenförmig einritzen. Eigelb mit Wasser verrühren und den Kuchen damit bepinseln.

6. Alles nochmals leicht einpinseln und im vorgeheizten Ofen bei 175°C (Gasherd: Stufe 2) etwa 30 Minuten backen. Das abgekühlte Gebäck in Stücke schneiden.

WINDBEUTEL MIT ERDBEEREN

Für etwa 10 Stück
Teig:
¼ l Wasser
1 Prise Salz
1 P. Vanillinzucker
60 g Margarine
125 g Mehl, 4 Eier
Margarine und Mehl für das Blech

Füllung:
500 g Erdbeeren
375 g Schlagsahne, 40 g Zucker
Puderzucker zum Bestäuben

1. Wasser, Salz, Vanillinzucker und Margarine zum Kochen bringen, vom Herd nehmen, das Mehl auf einmal hineinschütten, mit einem Küchenlöffel glattrühren und unter ständigem Weiterrühren so lange erhitzen, bis sich die Masse als Kloß vom Topfboden löst. Den Teig in eine Schüssel geben und die Eier nacheinander unterrühren.
2. Ein Backblech fetten und mit wenig Mehl bestäuben; etwa 10 Teighäufchen darauf setzen und im vorgeheizten Ofen bei 225°C (Gasherd: Stufe 4) etwa 30 Minuten backen.
3. Sofort einen Deckel abschneiden, auskühlen lassen.

4. Die Erdbeeren pürieren. Sahne mit Zucker steif schlagen und die Erdbeeren unterheben. In die Windbeutel füllen, die Deckel aufsetzen. Mit Puderzucker bestäuben.

MINCE PIES

Für etwa 20 Portionen
Füllung:
175 g gehackte Äpfel
175 g Sultaninen
75 g Korinthen
30 g Margarine
75 g brauner Zucker, 1 TL Zimt
½ TL gemahlene Nelken
½ TL geriebene Muskatnuß
100 ml Weinbrand
Saft und Schale von 1 Zitrone

Teig:
500 g Mehl
150 g Zucker, 1 Prise Salz
300 g Margarine, 2 Eier
Margarine für das Blech
etwas Eiweiß zum Bepinseln
Puderzucker zum Bestäuben

1. Alle Zutaten für die Füllung etwa 30 Minuten auf schwacher Hitze ohne Deckel köcheln, hin und wieder umrühren; abkühlen lassen.
2. Aus den Teigzutaten einen Knetteig bereiten und kalt stellen.
3. Den Teig ausrollen und runde Plätzchen von 8 cm Ø ausstechen. Die Hälfte davon auf ein gefettetes Backblech setzen und ein Häufchen Füllung daraufgeben.
4. Kleine Sterne aus der Mitte der anderen Plätzchen ausstechen und die Ränder mit Eiweiß bepinseln. Als Deckel aufsetzen und leicht zusammendrücken. Mit Eiweiß bepinseln und bei 200–225°C (Gasherd: Stufe 3–4) etwa 25 Minuten backen, bis sie goldbraun sind. Abgekühlt mit Puderzucker bestäuben.

KAFFEETAFEL

ANTOINETTE-SCHNITTEN

Für etwa 48 Stück
Teig:
50 g Zitronat
50 g Orangeat
100 g Rosinen
5 EL Cognac
50 g Walnußkerne
50 g Pistazien
125 g Margarine
100 g brauner Zucker
1 Prise Salz
3 Eier
1 TL gemahlene Macisblüte
2 TL gemahlener Kardamom
2 TL gemahlener Piment
2 TL gemahlener Zimt
125 g Bienenhonig
200 g Mehl

Glasur:
100 g Puderzucker
4 EL Cognac
Walnußkerne zum Garnieren

1. Zitronat, Orangeat und Rosinen grob hacken, in leicht erwärmtem Cognac wenden und abgedeckt durchziehen lassen. Walnüsse und Pistazien ebenfalls grob hacken.
2. Margarine, Zucker und Salz schaumig rühren, nach und nach Eier und Gewürze, dann Honig und Mehl zufügen. Zum Schluß die getränkten Früchte und Nüsse mit dem Löffel unterrühren.
3. Ein Blech mit Backpapier auslegen (etwa 20 x 40 cm), den Teig daraufgeben und glattstreichen. Im vorgeheizten Ofen bei 175–200° C (Gasherd: Stufe 2–3) 15–20 Minuten backen.
4. Puderzucker und Cognac verrühren und den noch warmen Kuchen damit beziehen, mit Walnußkernen garnieren. Abgekühlt in mundgerechte Stücke schneiden.

NUSSSTOLLEN PFARRHAUSART

Für etwa 20 Portionen
Teig:
30 g Hefe
200 ml lauwarme Milch
70 g Zucker
500 g Mehl
½ TL Salz
100 g Margarine
abgeriebene Schale von 1 Zitrone
2 Eier
Margarine für das Blech

Füllung:
100 g Marzipanrohmasse
100 g brauner Zucker
100 g gemahlene Haselnüsse
2 Eiweiß
2 EL Rum
½ TL Zimt
1 Eigelb
1 EL Wasser

Guß:
120 g Puderzucker
1–2 EL Zitronensaft
50 g Krokantstreusel

1. Hefe in die Milch bröckeln und mit je einer Prise Zucker und Mehl verrühren. Zugedeckt an einem warmen Ort 5–10 Minuten gehen lassen. Mehl, Zucker, Salz, die zerlassene abgekühlte Margarine, Zitronenschale, verschlagene Eier und Hefemilch vermengen und gut durchkneten (Handrührgerät mit Knethaken), mit Folie zudecken und an einem warmen Ort bis zur doppelten Größe aufgehen lassen.

2. Inzwischen Marzipanmasse, Zucker, Haselnüsse, Eiweiße, Rum und Zimt verrühren. Den aufgegangenen Hefeteig 45 x 45 cm groß ausrollen, die Masse daraufstreichen, die Ränder aber frei lassen. Den Rand und die Enden mit verquirltem Eigelb und Wasser bestreichen und gut zusammendrücken.

3. Den Stollen auf das gefettete Blech legen, alle 2½ cm einschneiden. 15 Minuten gehen lassen und im vorgeheizten Ofen bei 200–225°C (Gasherd: Stufe 3–4) etwa 30 Minuten backen. 10 Minuten vor Ende der Backzeit mit verquirltem Eigelb bestreichen.

4. Aus Puderzucker und Zitronensaft einen Guß rühren und den Stollen damit beziehen. Mit Krokantstreuseln bestreuen.

LENINGRADER BABAS

Für 8 Stück
Teig:
20 g Hefe
200 ml lauwarme Milch
75 g Zucker
250 g Mehl
1 Prise Salz
abgeriebene Schale von ½ Zitrone
100 g zerlassene Margarine
4 Eier
Margarine für die Formen

zum Tränken:
⅛ l Rum
25 g süße Mandeln
2 bittere Mandeln
100 ml Milch

Füllung:
250 g Schlagsahne
25 g Zucker
1 P. Sahnesteif
gehackte Pistazien zum Garnieren

1. Hefe in die Milch bröckeln und mit je einer Prise Zucker und Mehl verrühren. Zugedeckt an einem warmen Ort 5–10 Minuten gehen lassen. Zucker, Mehl, Salz, Zitronenschale, abgekühlte Margarine und die verschlagenen Eier in eine Rührschüssel geben, die Hefemilch dazugeben. Alles vermengen, den Teig kräftig kneten und schlagen (Handrührgerät mit Knethaken oder Küchenmaschine). Mit Folie abgedeckt an einem warmen Ort bis zur doppelten Größe aufgehen lassen.

2. Den aufgegangenen Teig nochmals durchschlagen, in acht hohe, glatte, gefettete Kuchen- oder Auflaufförmchen (etwa 6 cm Ø) füllen. Im vorgeheizten Ofen bei 200°C (Gasherd: Stufe 3) 30–35 Minuten backen.

3. Die heißen Babas in den Förmchen mit Rum tränken und abkühlen lassen. Dann flache Deckel abschneiden. Inzwischen die Mandeln abziehen, mahlen und in der Milch aufkochen. Abgekühlt die Babas damit tränken.

4. Sahne mit Zucker und Sahnesteif schlagen. Die Babas aus den Förmchen nehmen, mit der Sahne füllen und mit Pistazien bestreuen. Deckelchen wieder aufsetzen.

SÜSSES ZUM VERWÖHNEN

Verschiedenes Gebäck zu unterschiedlichen Gelegenheiten: Am Anfang stehen die kleinen, aber feinen Kuchen für zwei Personen. Die folgenden Seiten mit besonders phantasievollen Backideen richten sich speziell an Kinder, und wer ganz überraschend Besuch erhält, findet anschließend Blitzrezepte und Rezepte für „kalte" Kuchen, also solche, die nicht gebacken werden.

MANDARINENCAKE

Für etwa 6 Portionen

Teig:
100 g Margarine
100 g Zucker, 1 Prise Salz
2 Eier
125 g Mehl
1 TL Backpulver
abgeriebene Schale von 1 Zitrone
2 EL Zitronensaft
125 g Mandarinen (Dose)
2 EL Mehl
Margarine und Semmelmehl für die Form

Guß:
75 g Puderzucker
3 EL Orangenlikör oder Apfelsinensaft

1. Margarine mit Zucker, Salz und Eiern schaumig rühren. Mehl mit Backpulver mischen und unterrühren. Zitronenschale und -saft zugeben. Mandarinen abtropfen lassen, in Mehl wenden und unter den Teig ziehen.
2. Den Teig in eine gefettete und ausgebröselte Kastenform (15 cm) geben. Im vorgeheizten Ofen bei 175°C (Gasherd: Stufe 2) 45–50 Minuten backen.
3. Puderzucker und Orangenlikör (Apfelsinensaft) miteinander verrühren und den fertigen Kuchen damit beziehen.

GEFÜLLTE SCHUHSOHLEN

Für 5 Stück

Teig:
1 P. TK-Blätterteig
Zucker zum Ausrollen

Füllung:
250 g Schlagsahne
Zucker nach Belieben
1–2 Blatt Gelatine
oder 1 P. Sahnesteif

1. Den Blätterteig nach Anweisung auftauen lassen. Aus jeder Teigplatte 2 Taler von 8 cm Ø ausstechen und auf Zucker zu einem Oval von etwa 16 cm Länge ausrollen.
2. Den Teig mit der gezuckerten Seite nach oben auf ein kalt abgespültes Blech legen, mehrmals mit einem Hölzchen einstechen und 15 Minuten stehenlassen. Dann im vorgeheizten Ofen bei 225–250°C (Gasherd: Stufe 4–5) 8–10 Minuten backen.
3. Die Sahne beliebig süßen und mit aufgelöster Gelatine steifen oder mit Zucker und Sahnesteif nach Anweisung schlagen. Je zwei »Schuhsohlen« mit Schlagsahne zusammensetzen.

MARMORKUCHEN

Für etwa 6 Portionen

150 g Margarine
150 g Zucker
½ P. Vanillinzucker
1 Prise Salz
3 Eier
175 g Mehl
1 TL Backpulver
Margarine und Semmelmehl für die Form
15 g Kakao
2 EL Rum

1. Margarine mit Zucker, Vanillinzucker, Salz und Eiern schaumig rühren. Mehl mit Backpulver mischen und unterrühren.
2. Die Hälfte des Teiges in eine gefettete und ausgebröselte Napfkuchenform (16 cm Ø) geben. Kakao und Rum in den restlichen Teig rühren und die Masse auf den hellen Teig geben. Beide Schichten mit einer Gabel spiralförmig durchziehen. Im vorgeheizten Ofen bei 175°C (Gasherd: Stufe 2) 45–50 Minuten backen.

SCHOKOLADEN-KÜCHLEIN

Für 10 Stück

Teig:

125 g Margarine
125 g Zucker
1 Prise Salz
4 Eier
200 g Vollmilchschokolade (2 Tafeln)
1 TL Backpulver
125 g Mehl
Margarine für die Formen

Guß:

150 g Puderzucker
3 EL Zitronensaft
1 EL Rum

1. Margarine mit Zucker, Salz und Eiern schaumig rühren. Schokolade zerbröckeln, mit heißem Wasser übergießen, etwas stehenlassen; dann das Wasser abgießen und die geschmolzene Schokolade unter die Masse rühren; zuletzt das mit Backpulver vermischte Mehl unterheben.
2. Den Teig in kleine gefettete Förmchen füllen. Im vorgeheizten Ofen bei 175°C (Gasherd: Stufe 2) etwa 20 Minuten backen.
3. Inzwischen aus Puderzucker, Zitronensaft und Rum einen Guß rühren und die warmen Kuchen damit bepinseln.

GEBÄCK FÜR ZWEI

WEINTRAUBEN-TORTE

Für etwa 6 Portionen

Mürbeteig:
65 g Mehl
20 g Zucker
10 g Kokosraspel
40 g Margarine
Margarine für die Form
2 EL Aprikosenkonfitüre

Biskuitteig:
2 Eigelb
2 EL warmes Wasser
60 g Zucker
2 Eiweiß
40 g Mehl
40 g Speisestärke
1 Msp. Backpulver

Belag:
500 g blaue Weintrauben
1/8 l Weißwein
2 EL Wasser
2 EL Zucker
1 geh. EL Speisestärke
250 g Schlagsahne
30 g Zucker

1. Die Mürbeteigzutaten verkneten und den Teig etwa 30 Minuten kalt stellen. Ausrollen und den Boden einer gefetteten Springform (18 cm Ø) damit auslegen, bei 225°C (Gasherd: Stufe 4) 10 Minuten vorbacken.
2. Eigelbe mit Wasser und Zucker schaumig schlagen, Eiweiße steif schlagen, dazugeben und mit Speisestärke und Backpulver gemischtes Mehl darübersieben. Alles mit einem Schneebesen vorsichtig unterheben.
3. Den vorgebackenen Mürbeteigboden mit Aprikosenkonfitüre bestreichen, die Biskuitmasse darübergeben und im vorgeheizten Ofen bei 200°C (Gasherd: Stufe 3) 25 Minuten backen und abkühlen lassen. Den Biskuit einmal waagrecht durchschneiden.
4. Die Weintrauben halbieren, entkernen (einige zum Garnieren zurücklassen) und auf dem Tortenboden verteilen. Wein, Wasser, Zucker und Speisestärke in einen Topf geben. Gut verrühren und unter ständigem Rühren langsam erhitzen, kurz aufkochen und über die Weintrauben geben. Den zweiten Biskuitboden darüberlegen.
5. Sahne mit Zucker aufschlagen, die Torte damit beziehen und mit Weintrauben garnieren.

SCHNECKEN-KUCHEN

Für etwa 8 Portionen

Teig:
20 g Hefe
125 ml lauwarme Milch
30 g Zucker
250 g Mehl
1 Prise Salz
75 g Margarine

Füllung:
100 g Rosinen
2 EL Rum
75 g Margarine
70 g Zucker
1 TL Zimt
30 g gemahlene Mandeln
20 g gehacktes Orangeat
20 g gehacktes Zitronat

Margarine für die Form und zum Bepinseln
1 EL Aprikosenmarmelade

1. Hefe, Milch und 1 Prise Zucker verrühren und aufgehen lassen. Mehl, Zucker, Salz und zerlassene, abgekühlte Margarine in eine Schüssel geben, die Hefemilch hinzufügen und zu einem glatten Hefeteig verkneten. Kräftig schlagen, aufgehen lassen.

2. Inzwischen Rosinen mit Rum übergießen und durchziehen lassen.

3. Den aufgegangenen Hefeteig ½ cm dick ausrollen. Zerlassene, abgekühlte Margarine daraufstreichen, Zucker mit Zimt, Mandeln, Orangeat, Zitronat und Rumrosinen mischen und auf die Teigplatte verteilen, eventuell etwas andrücken.

4. Dann in 8 cm breite Streifen schneiden und diese längs zusammenklappen. Einen Streifen aufrollen und mit der Bruchkante nach unten in die Mitte einer gefetteten Springform (16 cm Ø) setzen. Die anderen Streifen um den inneren legen, dabei jeweils den Außenrand mit etwas Margarine bepinseln, bis die ganze Form gefüllt ist.

5. Den Kuchen 15 Minuten gehen lassen, dann im vorgeheizten Ofen bei 200° C (Gasherd: Stufe 3) 30–35 Minuten backen.

6. Den etwas abgekühlten Kuchen mit verrührter Aprikosenmarmelade bestreichen.

KAISERINKUCHEN

Für etwa 6 Portionen
Teig:
100 g Margarine
100 g Zucker
½ P. Vanillinzucker
1 Prise Salz
2 Eier
100 g Mehl
25 g Speisestärke
1 TL Backpulver
50 g Zitronat
30 g gehackte Mandeln
1 EL Rum
Margarine für die Form

Guß:
75 g Puderzucker
1 EL Zitronensaft
1–2 EL Wasser
25 g Zitronat
6 kandierte Kirschen

1. Margarine mit Zucker, Vanillinzucker, Salz und Eiern gut schaumig rühren. Mehl mit Speisestärke und Backpulver mischen und unterrühren. Feingewürfeltes Zitronat, Mandeln und Rum unter den Teig rühren.
2. Den Teig in eine gefettete Springform (16 cm Ø) füllen und im vorgeheizten Ofen bei 175° C (Gasherd: Stufe 2) etwa 40 Minuten backen.
3. Puderzucker, Zitronensaft und Wasser zu einem Guß verrühren und den warmen Kuchen damit beziehen. Zitronat in feine Streifen oder Würfel schneiden und damit und mit den Kirschen den Kuchen hübsch garnieren.

OBSTKÜCHLE

Für etwa 6 Portionen
Teig:
75 g Mehl
1 Prise Salz
20 g Puderzucker
2 TL Vanillinzucker
40 g Margarine
Margarine für die Form

Belag:
50 g Marzipanrohmasse
2 EL Rum
1 kl. Glas Sauerkirschen (340 g)
1 große Banane
2 EL Zitronensaft
1 P. Tortenguß
30 g geröstete Mandelblätter

1. Aus Mehl, Salz, Puderzucker, Vanillinzucker und Margarine einen Mürbeteig bereiten und kalt stellen.
2. Den Teig dünn ausrollen, in eine gefettete Springform (16 cm Ø) legen und im vorgeheizten Ofen bei 200° C (Gasherd: Stufe 3) etwa 15 Minuten backen.
3. Marzipanmasse mit Rum verrühren und den Tortenboden damit bestreichen.
4. Sauerkirschen auf dem Sieb abtropfen lassen, Banane schälen, in Scheiben schneiden und mit Zitronensaft beträufeln, beides auf den Tortenboden geben.

5. Sauerkirschsaft mit Wasser auffüllen und daraus einen Tortenguß bereiten, über den belegten Tortenboden geben. Mit gerösteten Mandelblättern bestreuen.

FRANZÖSISCHE WAFFELN

Für 12 Stück

1 P. TK-Blätterteig
Zucker zum Ausrollen und für die Sahne
250 g Schlagsahne
1–2 Blatt Gelatine oder
1 P. Sahnesteif
etwa. 60 g Himbeerkonfitüre

1. Den Blätterteig nach Anweisung auftauen lassen. Die Teigstücke mit befeuchteten Rändern zu einem Rechteck zusammenlegen und auf etwa 18 x 48 cm ausrollen.
2. 24 Taler von 6 cm Ø ausstechen und auf Zucker zu einer ovalen Form von etwa 10 cm Länge ausrollen. Mit der gezuckerten Seite nach oben auf ein kalt abgespültes Blech legen, mehrmals mit einem Hölzchen einstechen und 15 Minuten stehenlassen. Dann im vorgeheizten Ofen bei 225–250° C (Gasherd: Stufe 4–5) etwa 8 Minuten backen; erkalten lassen.

3. Schlagsahne beliebig süßen und mit aufgelöster Gelatine steifen oder 250 g Sahne mit Zucker und Sahnesteif nach Anweisung aufschlagen.
4. Die Waffeln auf der ungezuckerten Seite mit Konfitüre bestreichen und je zwei mit Schlagsahne zusammensetzen.

SCHMETTERLINGS-TÖRTCHEN

Für etwa 6 Stück
Teig:
100 g Margarine
100 g Zucker
1 P. Vanillinzucker
1 Prise Salz
2 Eier
200 g Mehl
1 TL Backpulver
½ TL Zimt
abgeriebene Schale von
1 Zitrone

Füllung:
250 g Schlagsahne
1 P. Sahnesteif
30 g Zucker
50 g gemahlene Haselnüsse
Puderzucker zum Bestäuben

1. Margarine mit Zucker, Vanillinzucker und Salz schaumig schlagen. Nacheinander Eier, mit Backpulver vermischtes Mehl, Zimt und Zitronenschale unterrühren.
2. Den Teig in kleine Torten- oder Papierförmchen (6 cm Ø) füllen und im vorgeheizten Ofen bei 175° C (Gasherd: Stufe 2) etwa 25 Minuten backen. Abkühlen lassen.
3. Sahne mit Sahnesteif und Zucker schlagen, Haselnüsse vorsichtig unterheben. Von den Törtchen Deckel abschneiden und diese halbieren.
4. Jeden Törtchenboden mit Nußsahne bespritzen und die Deckel als Schmetterlingsflügel daraufsetzen. Mit Puderzucker bestäuben.

HIMBEERECLAIRS

Für 5 Stück

Teig:
⅛ l Wasser	
1 Prise Salz	
½ P. Vanillinzucker	
35 g Margarine	
75 g Mehl	
2 Eier	
Margarine und Mehl für das Blech	

Füllung:
250 g Himbeeren	
½ P. Vanillinzucker	
30 g Zucker	
200 g Schlagsahne	
1 P. Sahnesteif	
Puderzucker zum Bestäuben	

1. Wasser, Salz, Vanillinzucker und Margarine zum Kochen bringen, vom Herd nehmen, das Mehl auf einmal hineinschütten. Den Topf wieder auf den Herd stellen und so lange rühren, bis sich der Kloß vom Topfboden löst. Vom Herd nehmen, ein Ei unterrühren, die restlichen Eier nacheinander unterrühren.

2. Ein gefettetes Backblech mit Mehl bestäuben. Den Teig in einen Spritzbeutel mit großer Tülle geben und fünf etwa 10 cm lange Streifen auf das Blech spritzen.

3. Den Teig im vorgeheizten Ofen bei 225° C (Gasherd: Stufe 4) etwa 30 Minuten backen. Sofort mit einer Schere den Deckel abschneiden. Die Eclairs gut auskühlen lassen.

4. Inzwischen die Himbeeren waschen, putzen, halbieren, mit dem Vanillinzucker und 10 g Zucker bestreuen, etwas durchziehen lassen. Die Sahne mit dem restlichen Zucker vermengen, Sahnesteif unterziehen und in einen Spritzbeutel füllen.

5. Die abgetropften Himbeeren auf die Eclairs verteilen, mit Sahne bespritzen und die Deckel wieder aufsetzen.

LEMON PIE

Für etwa 6 Portionen
Teig:
80 g Mehl, 1 Prise Salz
50 g Margarine
1–2 EL Wasser
Margarine für die Form

Belag:
2 Eigelb, 60 g Zucker
abgeriebene Schale von
½ Zitrone
30 ml Zitronensaft, 2 Eiweiß
Puderzucker zum Bestäuben

1. Die Teigzutaten zu einem Knetteig verarbeiten.
2. Den Teig ausrollen und eine gefettete Pie- oder Springform (16–18 cm Ø) damit auslegen, dabei den Teig am Rand nach innen klappen und mit zwei Fingern an der Form festdrücken. Den Teig mit einer Gabel mehrmals einstechen, damit er sich beim Backen nicht wölbt. Im vorgeheizten Ofen bei 200° C (Gasherd: Stufe 3) 25–30 Minuten backen.

3. Eigelbe, 50 g Zucker, Zitronenschale und -saft im Wasserbad zu einer Creme schlagen und vom Herd nehmen.
4. Eiweiße mit restlichem Zucker sehr steif schlagen und vorsichtig unter die heiße Creme heben.
5. Die Creme auf den noch heißen Pie-Boden geben und den Kuchen bei 175° C (Gasherd: Stufe 2) weitere 10 Minuten backen. Mit Puderzucker bestäuben.

NUSSIGE SCHOKOLADEN- TORTE

Für etwa 8 Portionen
Teig:
100 g Nougatschokolade
65 g Margarine
65 g Zucker
2 Eigelb
40 g gemahlene Haselnüsse
2 Eiweiß
40 g Mehl
1 Msp. Backpulver
Margarine für die Form

Füllung:
2 EL Aprikosenkonfitüre
250 g Schlagsahne
1 TL Vanillinzucker
10 kleine Makronen
zum Garnieren

1. Schokolade im Wasserbad schmelzen lassen. 65 g Margarine mit 40 g Zucker schaumig rühren. Abgekühlte Schokolade, Eigelbe und Haselnüsse dazugeben.
2. Eiweiße mit restlichem Zucker zu Schnee schlagen und vorsichtig unter die Schokoladenmasse heben. Dann mit Backpulver gemischtes Mehl vorsichtig unterziehen.
3. Den Teig in eine gefettete Springform (18 cm Ø) füllen und im vorgeheizten Ofen bei 175° C (Gasherd: Stufe 2) etwa 30 Minuten backen.
4. Den Boden einmal waagrecht durchschneiden und beide Hälften mit Aprikosenkonfitüre bestreichen. Sahne mit Vanillinzucker und Zucker aufschlagen und die Torte damit füllen. Mit Makronen garnieren.

GEBÄCK FÜR ZWEI

SCHMETTERLING ZUM MUTTERTAG

Für etwa 8 Portionen

Teig:
375 g Mehl
3 TL Backpulver
200 g Zucker
1 P. Vanillinzucker, 1 Prise Salz
abgeriebene Schale von
1 Orange
200 g Margarine
4 Eier
2 EL Zitronensaft
3 EL Orangensaft
Margarine für die Form

Guß:
100 g Puderzucker
etwa 4 EL Orangensaft
etwas Lebensmittelfarbe
Zuckerschrift
2 EL Aprikosenkonfitüre zum Garnieren

1. Mehl und Backpulver in einer Schüssel mischen, die restlichen Teigzutaten daraufgeben und alles mit dem Handrührgerät (Rührbesen) zunächst auf niedriger, dann auf höchster Stufe etwa 1 Minute cremig rühren (nicht länger).
2. Den Teig in eine gefettete Keramikschmetterlingsform füllen und bei 200°C (Gasherd: Stufe 3) etwa 45 Minuten backen.
3. Den fertigen Schmetterling aus der Form nehmen und abkühlen lassen.
4. Puderzucker, Orangensaft und etwas Lebensmittelfarbe verrühren und mit dem Pinsel auf dem Kuchen verstreichen, trocknen lassen. Mit Zuckerschrift und Konfitüre verzieren.

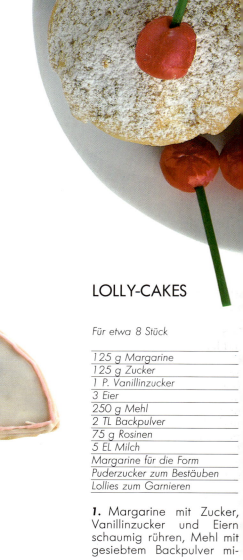

LOLLY-CAKES

Für etwa 8 Stück

125 g Margarine
125 g Zucker
1 P. Vanillinzucker
3 Eier
250 g Mehl
2 TL Backpulver
75 g Rosinen
5 EL Milch
Margarine für die Form
Puderzucker zum Bestäuben
Lollies zum Garnieren

1. Margarine mit Zucker, Vanillinzucker und Eiern schaumig rühren, Mehl mit gesiebtem Backpulver mi-

BLÜTENHERZ ZUM MUTTERTAG

Für etwa 8 Portionen

Teig:
200 g Margarine
200 g Zucker
1 P. Vanillinzucker
1 Prise Salz
abgeriebene Schale von
1 Orange
4 Eier
375 g Mehl
3 TL Backpulver
2 EL Zitronensaft
100 ml Orangensaft
Margarine für die Form

Guß:
1 Eiweiß
etwa 200 g Puderzucker
Blütenbonbons zum Garnieren

1. Margarine mit Zucker, Vanillinzucker, Salz, Orangenschale und Eiern schaumig rühren. Mehl mit Backpulver mischen und abwechselnd mit Zitronen- und Orangensaft dazugeben.
2. Den Teig in eine gefettete Herzform füllen und im vorgeheizten Ofen bei 175°C (Gasherd: Stufe 2) etwa 45 Minuten backen.
3. Für den Guß Eiweiß steif schlagen und nach und nach Puderzucker unterschlagen, bis eine spritzbare Masse entsteht. Dann in eine Pergamenttüte, deren Spitze abgeschnitten wird, füllen. Das abgekühlte Herz nach Belieben damit bespritzen und mit Blütenbonbons garnieren.

chen, etwas davon abnehmen und die Rosinen darin wenden, den Rest unter den Teig rühren. Dann Milch und Rosinen unterrühren.
2. Kleine Pufferförmchen oder selbstgeformte Aluförmchen fetten und den Teig einfüllen. Im vorgeheizten Ofen bei 175°C (Gasherd: Stufe 2) etwa 45 Minuten backen.
3. Abgekühlt mit Puderzucker bestäuben und mit je einem Lolly garnieren.

Variation:
Die Kuchen mit Zuckerguß beziehen.

KINDERTÖRTCHEN FROSCHKÖNIG

Für etwa 16 Stück

Teig:
3 Eigelb, 2 EL Wasser
125 g Zucker
1 Prise Salz
3 Eiweiß
150 g Mehl
50 g Speisestärke
3 TL Backpulver

Füllung:
1 P. Götterspeise Waldmeister
100 g Zucker
¼ l kochendes Wasser
125 g Schlagsahne

Guß:
150 g Puderzucker
20 g Kakao, 2–3 EL Wasser
25 g geschmolzenes Kokosfett
Süßigkeiten zum Garnieren

1. Eigelbe mit Wasser, Zucker und Salz schaumig schlagen, Eiweiße zu steifem Schnee schlagen, auf die Eigelbmasse geben. Mehl, Speisestärke und Backpulver mischen und darübersieben. Alles mit dem Schneebesen vorsichtig unterheben.

2. Den Teig in einen Spritzbeutel mit großer, glatter Tülle füllen, in Papierbackformen (etwa 6 cm Ø) spritzen und bei 175°C (Gasherd: Stufe 2) 15–20 Minuten backen. Abgekühlt einmal waagrecht durchschneiden.

3. Götterspeise mit Zucker und ¼ l kochendem Wasser verrühren, halbsteif werden lassen und die steif geschlagene Sahne unterheben. Etwas ansteifen lassen, in einen Spritzbeutel füllen und die unteren Kuchenhälften damit bespritzen.

4. Aus Puderzucker, Kakao, Wasser und Kokosfett einen Guß rühren und die Deckel damit beziehen. Schräg auf die Creme setzen. Süßigkeiten als Augen auf die noch feuchte Schokolade kleben.

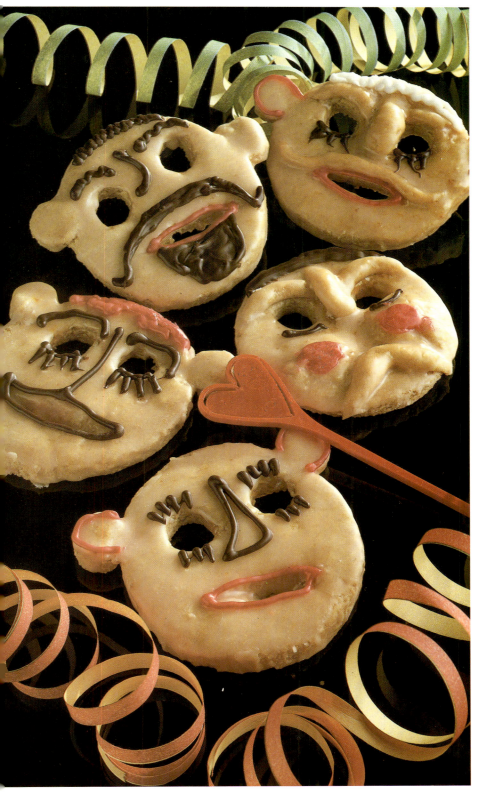

FASCHINGSMASKEN

Für etwa 15 Stück

Teig:
300 g Mehl
200 g gemahlene Mandeln
125 g Zucker
2 P. Vanillinzucker
1 gestr. TL Zimt
1 Ei, 1 Eigelb
200 g Margarine

Guß:
1 Eiweiß
200 g Puderzucker
Speisefarben
Schokoladenglasur

1. Mehl sieben und mit Mandeln, Zucker, Vanillinzucker und Zimt auf ein Backbrett geben. Ei und Eigelb in die Mitte geben, gut gekühlte Margarine in Flöckchen daraufsetzen und alles rasch zu einem glatten Teig verkneten. In Folie wickeln und mindestens 1 Stunde kalt stellen.

2. Inzwischen aus Zeichenkarton oder Pappe Schablonen für Faschingsmasken ausschneiden. Den Teig auf einer bemehlten Fläche etwa 5 mm dick ausrollen, die Schablonen darauflegen und ausschneiden.

3. Den Teig auf ein mit Backpapier ausgelegtes Backblech legen, im vorgeheizten Ofen bei 200° C (Gasherd: Stufe 3) 10–15 Minuten backen und auf einem Kuchengitter auskühlen lassen.

4. Eiweiß steif schlagen und mit Puderzucker verrühren. Den Guß nach Belieben mit Speisefarben einfärben. Die Schokoladenglasur im Wasserbad schmelzen. Masken mit Zuckerguß und Schokoladenglasur verzieren.

BACKE, BACKE KUCHEN

KALTE ZITRONELLA

Für etwa 20 Portionen

250 g Kokosfett
150 g Puderzucker
2 Eier
2 EL Zitronensaft
abgeriebene Schale von 1 Zitrone
150 g Kokosraspel
etwa 30 eckige braune Kuchen (250 g)
Geleefrüchte zum Garnieren

1. Das Kokosfett schmelzen. Puderzucker, Eier, Zitronensaft, -schale und Kokosraspel gut verrühren. Das abgekühlte Kokosfett nach und nach unterrühren.

2. Eine Kastenform (20 cm) mit Pergamentpapier auslegen und abwechselnd eine Schicht Kokosmasse und braune Kuchen einfüllen.

3. Den Kuchen erkalten lassen, vor dem Servieren mit Geleefrüchten garnieren.

BUNTES MÜRBEGEBÄCK

Für etwa 30 Stück

Teig:
250 g Mehl
1 Msp. Backpulver
65 g Zucker
1 Prise Salz
125 g Margarine
1 Ei
Margarine für das Blech

Guß:
1 Eiweiß
200 g Puderzucker
Lebensmittelfarben

1. Mehl, Backpulver, Zucker und Salz auf einem Backbrett mischen, die gut gekühlte Margarine darauf geben und mit einem Pfannenmesser gut durchhacken. Ei zufügen und alles rasch zu einem glatten Teig verkneten; kalt stellen.

2. Den Teig ausrollen, mit Förmchen lustige Figuren ausstechen und auf ein gefettetes Blech legen. Bei 225°C (Gasherd: Stufe 4) etwa 5 Minuten backen, abkühlen lassen.

3. Eiweiß steif schlagen, Puderzucker unterrühren, mit Lebensmittelfarben färben und das Gebäck damit bespritzen.

RAHMKARAMELLEN

Für etwa 30 Stück

125 g Zucker
250 g Schlagsahne
30 g Margarine
1 TL Honig (etwa 15 g)
1 P. Vanillinzucker
1 EL Kakao
Pflanzenöl für die Form

1. Den Zucker in einen nicht zu kleinen Topf geben und unter Rühren erhitzen, bis er geschmolzen, aber nicht gelb geworden ist. Die Schlagsahne dazugeben und unter ständigem Rühren kochen, bis die Masse anfängt, dicklich zu werden (nach etwa 10 Minuten).
2. Margarine, Honig, Vanillinzucker und Kakao zufügen und die Masse so lange weiterkochen, bis sie anfängt, sich vom Topfboden zu lösen (nach weiteren 8–10 Minuten). Dann schnell in eine mit Öl gefettete Kastenform (20 cm) streichen.
3. Wenn die Masse halbsteif geworden ist, mit einem in kaltes Wasser getauchten Messer in Karamellen schneiden.

KINDERKUCHEN

Für etwa 16 Stück
Teig:

200 g Margarine
200 g Zucker
4 Eier
400 g Mehl
1 P. Backpulver
10 EL Milch
200 g Schokoladenplätzchen
Margarine für die Formen

Guß:

2 P. Kuchenglasur (300 g)
Bonbons oder Zuckerschrift zum Garnieren

1. Margarine mit Zucker und Eiern schaumig rühren. Mehl und gesiebtes Backpulver mischen und abwechselnd mit der Milch darunterrühren. Zum Schluß die Schokoladenplätzchen unterziehen.
2. Törtchenformen fetten, den Teig hineinfüllen und im vorgeheizten Ofen bei 175°C (Gasherd: Stufe 2) 30–40 Minuten backen. Abkühlen lassen.
3. Kuchenglasur im Wasserbad schmelzen lassen, die Kuchen damit beziehen und mit Bonbons oder Zuckerschrift garnieren.

TOPFBLUMEN

Für 4 Stück
Teig:
300 g Mehl
1 P. Trockenhefe
50 g Zucker, ½ TL Salz
75 g eben zerlassene Margarine
1 Ei, ⅛ l lauwarme Milch

außerdem:
Konfitüre zum Bestreichen
100 g Marzipanrohmasse
125 g Puderzucker
Lebensmittelfarbe
Zuckerblüten, Schokoladenblätter, Zuckerschrift

1. Mehl und Trockenhefe in einer Schüssel mischen, die übrigen Teigzutaten dazugeben und alles mit dem Handrührgerät (Knethaken) so lange verkneten, bis ein weicher, glatter Teig entstanden ist. Etwa 1 Stunde aufgehen lassen.

2. Blumentöpfe aus Ton (9 cm Ø, 8 cm hoch) gut ausfetten und eventuell mit Backpapier auslegen. So viel Teig einfüllen, daß die Töpfe etwa ¾ gefüllt sind. Nochmals kurz aufgehen lassen, eventuell mit Milch bepinseln und bei 200° C (Gasherd: Stufe 3) etwa 20 Minuten backen.

3. Die abgekühlten Kuchen an den Seiten mit Konfitüre bestreichen. Marzipan, Puderzucker und etwas Lebensmittelfarbe verkneten, ausrollen und in breite Streifen schneiden. Als Manschette um den Topf legen. Den oberen Rand etwas umschlagen und eventuell Muster eindrükken. Die Blüten und Blätter mit Zuckerschrift aufkleben.

Der Tip:
Wem die Marzipanmanschetten zuviel Arbeit machen, kann auch Kreppoder Seidenpapiermanschetten anfertigen.

144 BACKE, BACKE KUCHEN

GEBÄCK FÜR DIE SCHULTÜTE

Für etwa 15 Stück

Teig:
500 g Mehl
250 g Margarine
2 kleine Eier
2 Eigelb
125 g Zucker
2 P. Vanillinzucker

zum Verzieren:
2 Eiweiß
400 g Puderzucker
Speisefarben

1. Aus den Teigzutaten einen Mürbeteig herstellen und etwa 30 Minuten kühl stellen.
2. Inzwischen Schablonen für verschiedene Figuren, z. B. Heft, Buntstift, Füller, Teddy usw. anfertigen.
3. Den Teig etwa 0,5–1 cm dick ausrollen und mit den Schablonen Figuren ausschneiden. Auf ein mit Backtrennpapier ausgelegtes Backblech legen und bei 200° C (Gasherd: Stufe 3) etwa 15 Minuten backen. Zum Abkühlen auf ein Kuchengitter legen.
4. Eiweiße steif schlagen, mit Puderzucker mischen und mit Speisefarben färben. Zum Spritzen in Tiefkühlbeutel füllen und eine kleine Spitze abschneiden. Die Kuchenteile ganz nach Phantasie mit dem Zuckerguß verzieren.

LOLLYPOPS

Für 8 Stück

125 g Puffmais
125 g Zucker
1/8 l Wasser
2 EL Schlagsahne
75 g Blockschokolade
25 g Kokosfett

1. Den Puffmais in eine Schüssel geben. Zucker in einer Pfanne leicht karamelisieren lassen und mit Wasser ablöschen. Die Sahne zugeben und die Masse so lange rühren, bis sie in dicken Tropfen vom Löffel fällt. Die Masse über den Puffmais geben und durchrühren. Kurz durchziehen lassen.
2. Die Masse mit feuchten Händen zu Kugeln zusammendrücken und auf lange Schaschlikhölzchen spießen. Einige Stunden trocknen lassen (in ein hohes Gefäß stellen).

3. Blockschokolade mit Kokosfett schmelzen und die Lollypops damit beziehen.

BACKE, BACKE KUCHEN

SCHNELLE KRAPFEN

Für etwa 18 Stück

100 g Margarine
50 g Zucker
3 Eier
1 Prise Salz
2 TL Backpulver
350 g Mehl
1/8 l Wasser
75 g Rosinen
Pflanzenfett zum Fritieren
Zimtzucker zum Wenden

1. Margarine, Zucker, Eier und Salz schaumig rühren. Mit Backpulver gemischtes Mehl abwechselnd mit Wasser unterrühren. Zuletzt die Rosinen unterheben.

2. Mit einem Eßlöffel Klöße abstechen und partieweise in 175° C heißem Pflanzenfett 5–6 Minuten von allen Seiten backen. Abtropfen lassen und in Zimtzucker wenden.

ZWETSCHGEN-HÄUSER

Für 10 Stück

1 P. TK-Blätterteig
etwa 100 g Zwetschgenkonfitüre oder Pflaumenmus
50–65 g Puderzucker
1–2 EL Zitronensaft

1. Die einzelnen Stücke des nach Anweisung aufgetauten Blätterteiges halbieren. Je 1 TL Zwetschgenkonfitüre oder Pflaumenmus in die Mitte geben. Die Ränder befeuchten, zwei Seiten übereinanderklappen und die Enden des Teigs fest zusammendrücken.

2. Auf ein kalt abgespültes Blech legen, mehrmals einstechen und 15 Minuten stehenlassen. Dann im vorgeheizten Ofen bei 225 bis 250° C (Gasherd: Stufe 4–5) 20–25 Minuten backen.

3. Puderzucker und Zitronensaft verrühren und das Gebäck damit bestreichen.

KIRSCHNÜSSE

Für etwa 35 Stück

200 g weiße Schokolade
100 g Puderzucker
6 EL Kirschwasser
200 g Walnußkerne

1. Schokolade im Wasserbad schmelzen, dann gesiebten Puderzucker und leicht erwärmtes Kirschwasser mit dem Handrührgerät unterrühren.
2. Die Masse etwas abkühlen lassen, dann nußgroße Kugeln daraus formen.
3. Je eine Kugel zwischen zwei Walnußhälften geben und leicht zusammendrücken. In Konfektmanschetten setzen.

QUARK-BOLLERCHEN

Für 12 Stück

20 g Margarine
50 g Zucker
1 Vanillinzucker
1 Ei
abgeriebene Schale von
1 Zitrone
½ TL Salz
250 g Magerquark
2 gestr. TL Backpulver
125 g Mehl
Pflanzenfett zum Fritieren
Zimtzucker zum Bestreuen

1. Margarine, Zucker, Vanillinzucker und Ei schaumig rühren. Zitronenschale, Salz und Magerquark hinzufügen. Mit Backpulver gemischtes Mehl ebenfalls unterrühren.
2. Mit zwei Eßlöffeln 12 Klöße abstechen und in etwa 175° C heißem Pflanzenfett etwa 5 Minuten fritieren.
3. Mit Zimtzucker bestreut servieren.

IN LETZTER MINUTE

GELEEROSETTEN

Für etwa 12 Stück
Teig:
150 g Margarine
100 g Zucker
2 Eier
1 Eigelb
50 g gemahlene Mandeln
1 TL Zimt
125 g Schlagsahne
500 g Mehl

außerdem:
1 Eiweiß
Pflanzenfett zum Fritieren
verschiedene Sorten Gelee
Puderzucker zum Bestreuen

1. Margarine und Zucker schaumig rühren. Eier und Eigelb hinzufügen und mit Mandeln, Zimt, Sahne und einem Teil des Mehls mischen. Das restliche Mehl unterkneten und den Teig anschließend 1 Stunde kühl stellen.

2. Den Teig 2–3 mm dick ausrollen. Plätzchen mit gezacktem Rand (6 cm Ø) ausstechen und die Ränder mehrfach einschneiden. Jeweils 3 Plätzchen mit etwas Eiweiß versetzt in Rosettenform übereinanderkleben. In die Mitte eines jeden Plätzchens eine Mulde drücken.

3. Die Plätzchen in einer Friteuse in 175°C heißem Fett 2–3 Minuten von jeder Seite backen.

4. Nach dem Abkühlen mit Puderzucker bestreuen und die Vertiefung mit Gelee auffüllen.

APFEL IM VERSTECK

Für 10 Stück

1 P. TK-Blätterteig
200 g Äpfel
Zucker für die Äpfel
20 g gehackte Mandeln
1 EL Rosinen
2 EL Rum
eventuell etwas Wasser
1 Eigelb
Zucker zum Bestreuen

1. Blätterteig nach Anweisung auftauen lassen. Inzwischen aus den geschälten Äpfeln, Zucker nach Geschmack, Mandeln, Rosinen, Rum und eventuell etwas Wasser ein Kompott bereiten und abkühlen lassen.

2. Die aufgetauten Blätterteigstücke halbieren und etwas größer ausrollen. Das Kompott darauf verteilen, die Ränder mit Wasser befeuchten, den Teig zusammenfalten und mit der verschlossenen Seite nach unten auf ein kalt abgespültes Blech legen. Die Enden zusammendrücken und dreimal einschneiden.

3. Die Teilchen mehrmals mit einem Hölzchen einstechen, mit verschlagenem Ei bestreichen und 15 Minuten stehenlassen. Dann mit Zucker bestreuen und im vorgeheizten Ofen bei 225–250° C (Gasherd: Stufe 4–5) etwa 20 Minuten backen.

ORANGEN IM SCHLAFROCK

Für 4 Stück

1 P. TK-Blätterteig
4 kleine Orangen
60 g Sultanien
25 g geschälte Pistazien
30 g Mandelstifte
4 EL Honig
2 EL Grand Marnier
2 Eigelb
4 EL gemahlene Mandeln

1. Blätterteig nach Anweisung auftauen lassen.

2. Die Orangen sorgfältig schälen. Sultaninen mit grob gehackten Pistazien, Mandelstiften, Honig und Grand Marnier vermengen.

3. 4 Scheiben Blätterteig zu je einem Quadrat (etwa 18 x 18 cm) ausrollen. Orangen im mit 1 EL Wasser verschlagenen Eigelb dann in gemahlenen Mandeln wälzen und in die Mitte der Teigquadrate legen. Sultaninenmasse über die Orangen verteilen.

4. Die Ecken des Teiges über den Früchten zusammendrücken. Aus der letzten Teigplatte vier runde Plätzchen ausstechen und obenauf setzen.

5. Mit Eigelb bepinseln und auf ein mit Backpapier ausgelegtes (wichtig, da viel Fruchtsaft entweicht!) Blech setzen. Im vorgeheizten Ofen bei 225–250° C (Gasherd: Stufe 4–5) etwa 20 Minuten backen. Heiß oder kalt servieren.

IN LETZTER MINUTE

BLITZTORTE MIT PREISELBEEREN

Für etwa 12 Portionen

Teig:
150 g Puderzucker
4 Eigelb
200 g gemahlene Haselnüsse
4 Eiweiß
Margarine für die Form

Belag:
500 g Schlagsahne
1 P. Vanillinzucker
1 Glas Preiselbeeren (210 g)
Borkenschokolade zum Garnieren

1. Puderzucker mit Eigelben schaumig schlagen, Haselnüsse unterrühren, Eiweiße zu steifen Schnee schlagen, unterheben.
2. Den Teig in eine nur am Boden gefettete Springform (26 cm Ø) füllen und im vorgeheizten Ofen bei 175° C (Gasherd: Stufe 2) etwa 30 Minuten backen. Abkühlen lassen.
3. Sahne mit Vanillinzucker steif schlagen (etwas zum Garnieren beiseite stellen), die Preiselbeeren darunterziehen, auf dem Tortenboden verteilen (Springformrand verwenden). Garnieren und kalt servieren.

KAISERKRAGEN

Für 5 Stück

1 P. TK-Blätterteig
50 g Konfitüre
50 g Puderzucker
1 EL Wasser

1. Blätterteig nach Anweisung auftauen lassen. Konfitüre auf die Teigplatten geben (je 2 TL in die Mitte jeder Platte). Die Ränder befeuchten und die Teigplatten der Länge nach zusammenklappen. Den Rand zusammendrücken und auf der verschlossenen Seite jeweils fünfmal einschneiden.
2. Mehrmals mit einem Hölzchen einstechen und auf einem kalt abgespülten Blech 15 Minuten stehenlassen. Dann im vorgeheizten Ofen bei 225–250° C (Gasherd: Stufe 4–5) 20–25 Minuten backen.
3. Noch warm mit einem Guß aus Puderzucker und Wasser bestreichen.

Der Tip:
Will man 10 kleine Kaiserkragen haben, werden die Teigplatten halbiert und mit jeweils 1 TL Konfitüre oder Marzipan gefüllt. Man kann die Füllung noch mit etwas Weinbrand verrühren.

MARZIPANTASCHEN

Für 15 Stück

2 P. TK-Blätterteig
200 g Marzipanmasse
50 g Puderzucker
4 EL Kirschwasser
1 Ei, getrennt
1 EL Wasser

1. Blätterteig nach Anweisung auftauen lassen.
2. Marzipanmasse mit Puderzucker und Kirschwasser verrühren.
3. Den Teig ausrollen und 15 Kreise (etwa 12 cm Ø) ausstechen. Auf die eine Hälfte jedes Kreises einen gehäuften Teelöffel Marzipanfüllung geben, den Rand mit Eiweiß bepinseln und den Teig darüberklappen. Am Rand leicht zusammendrücken.
4. Eigelb mit Wasser verrühren und die Taschen damit bepinseln. Mit Teigresten garnieren und ebenfalls bepinseln. Auf einem kalt abgespülten Blech im vorgeheizten Ofen bei 200–225°C (Gasherd: Stufe 3–4) 20–25 Minuten goldbraun backen.

Variation:
Sie können die Taschen mit beliebigen anderen süßen oder salzigen Füllungen füllen.

BLÄTTERTEIGKISSEN

Für 10 Stück

2 P. TK-Blätterteig
250 g Quark, 20% Fett
abgeriebene Schale von
1 Zitrone, 1 EL Zitronensaft
50 g Zucker
30 g gemahlene Haselnußkerne
50 g Rosinen
Eiweiß zum Bepinseln
Pflanzenfett zum Fritieren
Puderzucker zum Bestäuben

1. Den Blätterteig (10 Platten) nach Anweisung 15 Minuten auftauen lassen, dabei mit Alufolie abdecken.
2. Inzwischen Quark, Zitronenschale, Zitronensaft, Zucker, Nüsse und Rosinen verrühren.
3. Die Blätterteigplatten auf je 12 x 15 cm ausrollen, den Quark auf die eine Seite häufen, den Rand mit Eiweiß bepinseln und die andere Teighälfte darüberklappen.
4. Den Teig am Rand gut zusammendrücken und in 180°C heißem Pflanzenfett 10–12 Minuten fritieren. Abtropfen lassen und mit Puderzucker bestäuben.

Der Tip:
Dieses Gebäck sollten Sie möglichst am gleichen Tag verzehren.

IN LETZTER MINUTE

TIRAMI SU

Für etwa 6 Portionen

2 TL Espressopulver
1/8 l Wasser
6 Eigelb
150 g Zucker
400 g Frischkäse, Doppelrahmstufe
100 g Magerquark
3 EL Kaffeelikör
150 g Löffelbiskuits
Kakaopulver zum Bestäuben

1. Espressopulver in kochendem Wasser auflösen, abkühlen lassen. Eigelbe und Zucker in heißem Wasserbad so lange dickcremig aufschlagen, bis der Zucker aufgelöst ist. Nacheinander Frischkäse und Quark eßlöffelweise unterrühren. Den Espresso mit Kaffeelikör verrühren.

2. Eine rechteckige Schale mit Löffelbiskuits auslegen, die Biskuits mit Espresso beträufeln, eine Schicht Käse daraufgeben, diese wieder mit Löffelbiskuits belegen, mit Espresso beträufeln. Creme und Biskuits weiter in Schichten einfüllen, bis alles aufgebraucht ist. Die obere Schicht sollte Creme sein. Über Nacht fest werden lassen.

3. Das Tirami Su vor dem Servieren mit Kakaopulver bestäuben.

QUARKTORTE

Für etwa 12 Portionen

250 g Margarine
300 g Zucker
6 Eigelb
1 kg Magerquark
Saft und Schale von 1 Zitrone
2 P. Puddingpulver Vanille
50 g gehackte Pistazien
5 Eiweiß
Margarine und 5–6 EL Zwiebackmehl für die Form
1 Eigelb und 1–2 EL Kondensmilch zum Bestreichen

1. Margarine, Zucker und Eigelbe zu einer dickschaumigen Masse aufschlagen. Quark, Zitronensaft, -schale, Puddingpulver und Pistazien unterrühren. Eiweiße zu einem steifen Schnee schlagen und unterheben.

2. Den Boden einer Springform (26 cm Ø) fetten, dick mit Zwiebackmehl ausstreuen und die Quarkmasse darübergeben.

3. Eigelb mit Kondensmilch verrühren und den Kuchen damit bestreichen. Im vorgeheizten Ofen bei 150°C (Gasherd: Stufe 1–2) 75–80 Minuten backen.

NUSS-QUARK-KUCHEN

Für etwa 20 Portionen

150 g Margarine
250 g Zucker
1 Prise Salz
5 Eier
250 g Quark, 20% Fett
200 g Nougatmasse
200 g gemahlene Haselnüsse
100 g gehackte Haselnüsse
200 g Mehl
1 P. Backpulver
Margarine und Semmelmehl für die Form
Puderzucker zum Bestäuben

1. Margarine, Zucker und Salz schaumig rühren, die Eier nacheinander zufügen. Ausgedrückten Quark, geschmolzene Nougatmasse und Haselnüsse dazugeben. Mehl mit Backpulver mischen und unterrühren.
2. Den Teig in eine gefettete und mit Semmelmehl ausgebröselte Kuchenform (22 cm Ø) füllen. Im vorgeheizten Ofen bei 175°C (Gasherd: Stufe 2) 60–70 Minuten backen.
3. Den abgekühlten Kuchen mit Puderzucker bestäuben.

FRISCHKÄSETORTE

Für etwa 12 Portionen

200 g Löffelbiskuits
4 Zwiebäcke
150 g Margarine
1 P. Götterspeise Zitrone
¼ l kochendes Wasser
400 g Frischkäse
500 g Magerquark
Saft von 1 Zitrone
200 g Zucker
2 P. Vanillinzucker
2 EL Orangenlikör
500 g Schlagsahne
Schokoladenraspel

1. Löffelbiskuits und Zwieback in einer Mandelmühle zerkleinern. Margarine leicht erwärmen und mit der Biskuit-Zwieback-Masse verrühren. ⅔ davon in eine Springform (26 cm Ø) streichen und andrücken.
2. Götterspeise mit heißem Wasser aufgießen und quellen lassen. Frischkäse, Quark, Zitronensaft, Zucker, Vanillinzucker und Likör verrühren und die warme Götterspeise zugeben. Zum Schluß die steif geschlagene Sahne unterheben.
3. Restliche Zwieback-Biskuit-Krümel und Schokoladenraspel darüberstreuen.

ERDBEER-QUARK-TORTE

Für etwa 12 Portionen
Teig:
150 g Margarine
150 g Zucker
1 P. Vanillinzucker
1 Prise Salz
abgeriebene Schale von ½ Zitrone
3 Eier
150 g Mehl
½ TL Backpulver
Margarine für die Form

Füllung:
1 P. TK-Erdbeeren (300 g)
750 g Quark, 20% Fett
225 g Zucker
1 P. Vanillinzucker
abgeriebene Schale von 1 Zitrone
⅛ l Zitronensaft
12 Blatt weiße Gelatine
2 Blatt rote Gelatine
375 g Schlagsahne
6 EL Kirschwasser

1. Margarine mit Zucker, Vanillinzucker, Salz, Zitronenschale und Eiern schaumig rühren. Mehl mit Backpulver mischen und nach und nach unterrühren.
2. Den Teig in eine gefettete Springform (24 cm Ø) füllen und im vorgeheizten Ofen bei 175°C (Gasherd: Stufe 2) etwa 45 Minuten backen.
3. Aufgetaute Erdbeeren pürieren, Quark, Zucker, Vanillinzucker, Zitronensaft und -schale unterrühren.
4. Gelatine einweichen, im Tropfwasser auf schwacher Hitze auflösen und unter den Quark rühren; kalt stellen. Schlagsahne unter die halbsteife Masse heben.
5. Den erkalteten Kuchen einmal waagrecht durchschneiden und jeden Boden mit 3 EL Kirschwasser beträufeln. Mit der Hälfte der Quark-Erdbeer-Masse füllen und den Rest auf Torte und Rand verteilen. Beliebig garnieren.

DÄNISCHER APFELKUCHEN

Für etwa 12 Portionen
1,5 kg säuerliche Äpfel
⅛ l Weißwein
2 EL Zitronensaft
abgeriebene Schale von ½ Zitrone
250 g Zucker
100 g Korinthen
275 g Zwieback
2 P. Vanillinzucker
100 g Margarine
Margarine für die Form
125 g Schlagsahne

1. Äpfel schälen und in nicht zu dünne Spalten schneiden. Wein, Zitronensaft, -schale und 150 g Zucker zum Kochen bringen.

Die Äpfel auf schwacher Hitze darin garen, nicht zerfallen lassen. Die Korinthen vorsichtig unterheben, dann abkühlen lassen.

2. Zwieback mit dem Nudelholz krümelig walzen oder durch die Küchenmaschine geben. Mit Vanillinzucker und 100 g Zucker mischen und in der Margarine leicht rösten, am besten in 2 Partien. Abkühlen lassen.

3. Springform (24 cm Ø) ausfetten. Zwieback und Äpfel jeweils so einschichten, daß oben und unten Zwieback ist.
Wichtig: Jede Schicht mit dem Teigschaber in die Form drücken. Einige Stunden durchziehen lassen.

4. Den Apfelkuchen stürzen und mit Schlagsahne garnieren.

KÄSEKUCHEN MIT APRIKOSEN

Für etwa 12 Portionen
Teig:
250 g Mehl
1 Msp. Backpulver
125 g Margarine
65 g Zucker
1 Ei
Margarine für die Form

Belag:
20 g gemahlene Mandeln
1 Dose Aprikosen
75 g Margarine
200 g Zucker
3 Eier
750 g Magerquark
1 P. Puddingpulver Vanille
2 EL Zitronensaft
1 Eigelb
wenig Wasser

1. Aus Mehl, Backpulver, Margarine, Zucker und Ei rasch einen Mürbeteig bereiten.

2. Gut die Hälfte davon ausrollen und eine gefettete Springform (24 cm Ø) damit auslegen. Die Mandeln auf dem Teigboden verteilen.

3. Aprikosen zum Abtropfen auf ein Sieb geben. Margarine, Zucker, Eier, Quark, Puddingpulver und Zitronensaft miteinander verrühren.

4. Aprikosen auf dem Teigboden verteilen, die Quarkmasse darübergeben.

5. Den restlichen Teig ausrollen, 1 cm breite Streifen ausradeln und als Gitter und Rand auf die Torte legen. Im vorgeheizten Ofen bei 175–200°C (Gasherd: Stufe 2–3) 60–70 Minuten backen. Nach 50 Minuten Backzeit Eigelb mit Wasser verquirlen, den Kuchen damit bepinseln und dann fertigbacken.

6. Den Kuchen in der Form erkalten lassen, dann erst herausnehmen.

SOMMERLICHE QUARKTORTE

Für etwa 12 Portionen

Teig:
150 g Mehl
75 g Margarine
30 g Zucker
1 Prise Salz
1 Eigelb
1 EL Milch
Margarine für die Form

Belag:
3 Eigelb
150 g Zucker
1 P. Vanillinzucker
500 g Speisequark, 20% Fett
Saft von 1 Zitrone
8 Blatt Gelatine
4 Eiweiß
250 g Schlagsahne
750 g frische Erdbeeren

1. Mehl, Margarine, Zucker, Salz, Eigelb und Milch zu einem Mürbeteig verkneten und einige Stunden kalt stellen; dann ausrollen und einen gefetteten Springformboden (24 cm Ø) damit belegen. Im vorgeheizten Ofen bei 200–225°C (Gasherd: Stufe 3–4) etwa 20 Minuten backen.

2. Den ausgekühlten Boden auf eine Tortenplatte geben und mit dem Springformrand umstellen.

3. Eigelbe, Zucker und Vanillinzucker schaumig rühren, Quark und Zitronensaft dazugeben. Gelatine einweichen, im Tropfwasser auf schwacher Hitze auflösen und unter die Quarkmasse rühren.

4. Eiweiße und Sahne steif schlagen und unter die halbsteife Quarkmasse heben. Den Tortenboden mit Erdbeeren belegen, einige für die Garnitur zurücklassen. Die Quarkmasse darüberfüllen und über Nacht im Kühlschrank erstarren lassen. Mit den restlichen Erdbeeren garnieren.

KEKSTORTE KALTER HUND

Für etwa 20 Portionen

175 g Kokosfett (100%)
2 Eier
150 g Puderzucker
1 Prise Salz
40 g Kakao
1 TL Pulverkaffee
1 EL heißes Wasser
40 g gemahlene Mandeln
etwa 25 Butterkekse
Geleefrüchte und Mandeln oder ähnliches zum Garnieren

1. Kokosfett schmelzen und abkühlen lassen. Eier mit Puderzucker, Salz und Kakao schaumig rühren. Pulverkaffee mit Wasser verrühren und zusammen mit den Mandeln zufügen. Alles mit dem Kokosfett verrühren.
2. Eine Kastenform (20 cm) mit Backtrennpapier auslegen. Abwechselnd je eine Schicht Schokoladenmasse und nebeneinandergelegte Kekse einfüllen.

3. Bevor die obere Schokoladenschicht fest wird, mit Geleefrüchten, Mandeln oder ähnlichem garnieren. Die Kekstorte im Kühlschrank erstarren lassen.

KOKOSTORTE

Für etwa 12 Portionen

500 g Kokosfett (100%)
4 Eier
300 g Puderzucker
4 EL Zitronensaft
300 g Kokosraspel
2 P. Löffelbiskuits
Geleefrüchte zum Garnieren

1. Kokosfett schmelzen und wieder abkühlen lassen. Eier und Puderzucker schaumig rühren, Zitronensaft und Kokosraspel zufügen und nach und nach das flüssige Kokosfett unterrühren.
2. Eine Springform (22 cm Ø) mit Pergamentpapier auslegen und abwechselnd Kokosfettmasse und sternförmig angeordnete Löffelbiskuits einschichten. Obenauf den Rest der Kokosfettmasse streichen.
3. Die Torte mit Löffelbiskuits und Geleefrüchten garnieren. Kalt stellen und mindestens ½ Tag durchziehen lassen.

DUFTENDE SCHLEMMEREIEN FÜR FESTTAGE

Vor den hohen Festtagen ist Hauptsaison in der Backstube – was wären Ostern und vor allem Weihnachten ohne Gebäck? Altbewährte und neue Rezepte sorgen für Abwechslung auf dem Plätzchenteller, und natürlich dürfen auch Stollen und festliche Torten nicht fehlen.

ADVENTSRÖSCHEN

Für etwa 20 Stück

Teig:
250 g Mehl
1 Prise Salz
75 g Puderzucker
200 g Margarine
Margarine für das Blech

außerdem:
1 Eigelb
40 g Mandelblätter
100 g Orangenkonfitüre

1. Aus Mehl, Salz, Puderzucker und Margarine einen Knetteig bereiten, kalt stellen.
2. Den Teig ausrollen und Blüten ausstechen.
3. Eigelb mit etwas Wasser verrühren und die Hälfte der Teigblüten damit bepinseln, in Mandelblättchen drücken, auf ein gefettetes Backblech setzen und bei 200° C (Gasherd: Stufe 3) etwa 10 Minuten backen.
4. Die restlichen Teigblüten ohne Eigelb und Mandeln backen. Abkühlen lassen.
5. Auf ein einfaches Röschen etwas Konfitüre geben und ein Mandelplätzchen daraufsetzen.

BRAUNE KUCHEN

Für etwa 80 Stück

125 g Rübensirup
125 g Zucker
125 g Margarine
375 g Mehl
1 gestr. TL Backpulver
1 Msp. Nelkenpulver
2 TL Kardamom
2 TL Zimt
abgeriebene Schale von ½ Zitrone
2–3 EL Wasser
Margarine für das Blech

1. Rübensirup, Zucker und Margarine erhitzen, bis der Zucker gelöst ist.
2. Mehl mit Backpulver, Nelken, Kardamom und Zimt vermengen, durchsieben; Zitronenschale und die abgekühlte Sirupmasse dazugeben und verkneten. Nach Bedarf Wasser zufügen. Kalt stellen.
3. Den Teig ausrollen und Herzen, Sterne oder andere Formen ausstechen. Auf ein gefettetes Blech geben und im vorgeheizten Ofen bei 225° C (Gasherd: Stufe 4) etwa 10 Minuten backen.

PEANUT COOKIES

Für etwa 70 Stück

125 g Margarine
175 g Zucker
1 P. Vanillinzucker
1 Ei
100 g ungesalzene Erdnüsse
1 TL Backpulver
175 g Mehl
Erdnüsse zum Garnieren
Margarine für das Blech

1. Margarine schaumig rühren, nach und nach Zucker, Vanillinzucker und Ei unterrühren. Dann die gemahlenen Erdnüsse und das mit Backpulver gemischte Mehl zufügen.
2. Den Teig etwa 60 Minuten im Kühlschrank ruhen lassen, dann haselnußgroße Kugeln daraus formen, mit Erdnußhälften garnieren und mit gutem Abstand auf ein gefettetes Backblech setzen.
3. Im vorgeheizten Ofen bei 200° C (Gasherd: Stufe 3) etwa 30 Minuten backen.

SPEKULATIUS

Für etwa 100 Stück

500 g Mehl
2 TL Zimt
1 TL Nelkenpulver
1 TL Kardamom
1 Msp. Ingwerpulver
1 Msp. Pomeranzenschale
150 g Margarine
300 g Zucker
2 P. Vanillinzucker
1 Ei
7 EL Schlagsahne
1 TL Hirschhornsalz
Margarine für das Blech

1. Mehl mit Gewürzen mischen und auf ein Backbrett geben. In die Mitte eine Vertiefung drücken und Margarineflöckchen, Zucker, Vanillinzucker, Ei und das in Sahne aufgelöste Hirschhornsalz hineingeben. Alles zu einem glatten Teig verkneten und kalt stellen.
2. Den Teig ausrollen und mit einer Spekulatiusrolle oder Förmchen Spekulatius daraus formen.
3. Auf ein gefettetes Backblech setzen und im vorgeheizten Ofen bei 200–225° C (Gasherd: Stufe 3–4) 8–10 Minuten backen.

HASELNÜSSCHEN – SCHWARZ UND WEISS

Für etwa 80 Stück

250 g Margarine
250 g Zucker
1 Prise Salz
Mark von 1 Vanillestange
1 Msp. Hirschhornsalz
1 TL Wasser
375 g Mehl
25 g Mehl
Margarine für das Blech
etwa 100 g weiße Haselnußkerne
20 g Kakao

1. Margarine mit Zucker, Salz und dem Vanillemark schaumig rühren. Hirschhornsalz in Wasser auflösen und zusammen mit dem Mehl darunterrühren.

2. Den Teig in zwei Hälften teilen, unter eine Hälfte noch 25 g Mehl kneten, eine Rolle daraus formen, in etwa 40 Stücke schneiden, Kugeln formen und auf ein gefettetes Blech setzen. Die Kugeln mit dem Daumen leicht eindrücken und je einen Haselnußkern in die Mitte setzen.

3. Den restlichen Teig mit Kakao verkneten und wie den hellen Teig verarbeiten.

4. Die Nüßchen im vorgeheizten Ofen bei 175–200°C (Gasherd: Stufe 2–3) 12–15 Minuten backen. Das helle Gebäck soll beim Backen weiß bleiben!

WEIHNACHTSTORTE

Für etwa 12 Portionen

Knetteig:
125 g Mehl
40 g Zucker
20 g Kokosraspel
75 g Margarine
50 g Orangenkonfitüre

Biskuitmasse:
2 Eigelb
2 EL Wasser
65 g Zucker
2 Eiweiß
50 g Mehl
25 g Speisestärke

Belag:
500 g Äpfel
1/4 l Weißwein
40 g Zucker
abgeriebene Schale von 1 Zitrone
375 g grüne Weintrauben
1 Dose Mandarinen (190 g)
2 EL Zitronensaft
1/8 l Weißwein
50 g Zucker
2 P. klarer Tortenguß
250 g Schlagsahne

1. Mehl mit Zucker, Kokosraspeln und Margarine zu einem Knetteig verarbeiten, ausrollen und den Boden einer Springform (24 cm ⌀) damit auslegen. Den Teig mehrmals einstechen und im vorgeheizten Ofen bei 225°C (Gasherd: Stufe 4) etwa 15 Minuten backen.
2. Inzwischen Eigelbe, Wasser und Zucker gut schaumig schlagen. Eiweiße steif schlagen, auf die Eigelbmasse geben, dann Mehl und Speisestärke darübersieben und alles vorsichtig unterheben.
3. Wenn die Orangenkonfitüre sehr steif ist, mit etwas Wasser verrühren, mit dem Pinsel auf den heißen, gebackenen Boden streichen, die Biskuitmasse darauf verteilen und weitere 12–15 Minuten backen. Den Boden abkühlen lassen.
4. Äpfel schälen, ausstechen, achteln; in Weißwein mit Zucker und Zitronenschale etwa 5 Minuten vorsichtig garen und zum Abtropfen auf ein Sieb geben.
5. Weintrauben abzupfen, abziehen und die Kerne mit dem Kirschkernentferner herausnehmen, abtropfen lassen. Mandarinen abtropfen lassen.
6. Apfel-, Trauben- und Mandarinensaft mit Zitronensaft und Weißwein auf 1/2 l auffüllen und mit Zucker süßen; Tortenguß nach Anweisung bereiten.
7. Den Springformrand oder Alufolie um den Tortenboden stellen, den Guß vorsichtig unter das gemischte Obst ziehen und auf den Tortenboden geben. Etwas steif werden lassen, dann mit geschlagener Sahne garnieren.

FESTTAGSBÄCKEREI 163

BAUMKUCHEN-SPITZEN

Für etwa 70 Stück

250 g Margarine
250 g Zucker
2 P. Vanillinzucker
5 Eier
100 g Mehl
100 g Speisestärke
100 g gemahlene Mandeln
1 Msp. Kardamom
1 Msp. Zimt
400 g Kuvertüre

1. Margarine, Zucker, Vanillinzucker und Eier schaumig rühren. Mehl, Speisestärke, Mandeln und Gewürze mischen und unterrühren.
2. Ein Blech zur Hälfte mit Backtrennpapier belegen und zu einem 40 x 22 cm großen Rechteck mit etwa 3 cm hohem Rand kniffen. Die Ecken mit Büroklammern zusammenstecken. Ein Sechstel der Teigmenge dünn darauf verstreichen. Unter dem vorgeheizten Grill oder bei Oberhitze von 225–250°C (Gasherd: Stufe 4–5) etwa 2 Minuten backen.
3. Eine weitere Teigschicht auftragen und backen. Alle weiteren Schichten ebenso backen.
4. Vom fertigen Kuchen die Papierränder lösen. Das Gebäck noch warm in Dreiecke schneiden (zuerst Quadrate von 4 x 4 cm schneiden, dann diagonal halbieren), abkühlen lassen.
5. Kuvertüre erwärmen. Die Baumkuchenecken auf eine Gabel (am besten die Pellkartoffelgabel) stecken und in Kuvertüre tauchen. Auf einem Kuchengitter fest werden lassen.

Der Tip:
Das Backblech nicht zu dicht unter den Grillschlangen einschieben.

DATTELGEBÄCK

Für etwa 75 Stück

125 g Margarine
125 g Zucker
1 Ei
2 EL Zitronensaft
abgeriebene Schale von ½ Zitrone
250 g Mehl
1 Msp. Backpulver
200 g Datteln
100 g gehackte Mandeln
Margarine für das Blech

1. Margarine schaumig rühren. Nacheinander Zucker, Ei, Zitronensaft und -schale unterrühren. Nach und nach das Mehl einrühren – den Rest mit Backpulver vermischen.
2. Datteln entkernen, kleinschneiden. Gehackte Mandeln und zerkleinerte Datteln unter den Teig mengen und ziemlich kleine Teighäufchen auf ein gefettetes Backblech setzen.
3. Das Dattelgebäck im vorgeheizten Backofen bei 225°C (Gasherd: Stufe 4) etwa 15 Minuten knusprig goldgelb backen.

NÜRNBERGER LEBKUCHEN

Für etwa 24 Stück
Teig:

4 Eier
250 g Zucker
1 Prise Salz
3 TL Pfefferkuchengewürz
50 g Zitronat
50 g Orangeat
250 g Mehl
1 TL Backpulver
100 g Mandelblätter

außerdem:

Oblaten von 6–7 cm Ø
50 g Puderzucker
wenig abgeriebene Orangenschale
1 EL Orangensaft

1. Eier mit Zucker, Salz und Pfefferkuchengewürz gut schaumig rühren. Zitronat und Orangeat fein hacken, Mehl mit Backpulver mischen und alles zusammen mit den Mandelblättern unter die Eimasse rühren. Den Teig etwa 1 Stunde ruhen lassen.
2. Je einen gehäuften Eßlöffel Teig auf die Oblaten setzen. Über Nacht trocknen lassen. Am nächsten Tag im vorgeheizten Ofen bei 175°C (Gasherd: Stufe 2) etwa 25 Minuten backen.
3. Puderzucker, Orangenschale und -saft zu einem Guß verrühren, die Hälfte der Lebkuchen noch warm damit beziehen, die anderen ohne Guß lassen.

WILLIAMSKONFEKT

Für etwa 15 Stück

75 g getrocknete Birnen
4 EL Wasser
6 EL Birnengeist
1 P. Vanillinzucker
2 EL Sahne
200 g weiße Schokolade
20 g Kokosfett (100%)

1. Die Birnen in kleine Würfel schneiden, mit Wasser 5 Minuten kochen, 3 EL Birnengeist und Vanillinzucker zufügen und zu einer Paste verrühren.
2. Sahne aufkochen, Schokolade und Kokosfett im Wasserbad darin auflösen, vom Herd nehmen und 3 EL Birnengeist unterschlagen (möglichst mit dem Handrührgerät). Die Masse bis zur Spritzbarkeit abkühlen lassen, dabei hin und wieder umrühren.
3. Mit einem Spritzbeutel etwas Konfektmasse auf den Boden kleiner Papiermanschetten geben, etwas von der Birnenpaste daraufsetzen und zum Schluß wieder von der Konfektmasse darüberspritzen.

ALTLÜBECKER TALER

Für etwa 30 Stück

Teig:
200 g Mehl
75 g Puderzucker
100 g Margarine
3 Eigelb
Margarine für das Blech

Füllung:
10 g eingelegter Ingwer
1 EL Ingwersirup
100 g Marzipanmasse

außerdem:
Eiweiß
100 g Kuvertüre
Ingwerstreifen oder kandierte Veilchen

1. Mehl, Puderzucker und Margarine auf ein Backbrett geben, mit dem Pfannenmesser durchhacken, Eigelbe zufügen und alles schnell zu einem Teig verkneten. Etwa 2 Stunden im Kühlschrank ruhen lassen.
2. Ingwer reiben und mit Ingwersirup unter die Marzipanmasse rühren.
3. Den Teig ausrollen und Plätzchen von 5–6 cm Ø ausstechen. Die Hälfte der Plätzchen auf ein gefettetes Backblech legen, die Marzipanfüllung daraufgeben, so daß ein Rand frei bleibt. Diesen mit Eiweiß bepinseln, die restlichen Plätzchen daraufgeben und am Rand etwas festdrücken. Im vorgeheizten Ofen bei 225°C (Gasherd: Stufe 4) etwa 10 Minuten backen.
4. Das fertige Gebäck mit Kuvertüre beziehen und mit Ingwerstreifen oder kandierten Veilchen garnieren.

FESTTAGSBÄCKEREI

ENGLISH RICH FRUIT CAKE

(Original englische Weihnachtstorte)
Für etwa 12 Portionen

350 g Margarine
350 g Zucker
6 Eier
450 g Mehl
4 EL Milch oder Weinbrand
1 TL Zimt, ½ TL Nelkenpulver, ½ TL Ingwerpulver oder 2 TL Lebkuchengewürz
450 g Rosinen oder Sultaninen
abgeriebene Schale von 1 Orange
abgeriebene Schale von 1 Zitrone
100 g Zitronat
125 g Belegkirschen
250 g gehackte Mandeln
50 g kandierter Ingwer
Margarine für die Form
beliebige Früchte und Nüsse zum Garnieren
4 EL Aprikosenmarmelade

1. Margarine, Zucker und Eier schaumig rühren. Nacheinander Mehl und Flüssigkeit unterrühren. Gewürze dazugeben. Dann Rosinen, Orangen- und Zitronenschale, gehacktes Zitronat, halbierte und im Mehl gewendete Belegkirschen, Mandeln und gehackten Ingwer unterheben.

2. Eine Springform (26 cm Ø) fetten und mit Pergamentpapier auslegen. Der Randstreifen sollte mindestens 8 cm hoch sein. Teig einfüllen und die Oberfläche mit Früchten und Nüssen belegen (nicht eindrücken).

3. Die Torte bei 140°C (Gasherd: Stufe 1) etwa 3 Stunden backen. Nach der Hälfte der Backzeit mit Pergamentpapier abdecken. In der Form abkühlen lassen.

4. Marmelade erwärmen, durch ein Sieb streichen und den noch warmen Kuchen damit bestreichen.

Der Tip:
Der Kuchen schmeckt am besten, wenn er mindestens eine Woche alt ist. Man sollte ihn also schon ein paar Wochen vor Weihnachten backen und ihn in Alufolie gewickelt aufheben.

LIEGNITZER BOMBEN

Für 24 Stück

Teig:
- 300 g Honig
- 200 g Zucker
- 125 g Margarine
- 30 g Kakao
- 3 Eier
- abgeriebene Schale von 1 Orange
- 2 EL Orangensaft
- 2 TL Zimt
- 2 TL Nelkenpulver
- 1 TL Kardamom
- 400 g Mehl
- 3 TL Backpulver
- 100 g Zitronat
- 100 g gehackte Mandeln
- Margarine für das Blech

Füllung:
- 200 g Marzipanrohmasse
- 100 g kandierte Kirschen
- 100 g Orangeat
- 1 EL Rosenwasser

Glasur:
- 200 g Aprikosenkonfitüre
- 2 EL Wasser
- 300 g Kuvertüre

1. Honig, Zucker und Margarine in einen Topf geben und unter Rühren erhitzen, bis der Zucker geschmolzen ist, abkühlen lassen. Kakao, Eier, Orangenschale, -saft und Gewürze unterrühren. Mehl, Backpulver, Zitronat und Mandeln mischen, die Honigmasse zufügen und alles zu einem glatten Teig verkneten.

2. Für die Förmchen aus doppelter extra starker Alufolie 5 cm breite Streifen schneiden. Mit Büroklammern zu Ringen (5 cm Ø) zusammenstecken, auf ein gefettetes, mit Backtrennpapier belegtes Blech setzen und eine Teigschicht einfüllen.

3. Marzipanmasse, halbierte Kirschen, gewürfeltes Orangeat und Rosenwasser vermengen und auf den Teig geben.

4. Eine zweite Teigschicht daraufgeben und die Bomben im vorgeheizten Ofen bei 180°C (Gasherd: Stufe 2) etwa 20 Minuten backen. Alufolie entfernen, abkühlen lassen.

5. Konfitüre durch ein Sieb streichen und mit Wasser im Topf erhitzen. Das Gebäck damit bestreichen. Kuvertüre schmelzen und die abgekühlten Bomben damit beziehen.

MANDELSTOLLEN

Für etwa 30 Portionen

Teig:
60 g Hefe, ⅛ l Milch
200 g Zucker
600 g Mehl, 1 TL Salz
250 g weiche Margarine

Füllung:
50 g Zitronat, 50 g Orangeat
75 g kandierte Kirschen
2 EL Rum
350 g gehackte Mandeln
200 g Marzipanrohmasse

außerdem:
Margarine für das Blech
100 g Margarine
1 P. Vanillinzucker
50 g Puderzucker

1. Hefe in lauwarme Milch bröckeln, 1 Prise Zucker zufügen und etwa 10 Minuten aufgehen lassen. Mehl, Zucker und Salz mischen, Margarine in Stücken daraufgeben, die Hefemilch zufügen und alles zu einem glatten Teig verkneten.

2. Gewürfeltes Zitronat und Orangeat, halbierte Kirschen in Rum kurz durchziehen lassen. Zusammen mit den Mandeln unterkneten. Den Teig zugedeckt zur doppelten Größe aufgehen lassen. Dann nochmals durchkneten und rund ausrollen (30 cm Ø), in der Mitte über die ganze Länge eine Kerbe eindrücken, mit etwas Wasser bestreichen.

3. Marzipan zu einer langen Rolle formen, in die Kerbe legen, den Teig darüberschlagen, leicht andrücken.

4. Den Teig auf ein gefettetes Backblech legen und etwa 20 Minuten gehen lassen. Mit Wasser bestreichen und bei 180°C (Gasherd: Stufe 2) etwa 60 Minuten backen.

5. Den fertigen Stollen mit zerlassener Margarine bestreichen und mit Vanillinzucker bestreuen. Abkühlen lassen. Dann mit Puderzucker bestäuben.

WÜRZIGER WEIHNACHTSKUCHEN

Für etwa 20 Portionen

250 g Margarine
250 g Zucker
Salz
6 Eier
2 TL gemahlener Zimt
1 TL gemahlene Nelken
½ TL gemahlener Kardamom
1 TL Ingwerpulver
1 TL Pomeranzenschale
75 g gehackte Mandeln
100 g Zartbitterschokolade
300 g Mehl
100 g Speisestärke
1 P. Backpulver
2 EL Rum
Margarine für die Form
Puderzucker zum Bestäuben

1. Margarine glattrühren, Zucker, Salz und Eier nach und nach dazugeben und so lange rühren, bis der Zucker gelöst ist. Zimt, Nelken, Kardamom, Ingwerpulver, Pomeranzenschale und Mandeln darunterrühren.
2. Schokolade in Stücke brechen, in einem kleinen Gefäß mit heißem Wasser übergießen. Kurz schmelzen lassen, Wasser wieder abgießen und die Schokolade zum Teig gießen.
3. Mehl, Speisestärke und Backpulver mischen und zusammen mit dem Rum ebenfalls unter den Teig rühren.
4. Den Teig in eine gefettete Napfkuchenform (22 cm Ø) füllen und im vorgeheizten Ofen bei 175°C (Gasherd: Stufe 2) 50–60 Minuten backen. Mit Puderzucker bestäubt servieren.

LEICHTER WEIHNACHTS-STOLLEN

Für etwa 20 Portionen

Teig:

500 g Mehl, 1 P. Backpulver
150 g Zucker
1 P. Vanillinzucker
abgeriebene Schale von ½ Zitrone
1 Prise Salz
1 Fl. Rumaroma
½ Fl. Mandelaroma bitter
1 Fl. Zitronenaroma
1 Ei
1 P. Vanillepudding
150 g Margarine
250 g Quark
150 g Rosinen
125 g gehackte Mandeln
100 g Orangeat

außerdem:

Mehl zum Bestäuben
zerlassene Margarine
Schokoblätter
Puderzucker

1. Alle Zutaten nach und nach zu einem Teig verkneten und zu einem Stollen formen. Das Backblech gut mit Mehl bestäuben. Das gleiche gilt für den Stollen, damit er nicht auseinanderläuft.
2. Den Stollen auf mittlerer Schiene im vorgeheizten Ofen bei 175–200° C (Gasherd: Stufe 2–3) etwa 60 Minuten backen.
3. Den noch heißen Stollen mit zerlassener Margarine bestreichen und nach dem Erkalten mit Schokoblättchen dekorieren sowie mit Puderzucker bestreuen.

VANILLEKIPFERL

Für etwa 50 Stück

200 g Mehl
Mark von 1 Vanilleschote
1 Prise Salz
125 g gemahlene Mandeln
150 g Margarine
1 Eigelb
75 g Zucker
Margarine für das Blech
30 g Puderzucker
1 P. Vanillinzucker

1. Aus Mehl, Vanillemark, Salz, Mandeln, Margarine, Eigelb und Zucker einen Knetteig bereiten und für etwa 1 Stunde in den Kühlschrank stellen.
2. Den Teig zu fingerdicken Rollen formen und in etwa 5 cm lange Stücke schneiden. An beiden Enden biegen, so daß Kipferln entstehen.
3. Die Kipferln auf ein gefettetes Backblech setzen und im vorgeheizten Ofen bei 175–200°C (Gasherd: Stufe 2–3) etwa 13 Minuten backen.
4. Puderzucker und Vanillinzucker mischen und die warmen Kipferln mit der Oberseite hineindrücken.

KÜCHLE MIT MAKRONENHAUBE

Für etwa 40 Stück

Teig:

225 g Mehl
100 g Puderzucker
100 g Margarine
Mark von 1 Vanilleschote
3 Eigelb
Margarine für das Blech

Makronenmasse:

3 Eiweiß
150 g Zucker
175 g abgezogene, gemahlene Mandeln
1 geh. TL Zimt

1. Aus Mehl, Puderzucker, Margarine, Vanillemark und Eigelben einen Mürbeteig kneten; kalt stellen.
2. Eiweiße steif schlagen, den Zucker darunterschlagen, Mandeln und Zimt zufügen.
3. Den Teig messerrückendick zu einem Rechteck ausrollen; zuerst in 4 cm breite Streifen, dann in Rhomben schneiden. Auf ein gefettetes Backblech legen und mit der Makronenmasse bespritzen (glatte Tülle).
4. Im vorgeheizten Ofen bei 175–200°C (Gasherd: Stufe 2–3) etwa 20 Minuten backen.

HASELNUSS-STANGEN

Für etwa 60 Stück

| 250 g Margarine |
| 200 g Zucker |
| 1 P. Vanillinzucker |
| 2 Eigelb |
| 150 g Mehl |
| ½ gestr. TL Backpulver |
| 200 g gemahlene Haselnüsse |
| Margarine für das Blech |
| 150 g Kuvertüre |

1. Margarine schaumig rühren; Zucker, Vanillinzucker und Eigelbe dazugeben und so lange rühren, bis der Zucker gelöst ist. Dann mit Backpulver gesiebtes Mehl und Haselnüsse unter den Teig geben.

2. Den Teig in einen Spritzbeutel mit mittelgroßer Tülle geben und 4–5 cm lange Streifen auf ein gefettetes Blech spritzen und bei 200°C (Gasherd: Stufe 3) 10–15 Minuten backen.

3. Die Kuvertüre im Wasserbad auflösen und die erkalteten Haselnußstangen damit beziehen.

INGWERHIPPEN

Für etwa 30 Stück

Teig:

| 75 g Margarine |
| 100 g Zucker |
| 100 g heller Sirup |
| 1 P. Vanillinzucker |
| 20 g feingehackter, kandierter Ingwer |
| 2 EL Ingwersirup |
| 125 g Mehl |
| Margarine für das Blech |

Guß:

| 100 g Puderzucker |
| 1 EL Kakao (etwa 10 g) |
| 1 EL Ingwersirup |
| 1–2 EL Wasser |
| 25 g zerlassenes Kokosfett |

1. Margarine mit Zucker, Sirup und Vanillinzucker schaumig rühren. Dann Ingwer, Ingwersirup und Mehl dazugeben und jeweils 4 Häufchen (knapp 1 TL) in großem Abstand auf ein gefettetes Blech setzen. Mit einem in Wasser getauchten Messer flachstreichen.

2. Im vorgeheizten Ofen bei 200–225°C (Gasherd: Stufe 3-4) 3–5 Minuten backen.

3. Etwas abkühlen lassen. Noch warm vorsichtig vom Blech nehmen, über einer Alufolienrolle rundbiegen.

4. Gußzutaten verrühren und die Hippen zur Hälfte damit beziehen.

FESTTAGSBÄCKEREI

OSTERSCHNECKEN

Für 16 Stück

Teig:
30 g Hefe
¼ l lauwarme Milch
1 Prise Zucker
500 g Mehl
75 g Zucker, 1 Prise Salz
100 g Margarine
1 Ei
Margarine für das Blech

Füllung:
100 g Schlagsahne
100 g Zucker
100 g Mandelblätter
100 g Rosinen

außerdem:
50 g Margarine
Puderzucker

1. Hefe in lauwarme Milch bröckeln, mit etwas Zucker verrühren und an einem warmen Ort etwa 15 Minuten gehen lassen. Mehl, Zucker und Salz in einer Schüssel mischen, zerlassene und abgekühlte Margarine, Ei und Hefemilch unterrühren. So lange kneten, bis sich der Teig vom Schüsselrand löst und nicht mehr klebt. Nochmals etwa 30 Minuten gehen lassen.
2. Inzwischen Sahne, Zucker, Mandelblätter und Rosinen miteinander vermengen und durchziehen lassen, bis die Flüssigkeit fast aufgesogen ist.
3. Den Teig nochmals kneten, etwa 1 cm dick zu einem Rechteck ausrollen, mit der Mandel-Rosinen-Masse bestreichen und aufrollen.
4. 16 gleich dicke Scheiben schneiden und auf ein gefettetes Backblech setzen. Aufgehen lassen und im vorgeheizten Ofen bei 200°C (Gasherd: Stufe 3) etwa 20 Minuten backen. In den letzten 10 Minuten der Backzeit mehrmals mit flüssiger Margarine bestreichen. Abgekühlt mit Puderzucker bestäuben.

EDLER OSTERHASE

Für etwa 10 Portionen

35 g Hefe
175 g flüssige Schlagsahne
175 g Zucker
375 g Mehl
Salz
abgeriebene Schale von 1 Zitrone
Mark von 1 Vanilleschote
150 g eben zerlassene Margarine
3 Eier
50 g gehackte Mandeln
Margarine für die Form

1. Hefe in lauwarme Sahne bröckeln und mit je einer Prise Zucker und Mehl verrühren. Abgedeckt an einem warmen Ort 5–10 Minuten gehen lassen.

2. Mehl, Zucker, Salz, Zitronenschale, Vanillemark, abgekühlte Margarine und verschlagene Eier in eine Rührschüssel geben, Hefesahne und Mandeln dazugeben, alles vermengen und den Teig kräftig schlagen. Mit Folie abgedeckt an einem warmen Ort bis zur doppelten Größe aufgehen lassen.

3. Den Teig nochmals durchschlagen, in eine gefettete Hasenform geben und abgedeckt nochmals aufgehen lassen. Im vorgeheizten Ofen bei 175°C (Gasherd: Stufe 2) etwa 30 Minuten backen.

OSTERNESTCHEN

Für etwa 12 Stück

Teig:
1/4 l Wasser
1 Prise Salz, 1 TL Zucker
1 P. Vanillinzucker
100 g Margarine
125 g Mehl
4 Eier
Margarine und Mehl für das Blech

Füllung:
1/4 l Milch
Mark von 1 1/2 Vanilleschoten
1 Prise Salz
4 Eigelb
100 g Zucker
6 Blatt weiße Gelatine
250 g Schlagsahne
4 Eiweiß
Puderzucker, Osterhäschen und -eier

1. Wasser mit Salz, Zucker, Vanillinzucker und Margarine zum Kochen bringen. Das Mehl auf einmal hineinschütten und unter ständigem Rühren bei schwacher Hitze zum Kloß abbrennen. Vom Herd nehmen und sofort 1 Ei unterrühren. Etwas abkühlen lassen und nacheinander noch 3 Eier darunterrühren.

2. Den Teig in einen Spritzbeutel mit großer Zackentülle geben und Ringe von etwa 7 cm Ø auf ein gefettetes und bemehltes Blech spritzen. Im vorgeheizten Ofen bei 175–200 °C (Gasherd: Stufe 2–3) etwa 30 Minuten backen. Dann sofort mit einer Schere aufschneiden und auskühlen lassen.

3. Milch mit Vanillemark und Salz aufkochen und abkühlen lassen. Eigelbe mit Zucker schaumig rühren. Gelatine einweichen, im Tropfwasser auf schwacher Hitze auflösen und mit der abgekühlten Milch unter die Eigelbmasse rühren. Kalt stellen.

4. Wenn die Creme halbsteif geworden ist, Schlagsahne darunterheben. Eiweiße steif schlagen und ebenfalls unterziehen. Die fast steife Creme in einen Spritzbeutel geben und die Nestchen damit füllen. Die Deckel mit Puderzucker bestäuben, auf die Nestchen legen und österlich garnieren.

ÖSTERLICHER MANDELKRANZ

Für etwa 16 Portionen

250 g Margarine
250 g Zucker
1 Prise Salz
6 Eier
150 g Mehl
2 TL Backpulver
250 g gemahlene Mandeln
100 g Bitterschokoladeflocken
2 EL Weinbrand
Margarine und Semmelmehl für die Form

1. Margarine, Zucker und Salz gut schaumig rühren, Eier nacheinander zufügen. Mehl mit Backpulver mischen und zusammen mit Mandeln, Schokoladeflocken und Weinbrand unterrühren.

2. Den Teig in eine gefettete und ausgebröselte Zopfkranzform (26 cm Ø) füllen und im vorgeheizten Ofen bei 175 °C (Gasherd: Stufe 2) 60–70 Minuten backen.

EIERKRÄNZCHEN

Für 8 Stück

Teig:
30 g Hefe
1/4 l lauwarme Milch
500 g Mehl
1 Prise Salz
75 g Zucker
75 g Margarine
1 Ei
100 g Rosinen
3 EL Rum
40 g Zitronat
40 g Orangeat
Margarine für das Blech

außerdem:
8 gekochte Eier
1 Eiweiß
bunter Zucker zum Bestreuen

1. Hefe in lauwarme Milch bröckeln, mit etwas Zucker und etwas Mehl verrühren und etwa 15 Minuten gehen lassen. Mehl, Salz und Zucker mischen, zerlassene und abgekühlte Margarine, Ei und Hefemilch unterrühren. Alles zu einem geschmeidigen Teig verkneten. Etwa 30 Minuten gehen lassen.

2. Rosinen mit Rum übergießen und ziehen lassen. Mit Zitronat und Orangeat unter den aufgegangenen Teig kneten.

3. Den Teig in acht gleich große Stücke teilen, jeweils zu drei gleichlangen Rollen (etwa 30 cm lang) formen und je 1 Zopf daraus flechten.

4. Die Zöpfe zu Kränzen formen, auf ein gefettetes Backblech setzen und je 1 gekochtes Ei, mit der Spitze nach oben, in die Mitte stellen.

5. Das Gebäck gehen lassen und im vorgeheizten Ofen bei 200 °C (Gasherd: Stufe 3) etwa 20 Minuten backen. Noch heiß mit verschlagenem Eiweiß bepinseln und mit buntem Zucker bestreuen.

PANETONE

Für etwa 12 Portionen

50 g Hefe, 1/4 l Milch
150 g Zucker, 650 g Mehl
200 g Margarine, 1 Ei
4 Eigelb, 1 TL Salz
abgeriebene Schale von 1 Zitrone
50 g gehackte Mandeln
100 g Zitronat
100 g Orangeat
150 g Rosinen
Margarine für die Form
Eigelb zum Bestreichen

1. Hefe in lauwarme Milch bröckeln, 1 Prise Zucker zufügen und 10 Minuten gehen lassen. Mehl, Zucker, geschmolzene und wieder abgekühlte Margarine, Ei, Eigelbe, Salz, Zitronenschale und Hefemilch in die Schüssel geben und mit dem Handrührgerät oder in der Küchenmaschine (Knethaken) gut durchkneten. Mandeln, Zitronat, Orangeat und Rosinen mischen und rasch unterkneten. Den Teig zugedeckt bis zur doppelten Größe aufgehen lassen.

2. Inzwischen einen mindestens 12 cm hohen Kochtopf (15 cm Ø) ausfetten und mit Backtrennpapier auslegen. Den Teig noch einmal durchkneten, in den Topf legen und nochmals 20 Minuten aufgehen lassen.

3. Den Teig mit Eigelb bestreichen und über Kreuz einschneiden. Im vorgeheizten Ofen bei 175 °C (Gasherd: Stufe 2) etwa 90 Minuten backen.

FESTTAGSBÄCKEREI 175

OSTERZOPF

Für etwa 20 Portionen

40 g Hefe
¼ l lauwarme Milch
150 g Margarine
600 g Mehl
1 Prise Salz
75 g Zucker
1 Ei
Margarine für das Blech
Milch zum Bepinseln
1 Eigelb
1 EL Milch
20 g Hagelzucker
20 g Mandelblättchen

1. Hefe in lauwarme Milch bröckeln, 1 Prise Zucker zufügen und abgedeckt an einem warmen Ort aufgehen lassen. Inzwischen Margarine zerlassen. Mehl in eine Schüssel geben, Salz, Zucker, Ei, Eigelb, abgekühlte Margarine und Hefemilch dazugeben, alles gut verkneten, abdecken und aufgehen lassen.

2. ¾ des Teiges, der ziemlich locker ist, vorsichtig mit bemehlten Händen zu drei gleich langen und dicken Rollen formen und einen Zopf daraus flechten. Auf ein gefettetes Blech legen. Aus dem restlichen Teig einen dünneren Zopf flechten. Die Oberfläche des großen Zopfes mit Milch bepinseln und den kleinen Zopf daraufsetzen, 10 Minuten gehen lassen.

3. Den Zopf bei 200 bis 225° C (Gasherd: Stufe 3–4) 30–35 Minuten backen. Eigelb mit Milch verschlagen, den Zopf 10 Minuten vor Ende der Backzeit damit bepinseln und mit Hagelzucker und Mandelblättchen bestreuen.

Variation:
Aus dem Teig kleine Brötchen, beliebig gefüllte Hörnchen oder Zimtschnecken formen und backen.

OSTERHASEN AUS QUARKKNETTEIG

Für 3 Stück

125 g Margarine
125 g Zucker
1 Prise Salz
1 Ei
200 g Magerquark
375 g Mehl
3 TL Backpulver
1 Eigelb zum Bepinseln
kleine Zuckereier
etwas Puderzucker

1. Margarine, Zucker, Salz und Ei schaumig rühren, dann den Quark zufügen. Mehl mit Backpulver mischen, die Hälfte davon unterrühren, den Rest unterkneten. Abgedeckt im Kühlschrank etwa 30 Minuten ruhen lassen.

2. Inzwischen aus Pappe eine Osterhasenschablone ausschneiden.

3. Den Teig etwa 1 cm dick ausrollen, drei Osterhasen nach Schablone ausschneiden. Eigelb mit Wasser verschlagen und die Hasen

NOUGATEIER

Für 10 Stück

Teig:
4 Eigelb
4 EL warmes Wasser
125 g Zucker
1 Prise Salz
50 g Margarine
125 g Nougatmasse
4 Eiweiß
75 g Mehl
50 g Speisestärke
1 TL Backpulver

Füllung:
250 g Schlagsahne
25 g Zucker
1 P. Vanillinzucker
2 Blatt weiße Gelatine

Guß:
75 g Nougatmasse
25 g Kokosfett (100%)
25 g gehackte Pistazien

1. Eigelbe, Wasser, Zucker und Salz gut schaumig rühren, die eben zerlassene und abgekühlte Margarine unterrühren. Nougatmasse mit heißem Wasser übergießen, schmelzen lassen und das Wasser wieder abgießen. Nougat unter die Eimasse geben. Eiweiße steif schlagen, daraufgeben. Mehl, Speisestärke und Backpulver mischen und darübersieben. Alles vorsichtig unterheben.
2. Ein Blech mit Pergamentpapier auslegen, fetten und den Teig darauf verteilen (etwa 30 x 40 cm). Im vorgeheizten Ofen bei 175°C (Gasherd: Stufe 2) etwa 15 Minuten backen.
3. Teigplatte auf ein Kuchengitter stürzen und das Pergamentpapier schnell abziehen. Auskühlen lassen. 20 Eier (etwa 6 x 10 cm groß) ausstechen. Sahne mit Zucker und Vanillinzucker steif schlagen, die eingeweichte, bei schwacher Hitze aufgelöste Gelatine unter die Sahne rühren.
4. Die Masse mit dem Spritzbeutel auf zehn Eier spritzen, die restlichen Eier daraufsetzen.
5. Nougatmasse mit Kokosfett schmelzen und das Gebäck damit beziehen. Mit gehackten Pistazien garnieren.

KNUSPRIGES AUS SCHROT UND KORN

Brot und Brötchen, herzhaft aus vollem Korn oder mit pikanter Füllung, schmecken selbstgebacken einfach am besten. Überraschen Sie Ihre Lieben doch auch einmal mit interessanten Frühstücks- und Brunchvariationen: leckeren Hörnchen, Brioches oder feinen Broten, die bereits den Tagesbeginn zum Fest für Gaumen und Auge machen.

NUSSBROT MIT STEINPILZEN

Für etwa 10 Scheiben

25 g Hefe
½ TL Zucker
150 ml lauwarme Milch
250 g Weizenmehl Type 1050
½ TL Salz
1 Msp. Zimt
30 g weiche Margarine
100 g Haselnußkerne
30 g getrocknete Steinpilze
Milch zum Bestreichen

1. Hefe und Zucker mit Milch verrühren und abgedeckt etwa 10 Minuten gehen lassen. Mehl, Salz, Zimt, Margarine, Nüsse und in Wasser eingeweichte und abgetropfte Steinpilze in eine Schüssel geben, die Hefemilch zugeben und alles kräftig kneten. Zugedeckt an einem warmen Ort bis zur doppelten Größe aufgehen lassen.
2. Den Teig nochmals durchkneten, einen länglichen Brotlaib formen und auf Backpapier abermals gehen lassen. Die Oberfläche mit Milch bepinseln und mit einem scharfen Messer schräg einschneiden.
3. Das Brot im vorgeheizten Ofen bei 200°C (Gasherd: Stufe 3) 45 Minuten backen.

MOHNBROT

Für etwa 15 Scheiben

30 g Hefe
250 ml lauwarmes Wasser
½ TL Zucker
200 g Weizenmehl Type 1050
150 g Weizenmehl Type 1700
1 EL Essig
1 TL Salz
40 g eben zerlassene Margarine
Mohn zum Bestreuen

1. Hefe in Wasser bröckeln, mit Zucker verrühren und an einem warmen Ort 10 Minuten gehen lassen. Mehle mischen, Essig, Salz, Margarine und Hefewasser zugeben. Alles zu einem glatten Teig verkneten und abgedeckt bis zur doppelten Größe aufgehen lassen.
2. Aus dem Teig einen länglichen Laib formen, auf ein Stück Backpapier legen und nochmals gehen lassen. Den Laib mit Wasser bepinseln und mit Mohn bestreuen. Die Oberfläche mit einem Messer 2- bis 3mal schräg einschneiden.
3. Das Brot im vorgeheizten Ofen bei 200°C (Gasherd: Stufe 3) etwa 60 Minuten backen.

LANDBROT

Für etwa 25 Scheiben

150 g Sauerteig
700 ml Buttermilch
1 kg Roggenmehl Type 1370
2 TL Salz, ½ TL Kümmel
Margarine für die Form

1. Sauerteig mit 350 ml lauwarmer Buttermilch und 100 g Mehl verrühren, abgedeckt an einem warmen Ort etwa 4 Stunden gehen lassen. 400 g Mehl und die restliche Buttermilch unterkneten. Den Teig in eine Schüssel geben, abdecken, über Nacht gehen lassen. Er vergrößert dabei sein Volumen kaum.

2. Am nächsten Tag mit restlichem Mehl, Salz und Kümmel zu einem festen Teig verkneten.

3. Den Teig in eine gefettete Brotbackform geben, nochmals 45–60 Minuten gehen lassen und im vorgeheizten Ofen bei 250°C (Gasherd: Stufe 5) etwa 60 Minuten backen.

PROVENÇALISCHES BROT

Für etwa 14 Scheiben

1 kleine Zwiebel
20 g Margarine
15 g Hefe
½ TL Zucker
⅛ l Buttermilch
200 g Weizenmehl Type 1050
50 g kernige Haferflocken
1 TL Salz
100 g Frischkäse mit Kräutern der Provence
1 P. TK-Kräutermischung oder feingehackte frische Kräuter
Milch zum Bestreichen

1. Gewürfelte Zwiebel in Margarine glasig dünsten, abkühlen lassen. Hefe, Zucker und Buttermilch verrühren. Mehl, Haferflocken, Salz und Frischkäse in eine Schüssel geben, Hefemilch zufügen und alles zu einem glatten Teig verkneten. Zwiebeln und Kräuter unterkneten. Abgedeckt an einem warmen Ort aufgehen lassen, wieder durchkneten.

2. Den Teig in eine mit Backpapier ausgelegte Kastenform (20 cm) füllen, nochmals gehen lassen. Die Oberfläche mit Milch bestreichen.

3. Das Brot im vorgeheizten Ofen bei 200°C (Gasherd: Stufe 3) etwa 45 Minuten backen.

GEFÜLLTES BROT IN HERZFORM

Für etwa 8 Portionen

Teig:
| 250 g Weizenmehl Type 1050 |
| 250 g Roggenmehl Type 1370 |
| 1 Würfel Hefe |
| 1/4 l lauwarmes Wasser |
| 40 g flüssige Margarine |
| 1 Ei |
| Salz |
| Margarine für die Form |
| Linsen oder Reis zum Blindbacken |

Füllung:
| 1 große Zwiebel |
| 1 kleine rote Paprikaschote |
| 1 kleine Stange Porree |
| 1 kleine frische Peperoni |
| 1 Möhre |
| 2 kleine Gewürzgurken |
| 2 Eier |
| 500 g gemischtes Hackfleisch |
| Pfeffer, Salz |
| Paprika |
| Eiweiß zum Bestreichen |

1. Mehle gut mischen und in eine Schüssel sieben. Hefe in eine Vertiefung bröckeln, mit etwas Wasser und Mehl zu einem dicklichen Brei verrühren und diesen Vorteig 15 Minuten gehen lassen. Restliches Wasser, Margarine, Ei und Salz zufügen und den Teig kräftig kneten. Zugedeckt an einem warmen Ort bis zur doppelten Größe aufgehen lassen (etwa 30 Minuten).

2. Inzwischen Zwiebel schälen, Paprikaschote, Porree, Peperoni putzen, Möhre schälen und blanchieren. Zwiebel, Paprika und Gewürzgurken würfeln, Peperoni sehr fein schneiden. Porree in sehr feine Ringe schneiden, Möhre kleinwürfeln. Das Gemüse mit Eiern und Hackfleisch mischen, mit den Gewürzen pikant abschmecken.

3. 2/3 des Teiges etwa 2 cm dick ausrollen und in eine große, gut gefettete Herzform legen. Backpapier auf den Teig legen, Linsen oder Reiskörner darüberstreuen und den Teig bei 200°C (Gasherd: Stufe 3) 10 Minuten blind backen.

4. Danach die Linsen (Reiskörner) und das Backpapier wegnehmen und die Hackfleischmasse auf den Teig geben. Im vorgeheizten Ofen bei 200–225°C (Gasherd: Stufe 3–4) etwa 40 Minuten backen.

5. Das restliche Teigdrittel etwa 1 cm dick ausrollen. Einen Deckel in Herzform ausschneiden. Aus den Teigresten kleine Garnituren ausstechen und mit Eiweiß auf den Herzdeckel kleben. Im vorgeheizten Backofen auf einem mit Backpapier ausgelegten Blech bei 200°C (Gasherd: Stufe 3) etwa 15–20 Minuten backen. Das Brot kann warm oder kalt serviert werden.

PARTYSONNE

Für 8 Portionen

250 g Weizenmehl Type 1700
250 g Weizenmehl Type 550
30 g Hefe
2 TL Zucker
300 ml Wasser
50 g Margarine
1 TL Salz
2 TL Essig
Margarine für das Blech
Mohn, Sesamsaat oder Sonnenblumenkerne zum Bestreuen

1. Mehl in eine Schüssel geben, in die Mitte eine Vertiefung drücken und die Hefe hineinbröckeln. Zucker und etwas lauwarmes Wasser unterrühren. Den Vorteig etwa 15 Minuten gehen lassen. Margarine, Salz, Essig und das restliche Wasser zugeben. Alles zu einem glatten Teig verkneten und nochmals etwa 30 Minuten aufgehen lassen.

2. Aus dem Teig eine gleichmäßige Rolle formen, in 8 gleich große Stücke schneiden, zu Kugeln formen und dicht nebeneinander auf einen gefetteten Springformboden setzen. Nochmals gehen lassen. Mit Wasser bepinseln, mit Mohn, Sesamsaat oder Sonnenblumenkernen bestreuen.

3. Im vorgeheizten Ofen bei 200–225°C (Gasherd: Stufe 3–4) 25–30 Minuten backen.

KNUSPRIGE KRÄUTERZÖPFE

Für etwa 18 Portionen

80 g Margarine
1/4 l lauwarmes Wasser
40 g Hefe
300 g Roggenmehl Type 1370
300 g Weizenmehl Type 1050
1 EL Salz
1 Prise Zucker
1 EL frische, gehackte Kräuter (Estragon, Majoran, Salbei, Basilikum, Liebstöckel)
4 EL gehackte Petersilie
Margarine für die Form

1. Margarine in Wasser schmelzen, die Hefe hineinbröckeln und gut miteinander vermischen. Das Roggenmehl mit der Hälfte des Weizenmehls mischen und mit dem Fett-Wasser-Hefe-Gemisch verrühren. Den Teig so lange schlagen, bis sich Blasen bilden. Anschließend zugedeckt etwa 30 Minuten gehen lassen. Das restliche Mehl, Salz, Zucker und die Kräuter unterkneten.

2. Den Teig in sechs Teile teilen und zu Rollen formen. Jeweils drei Rollen in eine gefettete Zopfform drücken und darin nochmals gehen lassen.

3. Dann die Zöpfe im vorgeheizten Backofen bei 225°C (Gasherd: Stufe 4) 20–30 Minuten backen. Kurz vor Ende der Backzeit mit Wasser bestreichen.

ZWIEBELBROT

Für etwa 16 Scheiben

125 g Roggenmehl Type 1370
250 g Weizenmehl Type 1050
30 g Hefe
½ TL Zucker
250 ml lauwarmes Wasser
½ Beutel Natursauerteig (75 g)
1–2 TL Salz
1 Beutel Röstzwiebeln (40 g)
etwas schwarzer Pfeffer, gemahlener Koriander und Kardamom
Margarine für das Blech

1. Mehl in eine große Schüssel geben, in die Mitte eine Mulde drücken. Hefe mit Zucker und 2–3 EL warmem Wasser verrühren und in die Mulde geben. Die Schüssel mit einem Tuch abdecken und an einem warmen Ort 15 Minuten gehen lassen. Das restliche warme Wasser, Sauerteig, Salz und Gewürze zugeben. Alles gut mischen.
2. Den Teig kräftig kneten, bis er geschmeidig ist und nicht mehr klebt. Die Teigkugel gehen lassen, bis sich der Umfang verdoppelt hat.
3. Die Röstzwiebeln unter den Teig kneten, einen länglichen Laib formen, auf Backpapier legen und nochmals gehen lassen. Mit warmem Wasser bepinseln und mit einem scharfen Messer mehrmals einschneiden.

4. Das Brot auf ein gefettetes Backblech legen und bei 225 °C (Gasherd: Stufe 4) etwa 50 Minuten backen.

SCHWARZBROT FRIESLAND

Für etwa 18 Scheiben

750 g Roggenschrotmehl Type 1800
250 g Weizenmehl Type 1050
50 g Sauerteig
¾ l lauwarmes Wasser
1 TL Salz
Margarine für das Blech

1. Die Hälfte des Roggenschrotmehls und Weizenmehl in eine Schüssel geben und erwärmen. In die Mitte eine Vertiefung drücken. Sauerteig mit ½ l lauwarmem Wasser in einem Gefäß verrühren, in die Vertiefung zum Mehl gießen. Langsam mit dem Mehl verrühren, so daß ein dicklicher Brei entsteht. Die Schüssel gut abdecken und an einem warmen Ort über Nacht stehen lassen.
2. Dann restliches Wasser und Salz hineingeben. Langsam die andere Hälfte des Mehls unterrühren. Den Teig nur so lange kneten, bis er nicht mehr läuft. Eine Teigkugel formen, in eine angewärmte, bemehlte Schüssel geben und abgedeckt noch etwa 3 Stunden gehen lassen.
3. Einen runden, nicht zu hohen Laib formen, auf ein gefettetes Backblech legen und nochmals 1½–2 Stunden gehen lassen.
4. Im vorgeheizten Ofen bei 250 °C (Gasherd: Stufe 5) 10 Minuten, dann bei 200 °C (Gasherd: Stufe 3) 60–70 Minuten backen.

FLADENBROT

Für etwa 24 Portionen

1000 g Weizenmehl Type 550
80 g Hefe
1 EL Zucker
1–2 TL Salz
200 ml Pflanzenöl
½ l lauwarmes Wasser
80 g Sesamsaat zum Bestreuen
Margarine für das Blech

1. Mehl in eine Schüssel sieben, Hefe darüberbröseln, Zucker, Salz und Öl zugeben. Lauwarmes Wasser von der Mitte her zum Teig rühren und alles kräftig durchkneten. Den Teig zugedeckt an einem warmen Ort 25–30 Minuten aufgehen lassen.

2. Den Teig nochmals kräftig durchkneten. In vier gleich große Teile teilen und jeweils zu einem runden Brot ausrollen. Mit Wasser bepinseln und mit Sesamsaat bestreuen, nochmals 5–10 Minuten gehen lassen.

3. Die Brote auf ein gefettetes Blech legen und im vorgeheizten Ofen bei 225°C (Gasherd: Stufe 4) 20–25 Minuten backen.

SCHWEDISCHES KNÄCKEBROT

Für 40–50 Scheiben

½ Würfel Hefe
200 ml Wasser
1 TL Salz
1 TL gemahlener Kümmel
1 TL gemahlener Fenchel
250 g Roggenvollkornschrot
150 g Weizenmehl Type 550
Margarine und evtl. grobes Schrot für das Blech

1. Hefe mit 2 EL lauwarmem Wasser verrühren. Restliches Wasser, Salz und Gewürze unterrühren. Mit Mehl zu einem glatten Teig verkneten; abgedeckt etwa 45 Minuten gehen lassen.

2. Nochmals durchkneten. Teig in fünf Teile teilen und jeweils sehr dünn ausrollen. 10 x 5 cm große Rechtecke ausschneiden, auf ein gefettetes und mit grobem Schrot bestreutes Backblech legen und mit einer Gabel mehrmals einstechen.

3. Im vorgeheizten Ofen bei 250°C (Gasherd: Stufe 5) 5–7 Minuten backen.

SESAMBROT

Für etwa 15 Scheiben

- 50 g Hefe
- ½ l lauwarme Milch
- 50 g Zucker
- 300 g Weizenmehl Type 550
- 250 g Roggenmehl Type 1150
- 200 g Weizenschrot Type 1700
- 1 Prise Salz
- 100 g zerlassene, abgekühlte Margarine
- 100 g Sesamsaat
- Margarine für das Blech
- 1 Ei, getrennt
- Sesamsaat zum Bestreuen

1. Hefe in lauwarme Milch (3 EL zurücklassen) bröckeln, mit etwas Zucker und etwas Mehl verrühren und an einem warmen Ort etwa 15 Minuten gehen lassen. Zucker, Mehl, Salz, Margarine (etwas zum Bestreichen zurücklassen) und Sesamsaat in eine Schüssel geben, Hefemilch zufügen und alles zu einem glatten und geschmeidigen Teig verkneten. Abgedeckt bis zur doppelten Größe aufgehen lassen.

2. Den Teig nochmals gut durchkneten und in drei Portionen teilen, wobei eine Teigkugel immer etwas kleiner als die andere sein soll. Aus jeder Portion drei Rollen formen und zu einem Zopf verflechten. Den größten Zopf auf ein gefettetes Backblech legen, den nächstgrößen mit Eiweiß darüberkleben und den kleinen zuoberst.

3. Aufgehen lassen, mit restlicher Margarine bepinseln und im vorgeheizten Ofen bei 200°C (Gasherd: Stufe 3) etwa 40 Minuten backen.

4. Eigelb mit Milch verrühren. Nach 20 Minuten Backzeit das Brot damit bepinseln und mit Sesamsaat bestreuen.

SONNENBLUMEN-BROT

Für etwa 25 Scheiben

50 g Weizenkörner
800 g Roggenschrotmehl Type 1800
200 g Weizenschrotmehl Type 1700
1 EL Salz
60 g Hefe
600 ml Wasser
50 g Margarine
50 g Sonnenblumenkerne
Margarine für das Blech
Milch zum Bepinseln
Sonnenblumenkerne zum Bestreuen

1. Weizenkörner mit heißem Wasser überbrühen und über Nacht quellen lassen. Auf ein Sieb geben und gut abtropfen lassen. Mehl, Salz, zerbröckelte Hefe, lauwarmes Wasser, zerlassene und wieder abgekühlte Margarine zu einem glatten Teig verkneten. Zugedeckt zur doppelten Größe aufgehen lassen, dann die Sonnenblumenkerne und Weizenkörner untermengen.
2. Einen Brotlaib formen – etwas Teig für die Garnierung zurücklassen. Den Laib auf ein gefettetes Backblech legen, mit Milch bepinseln. Aus dem Teigrest drei Rollen formen, einen Zopf flechten und auf das Brot legen. Zugedeckt aufgehen lassen.
3. Das Brot nochmals mit Milch bepinseln und bei 175–200° C (Gasherd: Stufe 2–3) etwa 50 Minuten backen. 10 Minuten vor Ende der Backzeit mit Sonnenblumenkernen bestreuen.

Der Tip:
Stellen Sie ein kleines, feuerfestes Gefäß mit Wasser mit in den Backofen, dann trocknet die Brotoberfläche nicht so stark aus.

SCHWEDISCHES LOCHBROT

Für etwa 20 Portionen

60 g Hefe
½ l lauwarme Milch
1 EL Zucker
750 g Roggenmehl Type 1150
150 g Weizenmehl Type 1050
25 g eben zerlassene Margarine
2 TL Salz
75 g heller Sirup
Pomeranzenschale, geriebener Fenchel, zerstoßener Anis

1. Hefe in lauwarme Milch bröckeln, mit Zucker und etwas Mehl verrühren. Abgedeckt 5–10 Minuten gehen lassen. Mehle in eine Schüssel geben, zerlassene Margarine, Salz, Sirup und Hefemilch zugeben. Nach Belieben Pomeranzenschale, Fenchel und/oder Anis unterkneten. Kräftig kneten und schlagen. Abgedeckt bis zur doppelten Größe aufgehen lassen.

2. Den Teig nochmals durchkneten. Eventuell noch etwas Milch zugeben, der Teig sollte nicht zu fest sein. Fünf Platten von je 20 cm Ø ausrollen, dabei jeweils in der Mitte ein Loch ausstechen.

3. Den Teig mit einer Gabel mehrmals einstechen, auf ein gefettetes Backblech legen, mit Wasser bepinseln, nochmals kurz gehen lassen und im vorgeheizten Ofen bei 200–225° C (Gasherd: Stufe 3–4) 10–15 Minuten backen.

Der Tip:
Dieser Teig eignet sich auch gut für Brötchen; Backzeit: 20–25 Minuten.

BROT UND BRÖTCHEN

GEFÜLLTES MISCHBROT

Für etwa 10 Portionen

Teig:
250 g Weizenmehl Type 1050
250 g Roggenmehl Type 1370
20 g Hefe (½ Würfel)
1 Prise Zucker
¼ l lauwarmes Wasser
35 g flüssige Margarine
1 Eigelb, Salz

Füllung:
200 g Champignons
1 kleine Stange Porree
50 g Margarine
375 g Kalbsbrät
Salz, Pfeffer
etwas Eigelb

1. Mehle mischen, in eine Schüssel sieben, in die Mitte eine Mulde drücken und die Hefe hineinbröckeln. Mit Zucker, Wasser und Mehl zu einem dicklichen Brei verrühren und diesen Vorteig 15 Minuten gehen lassen. Restliches Wasser, Margarine, Eigelb und Salz zufügen und den Teig kräftig kneten. Zugedeckt bis zur doppelten Größe aufgehen lassen (etwa 30 Minuten).
2. Champignons putzen und sehr klein schneiden. Porree ebenfalls putzen und in Ringe schneiden. Beides in Margarine andünsten und etwas abkühlen lassen. Kalbsbrät untermengen und mit Salz und Pfeffer abschmecken.
3. Den Teig auf einer bemehlten Fläche etwa 2 cm dick zu einem Rechteck ausrollen. Die Füllung auf den Teig geben und den Teig so aufrollen, daß eine Brotform entsteht. Mit einem Holzstäbchen mehrere Löcher hineinstechen. Aus Teigresten kleine Plätzchen ausstechen und mit etwas Eigelb auf das Brot kleben.
4. Im vorgeheizten Ofen bei 200–225°C (Gasherd: Stufe 3–4) 40–50 Minuten backen.

TÜRKISCHE SESAMKRINGEL

Für etwa 20 Stück

30 g frische Hefe
1 TL Zucker
¼ l lauwarme Milch
200 g Weizenmehl Type 550
200 g Weizenmehl Type 1050
150 g zarte Haferflocken
25 g geschälte Sesamsaat
1–2 TL Salz
Milch zum Bestreichen
Sesamsaat zum Bestreuen
Margarine für das Blech

1. Hefe zerbröckeln und mit dem Zucker in lauwarme Milch geben. 200 g Mehl hineinrühren und den Vorteig etwa 15 Minuten gehen lassen. Restliches Mehl darübersieben, Haferflocken, Sesamsaat und Salz zugeben und den Teig kräftig kneten. Zugedeckt etwa 30 Minuten gehen lassen.
2. Den Teig auf einer bemehlten Arbeitsfläche zu einem Rechteck ausrollen und etwa 2 cm breite Streifen ausradeln. Die Streifen aufdrehen und zu einem Kreis schließen. Mit Milch bestreichen und mit Sesamsaat bestreuen.
3. Die Kringel auf ein gefettetes Backblech geben, mit einem Küchentuch abdecken und nochmals 20 Minuten gehen lassen. Im vorgeheizten Ofen bei 225°C (Gasherd: Stufe 4) 20–25 Minuten backen.

SPECKBRÖTCHEN

Für 10 Stück

225 g geräucherter Bauchspeck
150 g Weizenmehl Type 550
225 g Weizenmehl Type 1050
30 g Hefe
1 Prise Zucker
150 ml lauwarmes Wasser
100 ml lauwarme Buttermilch
2–3 TL Salz

1. Speck in Würfel schneiden, in der Pfanne auslassen und dann auf einem Sieb abtropfen und auskühlen lassen.
2. Mehle in eine Schüssel sieben, in die Mitte eine Mulde drücken und die Hefe hineinbröckeln. Mit Zucker, etwas Wasser und etwas Mehl verrühren und den Vorteig etwa 15 Minuten gehen lassen. Restliches Wasser, Buttermilch und Salz nach und nach zugeben und den Teig kräftig kneten.
3. Die abgekühlten Speckwürfel unter den Teig kneten. Zugedeckt bis zur doppelten Größe aufgehen lassen (etwa 30 Minuten).
4. Den Teig noch einmal durchkneten und zu kleinen Brötchen formen. Auf ein mit Backpapier belegtes Backblech setzen, nochmals kurz aufgehen lassen, mit Wasser bestreichen und im vorgeheizten Ofen bei 200°C (Gasherd: Stufe 3) 25–30 Minuten backen.

GEWÜRZBROT

Für etwa 18 Scheiben

300 g Roggenmehl Type 1150
300 g Weizenschrotmehl Type 1700
1 EL Salz
350 ml Wasser
25 g Hefe
50 g Margarine
1 EL Sesamkörner
2 EL Röstzwiebeln
3 EL TK pikante Kräuter
1 Msp. schwarzer Pfeffer
Margarine für die Form
Milch zum Bepinseln

1. Mehle, Salz, lauwarmes Wasser, zerbröckelte Hefe und zerlassene, abgekühlte Margarine vermengen und zu einem glatten Teig verkneten. Zugedeckt bis zur doppelten Größe aufgehen lassen. Die restlichen Zutaten untermengen.
2. Gut ¾ des Teiges in eine gefettete Kastenform (25 cm) geben. Mit Milch bepinseln. Aus dem Teigrest 2 Rollen formen, umeinanderdrehen und auf den Teig legen.

3. Den Teig aufgehen lassen, mit Milch bepinseln und im Backofen bei 200°C (Gasherd: Stufe 3) etwa 40 Minuten backen.

Der Tip:
Stellen Sie ein kleines, feuerfestes Gefäß mit Wasser mit in den Backofen.

BROT UND BRÖTCHEN

KRÄUTERBROT

Für etwa 16 Scheiben

250 g Weizenmehl Type 1050
250 g Roggenmehl Type 1370
20 g Hefe
1 Prise Zucker
1/4 l lauwarmes Wasser
35 g eben zerlassene Margarine
1 Eigelb
Salz
1 Bund Petersilie
1 Bund Dill
1 Zweig Basilikum
1 Zweig Majoran
1/2 TL Kümmel
Pfeffer
Salz
Margarine für das Blech

1. Mehle mischen, in eine Schüssel sieben, in die Mitte eine Mulde drücken und die Hefe hineinbröckeln. Mit Zucker, etwas Wasser und Mehl zu einem dicklichen Brei verrühren und den Vorteig etwa 15 Minuten gehen lassen. Restliches Wasser, Margarine, Eigelb und Salz zufügen und den Teig kräftig kneten. Zugedeckt bis zur doppelten Größe aufgehen lassen (etwa 30 Minuten).
2. Petersilie, Dill, Basilikum und Majoran kleinhacken, mit Kümmel, Pfeffer und Salz mischen. Zum Teig geben und gut durchkneten.
3. Einen Brotlaib formen, auf ein gefettetes Backblech legen und im vorgeheizten Ofen bei 200–225°C (Gasherd: Stufe 3–4) 30–40 Minuten backen.

FRÜCHTEBROT MIT NÜSSEN

Für etwa 20 Scheiben

375 g getrocknete Birnen
50 g getrocknete Bananen
50 g getrocknete, entsteinte Pflaumen
40 g Zitronat
50 g getrocknete Aprikosen
150 g Weizenmehl Type 1700
250 g Weizenmehl Type 1050
100 g zarte Haferflocken
1/4 l lauwarmes Wasser

25 g Hefe	
1 Prise Zucker	
1 TL Salz	
200 g lauwarme Schlagsahne	
20 g eben zerlassene Margarine	
50 g Rosinen	
50 g Zucker	
abgeriebene Schale von ½ Zitrone	
1 Msp. gemahlene Nelken	
e 1 Msp. Ingwerpulver, Zimt, Kardamom	
1 EL Kirschwasser	
75 g gehackte Haselnußkerne	
Margarine für das Blech	
1 Eigelb	

1. Birnen, Bananen, Pflaumen, Zitronat und Aprikosen in feine Würfel schneiden. Mehle und Haferflocken in eine Schüssel geben, in die Mitte eine Vertiefung drücken, lauwarmes Wasser hineingießen, Hefe hineinbröckeln, mit einer Prise Zucker und etwas Mehl verrühren. Den Vorteig etwa 10 Minuten gehen lassen. Salz, lauwarme Schlagsahne und zerlassene Margarine zufügen. Den Teig kräftig kneten und schlagen.

2. Rosinen, Zucker, Zitronenschale, Nelken- und Ingwerpulver, Zimt, Kardamom, Kirschwasser, Fruchtwürfel und gehackte Nüsse mischen.

3. Den Teig ausrollen und die Fruchtmasse damit umhüllen. Das Brot auf ein gefettetes Backblech legen, mit einem Holzstäbchen mehrmals einstechen und an einem warmen Ort etwa 20 Minuten ruhen lassen.

4. Im vorgeheizten Ofen bei 175°C (Gasherd: Stufe 2) etwa 60 Minuten backen. Eigelb mit Wasser verschlagen, Brot damit nach etwa 45 Minuten bestreichen.

BROT UND BRÖTCHEN

FRÜHSTÜCKS-HÖRNCHEN

Für 15 Stück

25 g Hefe
knapp ¼ l lauwarme Schlagsahne
50 g Zucker
400 g Mehl
1 Prise Salz
200 g zerlassene Margarine
2 Eigelb
Margarine für das Blech

1. Hefe in die Sahne bröckeln und mit je einer Prise Zucker und Mehl verrühren. Zugedeckt an einem warmen Ort 5–10 Minuten gehen lassen. Zucker, Mehl, Salz, zerlassene, abgekühlte Margarine und Eigelbe in eine Rührschüssel geben, die Hefesahne dazugeben, alles vermengen und den Teig kräftig kneten und schlagen.
2. Mit Folie zudecken und an einem warmen Ort bis zur doppelten Größe aufgehen lassen (etwa 20 Minuten), dann nochmals durchkneten und den Teig in drei Teile teilen. Jedes Teil zu einer runden, gut ½ cm dicken Teigplatte ausrollen.
3. Mit dem Teigrädchen oder Messer 15 Dreiecke ausradeln. Von der breiten Kante zur Spitze hin locker zu Hörnchen aufrollen und auf ein gefettetes Blech legen. Kurz aufgehen lassen und im vorgeheizten Ofen bei 200°C (Gasherd: Stufe 3) etwa 10 Minuten backen.

FRÜHSTÜCK UND BRUNCH

PIROGGE

Für etwa 10 Portionen
Teig:
40 g Hefe
¼ l lauwarme Milch
1 Prise Zucker
500 g Mehl
½ TL Salz
100 g Margarine
1 Ei
Margarine für das Blech

Füllung:
200 g durchwachsener Speck
200 g Porree
1 große Knoblauchzehe
etwas Salz
100 g Champignons
3 hartgekochte Eier
200 g Gewürzgurken
2 Bund Dill
2 kleine Zwiebeln
750 g Schweinemett
Salz und Pfeffer

zum Bestreichen:
1 Eigelb
2 EL Milch

1. Hefe in lauwarme Milch bröckeln und mit je einer Prise Zucker und Mehl verrühren. Zugedeckt an einem warmen Ort 5–10 Minuten gehen lassen. Mehl, Salz, die zerlassene, abgekühlte Margarine und das verschlagene Ei in eine Rührschüssel geben, die Hefemilch dazugeben, alles vermengen und den Teig kräftig kneten und schlagen. Mit Folie zudecken und an einem warmen Ort zur doppelten Größe aufgehen lassen, dann nochmals durchkneten und den Teig anschließend gehen lassen.
2. Speck in Würfel schneiden und in einer Pfanne auslassen. Porree waschen, halbieren, in feine Streifen schneiden und im Fett andünsten. Knoblauch mit Salz zerreiben. Champignons putzen und feinschneiden und zusammen mit dem Knoblauch zum Porree geben. Die Eier mit einem Eierschneider einmal längs und einmal quer schneiden, die Gewürzgurken würfeln, den Dill fein schneiden, die Zwiebeln würfeln. Diese zerkleinerten Zutaten mit dem Schweinemett vermischen, mit Salz und Pfeffer würzen und zu der abgekühlten Porreemasse geben. Teig nochmals durchkneten und zu einem 30 x 40 cm großen Rechteck ausrollen. Die Fleisch- und Gemüsemasse darauf verstreichen; dabei jeweils am Rand 3 cm frei lassen. Den Teig vorsichtig aufrollen. Das Eigelb mit der Milch verrühren und die Ränder damit bestreichen und festdrücken.

3. Die Pirogge in halbrunder Form mit der Nahtstelle nach unten auf ein gefettetes Blech legen. Mit einem Messerrücken auf der Oberseite Streifen markieren. Nochmals gehen lassen. Danach die Pirogge mit der restlichen Eigelbmasse bestreichen. Im vorgeheizten Ofen bei 200°C (Gasherd: Stufe 3) etwa 45–50 Minuten backen. Eventuell mit etwas Folie abdecken, damit die Pirogge nicht zu dunkel wird.

FRÜHSTÜCK UND BRUNCH

SCONES

(Englisches Frühstücksgebäck)
Für 6 Stück

| 250 g Mehl |
| 1 Prise Salz |
| 2 TL Backpulver |
| 75 g Margarine |
| 1 Ei |
| 6 EL Milch |
| Margarine für das Blech |

1. Mehl, Salz, Backpulver, Margarine, Ei und Milch zu einem glatten Teig verkneten; zu einer runden Platte von etwa 24 cm Ø ausrollen und mit einem Teigrädchen in sechs Tortenstücke schneiden.
2. Die Stücke auf ein gefettetes Backblech legen und im vorgeheizten Ofen bei 200°C (Gasherd: Stufe 3) etwa 15 Minuten backen. Möglichst warm servieren.

Der Tip:
Reichen Sie dazu Margarine, Konfitüre und Schlagsahne.

SESAMBREZELN

Für 6 Stück

| 15 g Hefe |
| 4 EL Milch |
| 250 g Mehl |
| 40 g Margarine |
| 1 Ei |
| ½ TL Salz |
| 1 TL Zucker |
| 1 Eigelb |
| geschälte Sesamsaat |

1. Hefe und lauwarme Milch verrühren. Mehl, Margarine, Ei, Salz und Zucker in eine Schüssel geben, die Hefemilch zufügen und zu glattem Teig verkneten.
2. Mit Folie abdecken und an einem warmen Ort aufgehen lassen, nochmals durchkneten, eine Rolle formen und in sechs Teile schneiden, Rollen daraus formen und Brezeln legen.
3. Die Brezeln auf Backpapier setzen, nochmals gehen lassen, mit Eigelb bepinseln, mit Sesamkörnern bestreuen und im vorgeheizten Ofen bei 225°C (Gasherd: Stufe 4) etwa 15 Minuten backen.

LINAS SONNTAGSBROT

Für etwa 15 Scheiben

40 g Hefe
2 EL Zucker
½ l Milch
1 kg Mehl
250 g eben zerlassene Margarine
abgeriebene Schale von 1 Zitrone
1 Ei
Margarine für die Form

1. Hefe mit Zucker in lauwarme Milch rühren und abgedeckt etwa 10 Minuten gehen lassen. Mehl in eine Schüssel sieben, zerlassene Margarine, Zitronenschale und das Ei verrühren, Hefemilch zufügen und alles zu einem glatten Teig verkneten.
2. Den Teig bis zur doppelten Größe aufgehen lassen, in eine gefettete Brotbackform (35 cm) geben und im vorgeheizten Ofen auf der unteren Schiene bei 175°C (Gasherd: Stufe 2) etwa 45 Minuten backen.

ROSINEN-BRÖTCHEN

Für 10 Stück

250 g Mehl
20 g Hefe
30 g Zucker
1 Prise Salz
gut ⅛ l lauwarme Milch
60 g Margarine
250 g Rosinen

1. Mehl, Hefe, Zucker, Salz, Milch und Margarine zu einem glatten, geschmeidigen Teig verkneten, zuletzt die Rosinen unterkneten, aufgehen lassen.
2. Aus dem Teig zehn Kugeln formen und auf ein mit Backpapier belegtes Blech legen, nochmals aufgehen lassen und im vorgeheizten Ofen bei 200°C (Gasherd: Stufe 3) 15–20 Minuten backen.

KRÄUTERBROT

Für etwa 8 Portionen
Füllung:
je 2 Bund Schnittlauch, Petersilie und Dill
1 kleine Zwiebel
2 Knoblauchzehen

Teig:
100 g Quark 20% Fett
1 TL Salz
2 kleine Eier
2 EL zerlassene Margarine
200 g Mehl
½ P. Backpulver
Margarine zum Bestreichen und für die Form

1. Kräuter waschen und kleinhacken. Zwiebel und Knoblauchzehen in kleine Würfel schneiden und mit den Kräutern vermischen.
2. Die Teigzutaten zu einer geschmeidigen Masse verarbeiten, etwa 16 x 40 cm groß ausrollen. Ganz dünn mit Margarine bestreichen und dann die Kräuter darauf verteilen.
3. Das Brot von der schmalen Seite her aufrollen und in eine gut gefettete Kastenform (10 x 16 cm) legen. Die Oberseite leicht einritzen, die aus den Teigresten ausgestochenen Plätzchen hübsch anordnen und im vorgeheizten Ofen auf mittlerer Schiene bei 175° C (Gasherd: Stufe 2) etwa 40 Minuten backen.

SPECKBROT

Für 2 Brote zu je etwa 15 Scheiben

40 g Hefe
¼ l lauwarme Milch
1 Prise Zucker
300 g Frühstücksspeck
1 gr. Bund Petersilie
500 g Mehl
1 TL Salz
50 g eben zerlassene Margarine
Margarine für das Blech
Eigelb zum Bepinseln

1. Hefe in lauwarme Milch bröckeln, mit einer Prise Zucker und etwas Mehl verrühren. Zugedeckt etwa 10 Minuten gehen lassen.
2. Inzwischen Speck in kleine Würfel schneiden und in der Pfanne glasig braten. Gehackte Petersilie unterrühren und das Ganze etwas abkühlen lassen.
3. Mehl, Salz und zerlassene Margarine in eine Schüssel geben, Hefemilch zugeben und alles zu einem glatten Teig verkneten. Zugedeckt bis zur doppelten Größe aufgehen lassen. Speckwürfel unterkneten und zwei längliche Laibe formen.

4. Die Brote auf ein gefettetes Backblech legen und nochmals etwa 20 Minuten gehen lassen. 2- bis 3mal schräg einschneiden, mit Eigelb bepinseln und im vorgeheizten Ofen bei 200° C (Gasherd: Stufe 3) 30–35 Minuten backen.

BRIOCHE

Für etwa 8 Portionen

500 g Mehl
30 g Hefe
knapp ⅛ l Milch
150 g Margarine
60 g Zucker
1 geh. TL Salz
1 Ei
5 Eigelb
abgeriebene Schale von ½ Zitrone
Margarine für das Blech

1. Aus Mehl, Hefe, lauwarmer Milch, Margarine, Zucker, Salz, Ei, 4 Eigelben und Zitronenschale einen Hefeteig bereiten und kräftig durchschlagen. Gut aufgehen lassen.
2. Den Teig zu einer Kugel formen, auf ein gefettetes Backblech setzen, in die Mitte ein Loch hineindrücken, so daß ein dicker Kranz entsteht; eine kleine Backform in die Mitte stellen, damit der Teig nicht wieder zusammenlaufen kann und die Form behält.

3. Die Brioche mit einem Eigelb bestreichen, nochmals kurz aufgehen lassen und im vorgeheizten Ofen bei 225° C (Gasherd: Stufe 4) etwa 30 Minuten backen.

Der Tip:
Man kann die Brioche mit Margarine und/oder Marmelade bestreichen.

SCHWEIZER FRÜHSTÜCKSBROT

Für 8 Portionen

25 g Hefe
knapp ⅜ l Milch
1 Prise Zucker
500 g Mehl
½ TL Salz
60 g Margarine und Margarine für die Form
Margarine zum Bestreichen
1 Eigelb
25 g geriebener Emmentaler

1. Aus Hefe, lauwarmer Milch (3 EL zurücklassen), Zucker, Mehl, Salz und geschmolzener Margarine einen Hefeteig bereiten und aufgehen lassen.
2. Eine breite Kastenform (24 x 14 cm) fetten und etwa 1 cm dick mit Teig auslegen. Aus dem Teigrest eine Rolle formen, in acht Stücke schneiden und Ballen daraus drehen. Je zwei nebeneinander in die Form setzen. Zugedeckt aufgehen lassen.

3. Mit etwas zerlassener Margarine bestreichen und im vorgeheizten Ofen bei 200° C (Gasherd: Stufe 3) etwa 40 Minuten backen.
4. Eigelb mit 3 EL Milch verrühren, das Brot nach 15 Minuten Backzeit damit bestreichen. Nach weiteren 15 Minuten den Käse darüberstreuen.

FRÜHSTÜCK UND BRUNCH

ENGLISCHER HEFEZOPF

Für etwa 16 Portionen
Teig:
25 g Hefe
⅛ l lauwarme Milch
1 EL Zucker
375 g Mehl
75 g Zucker
1 Prise Salz
80 g Margarine
1 Ei
Margarine für die Form

SONNTAGSBROT

Für etwa 15 Scheiben

500 g Mehl
40 g Hefe
¼ l lauwarme Milch
50 g Zucker
100 g Margarine
1 Ei
1 Eiweiß
1 TL Salz
Saft von ½ Zitrone
2 EL Rosinen
100 g gehackte Mandeln
Margarine für die Form
1 Eigelb zum Bestreichen

1. Mehl in eine Schüssel sieben. In eine Vertiefung in der Mitte die Hefe hineinbröckeln, etwas lauwarme Milch und den Zucker zufügen und alles mit etwas Mehl zu einem dickflüssigen Brei vermengen. Aufgehen lassen, bis der Vorteig sich verdoppelt hat. Margarineflöckchen auf den Mehlrand setzen, die restliche Milch, Ei und Eiweiß zufügen und den Teig kräftig durchkneten. Dann Salz, Zitronensaft, Rosinen und Mandeln zugeben, nochmals durchkneten und zugedeckt an einem warmen Ort bis zur doppelten Größe aufgehen lassen.
2. Den Teig zu einer dicken Rolle formen (etwas für die Verzierung zurückbehalten), in eine gefettete Kastenform (25 cm) legen und nochmals aufgehen lassen. Aus dem restlichen Teig für die Verzierung Figuren ausstechen oder ausschneiden. Mit dem verschlagenen Eigelb auf dem Brot festkleben und zuletzt das ganze Brot mit Eigelb bestreichen.
3. Das Brot im vorgeheizten Backofen bei 200° C (Gasherd: Stufe 3) 40–50 Minuten backen. Nach etwa 30 Minuten mit Folie bedecken, damit es nicht zu dunkel wird.

Füllung:

250 g gemahlene Mandeln
50 g Zucker
1 Ei
100 g Schlagsahne
1 Apfel
125 g Sauerkirschkonfitüre

Guß:

1 Eigelb
50 g Puderzucker
2 EL Wasser

1. Hefe in lauwarme Milch bröckeln, 1 EL Zucker zufügen und aufgehen lassen. Mehl, Zucker, Salz, zerlassene und abgekühlte Margarine und Ei in eine Schüssel geben, die Hefemilch dazugeben und alles vermengen. Den Teig kräftig kneten und schlagen, mit Folie abdecken und bis zur doppelten Größe aufgehen lassen.

2. Inzwischen Mandeln, Zucker, Ei und Schlagsahne verrühren. Apfel schälen, entkernen, raspeln und mit der Sauerkirschkonfitüre ebenfalls unterrühren.

3. Den Teig in Kastenformlänge (35 cm) etwa 1 cm dick ausrollen. Mit einem Messer drei gleich große Felder markieren. Auf das mittlere Feld die vorbereitete Füllung geben. Die äußeren Felder in 2 cm breite Streifen schneiden und abwechselnd über die Füllung flechten.

4. Den Zopf vorsichtig in die gefettete Kastenform legen und nochmals aufgehen lassen. Mit Eigelb bepinseln und im vorgeheizten Ofen bei 175–200° C (Gasherd: Stufe 3) etwa 30 Minuten backen.

5. Puderzucker mit Wasser glattrühren und den heißen Zopf damit bestreichen.

SCHWEDISCHER HEFEKUCHEN

Für etwa 16 Portionen

25 g Hefe
knapp 3/8 l lauwarme Milch
1 Prise Zucker, 500 g Mehl
40 g Zucker, 1 Prise Salz
60 g eben zerlassene Margarine
Margarine für die Form
200 g Marzipanrohmasse
1 Eigelb
etwa 20 g Puderzucker
Margarine zum Bestreichen
1 Eigelb

1. Hefe in lauwarme Milch (3 EL abnehmen) bröckeln, 1 Prise Zucker zugeben und gehen lassen. Mehl, Zucker, Salz und zerlassene Margarine in eine Schüssel geben, Hefemilch zugeben und den Teig kräftig durchschlagen, gut aufgehen lassen.
2. Eine Springform (24 cm Ø) ausfetten und den Boden etwa 1 cm dick mit Teig belegen.
3. Marzipanmasse, Eigelb und Puderzucker verkneten, ausrollen und den Teigboden damit belegen. Aus der Hälfte der übrigen Teigmasse eine dickere Rolle formen und als Kranz auf den Teigboden legen.
4. Aus dem übrigen Teig acht Ballen drehen und in die Mitte des Kranzes geben. Diesen oben in kürzeren Abständen mit einer Schere einschneiden, so daß kleine Spitzen entstehen. Zugedeckt warm stellen und 15 Minuten gehen lassen.

5. Den Kuchen mit zerlassener Margarine bepinseln und im vorgeheizten Ofen bei 200°C (Gasherd: Stufe 3) etwa 40 Minuten backen. Nach etwa 20 Minuten das Eigelb mit der zurückbehaltenen Milch verrühren, den Kuchen damit bepinseln.

GEFÜLLTER HEFEKRANZ

Für etwa 15 Scheiben

Teig:

25 g Hefe
1/8 l Milch
375 g Mehl
80 g Zucker
40 g Margarine und
Margarine für die Form
1 Ei
1 Prise Salz

Füllung:

125 g gemahlene Mandeln
250 g Rosinen
50 g Korinthen
75 g Zucker
8 EL Weinbrand

Guß:

125 g Puderzucker
1 EL Zitronensaft, 1 EL Wasser

1. Hefe in lauwarme Milch bröckeln, mit einer Prise Zucker verrühren und abgedeckt gehen lassen. Mehl, Zucker, zerlassene und abgekühlte Margarine, Ei und

BULLAR

Für etwa 40 Stück

150 g Margarine
½ l Milch
40 g Hefe
150 g Zucker
1 kg Mehl
½ TL Salz
6 EL Zucker
2 TL Zimt
Margarine für das Blech
2 Eigelb
Hagelzucker, Kokosraspel oder Mandelsplitter

1. Margarine schmelzen, Milch zugeben und die Hefe hineinbröckeln. Mit Zucker verrühren und 5–10 Minuten gehen lassen. Nach und nach Mehl und Salz unterrühren. Kräftig kneten. Abgedeckt etwa 40 Minuten gehen lassen.
2. Inzwischen Zucker und Zimt vermischen und unterkneten.
3. Aus dem Teig zwei gleichmäßige Rollen formen und in 2 cm dicke Scheiben schneiden. Auf ein gefettetes Backblech legen, etwa 30 Minuten gehen lassen.

4. Mit Eigelb bepinseln und mit Hagelzucker und Kokosraspeln oder Mandelsplittern bestreuen. Im vorgeheizten Ofen bei 225°C (Gasherd: Stufe 4) etwa 10 Minuten backen.

Salz in einer Schüssel mischen, Hefemilch zugeben und den Teig kräftig kneten und schlagen. Abgedeckt an einem warmen Ort bis zur doppelten Größe aufgehen lassen.
2. Den Teig zu einem Rechteck (25 x 60 cm) ausrollen und in drei gleich große Rechtecke schneiden.
3. Mandeln, Rosinen, Korinthen, Zucker und Weinbrand vermengen und auf die drei Teigstücke verteilen. Jedes Teigstück von der Längsseite her aufrollen, aus den gefüllten Rollen einen Zopf flechten und in eine gefettete Ringform (22 cm Ø) legen.

4. Im vorgeheizten Ofen bei 200°C (Gasherd: Stufe 3) etwa 30 Minuten backen.
5. Puderzucker, Zitronensaft und Wasser glattrühren und den heißen Kranz damit bepinseln.

FRÜHSTÜCK UND BRUNCH

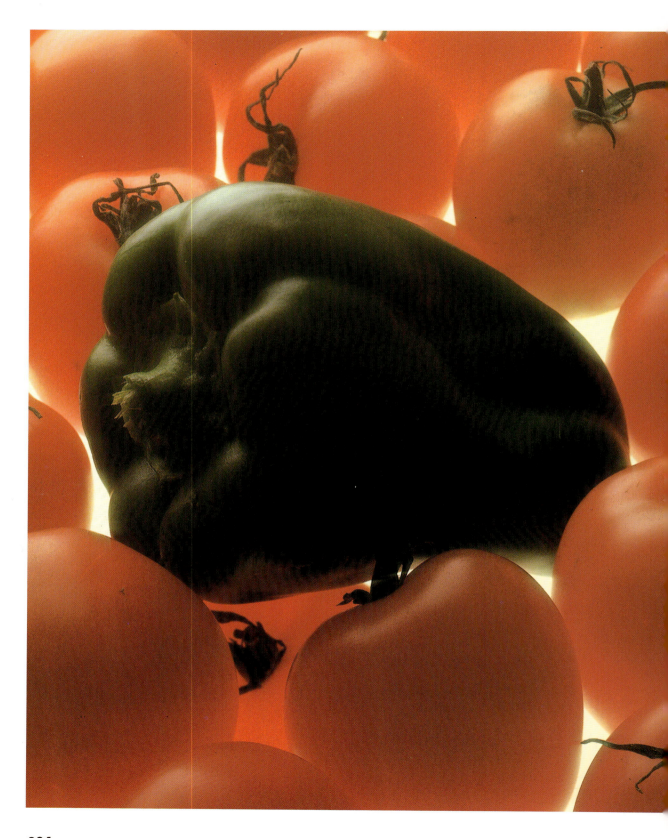

HERZHAFTES FÜR JEDE GELEGENHEIT

Italien und Frankreich haben unseren Speisezettel mit pikanten Kuchen bereichert, die so vielfältig variiert werden können, daß sie wirklich jedem schmecken: Pizzas und Quiches. Aber auch aus unseren Landen kommen zahlreiche Rezepte für würzige Gemüsekuchen, Pasteten und Herrentorten, die das Herz höher schlagen lassen. Feines Salz- und Käsegebäck zu Wein und Bier schließlich rundet den Reigen der Köstlichkeiten aus der eigenen Backstube ab.

LACHSQUICHE

Für etwa 4 Portionen

Teig:
200 g Weizenmehl
100 g Margarine
3 EL Wasser
½ TL Salz
Margarine für die Form

Belag:
3 Eier
150 g Frischkäse mit Kräutern der Provence
1 Becher Schmand (250 g)
Pfefferkörner
Salz
250 g Brokkoliröschen
150–200 g Lachsabschnitte

1. Alle Teigzutaten zu einem glatten Teig verkneten, etwa 1 Stunde kalt stellen.
2. Eier mit Frischkäse und Schmand verquirlen und mit den Gewürzen abschmecken.
3. Den Teig ausrollen und eine gefettete Quicheform (26 cm Ø) damit auslegen, am Rand festdrücken. Mit einer Gabel mehrmals einstechen und im vorgeheizten Ofen bei 200°C (Gasherd: Stufe 3) 10 Minuten vorbacken.
4. Die Brokkoliröschen und die Lachsabschnitte auf dem Teig verteilen und die Frischkäsemischung darübergießen. Die Quiche bei gleicher Temperatur weitere 30 Minuten backen.

CHAMPIGNONPIE

Für 4–6 Portionen

Teig:
400 g Mehl
175 g Margarine
knapp 1/8 l Milch
1 Ei
1 Eiweiß
1 Prise Salz
1 Prise Zucker
Margarine für die Form

Füllung:
100 g geräucherter Speck
150 g Zwiebeln
1 kg Champignons
1 geh. EL Mehl
1 Becher Crème fraîche (150 g)
2 Eier
Salz, Pfeffer
1 Bund Petersilie
1 Eigelb und
1 EL Milch zum Bestreichen

1. Sämtliche Teigzutaten rasch miteinander vermengen, durchkneten und etwa 1 Stunde kühl stellen.
2. Speck würfeln und in einer Pfanne auslassen. Zwiebeln würfeln und in dem ausgelassenen Fett glasig dünsten. Champignons in Scheiben schneiden und so lange mitdünsten, bis die Flüssigkeit fast verdunstet ist. Mehl darüberstäuben und abkühlen lassen. Crème fraîche mit Eiern verquirlen, mit Salz und Pfeffer würzen und über die Champignonmischung gießen. Petersilie waschen, kleinhacken und unter die Masse heben.
3. Gut die Hälfte des Teiges ausrollen und in eine gut gefettete Pieform (rund 30 cm Ø oder oval) legen, dabei einen Rand etwas überstehen lassen. Die Pilzmasse gleichmäßig darauf verteilen.
4. Den restlichen Teig (etwas für die Verzierung zurückbehalten) ausrollen und die Pilzmasse damit abdecken. Die Teigplatte in der Mitte kreuzweise einschneiden und die so entstandenen Dreiecke zurückklappen, so daß die Füllung zu sehen ist.

5. Aus dem zurückbehaltenen Teig kleine Pilze ausschneiden. Das Eigelb mit der Milch verrühren, die Pilze damit aufkleben und die gesamte Pie damit bestreichen.

6. Auf der mittleren Schiene des Backofens bei 200°C (Gasherd: Stufe 3) etwa 40 Minuten backen.

Der Tip:
Sie können die Pie sowohl warm als auch kalt servieren.

QUICHE RAMEE

Für etwa 4 Portionen

Teig:
200 g Mehl
200 g Margarine
1 Prise Salz
1 Ei

Füllung:
1 Becher Crème fraîche (150 g)
2 Eier
1 Prise Pfeffer
100 g geräucherter Schinken oder Schinkenspeck
100 g Edelpilzkäse

1. Die Teigzutaten zu einem glatten Teig verkneten und für eine Stunde kühl stellen.

2. Den Teig in eine gefettete Quicheform (26 cm Ø) drücken und den Rand gut hochziehen. Etwas Teig für die Dekoration zurücklassen. Den Teig im vorgeheizten Backofen bei 200 bis 225°C (Gasherd: Stufe 3–4) etwa 15 Minuten vorbakken.

3. Crème fraîche, Eier und Pfeffer gut verrühren und auf den Tortenboden gießen. Schinkenwürfel und zerbröckelten Käse gleichmäßig darauf verteilen.

4. Aus dem zurückbehaltenen Teig Plätzchen für die Dekoration ausstechen und auf der Quiche hübsch anordnen.

5. Die Quiche bei gleicher Temperatur in etwa 15 Minuten fertigbacken.

SPARGELQUICHE

Für 4–6 Portionen

Füllung:
750 g Spargel
Salz, 1 Prise Zucker

Teig:
225 g Mehl
½ TL Salz
½ TL Kräuter der Provence
125 g Margarine
1 Eigelb
3 EL Wasser
Margarine für die Form

Guß:
250 g Quark (20% Fett)
3 Eier, 1 Eiweiß
125 g Schlagsahne
Salz, Pfeffer
100 g Krabben

QUICHE LORRAINE

Für etwa 2 Portionen

3 Scheiben TK-Blätterteig (etwa 180 g)
2 EL Semmelbrösel
200 g Gouda in Scheiben
200 g Schinkenspeck
125 g saure Sahne
4 Eier
3 EL gehackte Petersilie
1 TL Edelsüßpaprika

1. Blätterteig auftauen, in einer Springform (20 cm ⌀) ausrollen, einen 3 cm hohen Rand andrücken, den Boden mit Semmelbröseln bestreuen.
2. Käsescheiben in Streifen, Speck in Würfel schneiden, mit Sahne, Eiern, Petersilie und Paprika vermengen. Die Masse auf den Teig geben.
3. Die Quiche im vorgeheizten Backofen bei 225°C (Gasherd: Stufe 4) etwa 45 Minuten backen; heiß servieren.

. Spargel schälen und in Salzwasser mit Zucker etwa 0 Minuten garen.
. Mehl, Salz, Kräuter, Margarine, Eigelb und Wasser zu einem glatten Teig verkneten. Ausrollen und eine Quiche- oder Springform 26 cm ⌀) damit auslegen.
. Im vorgeheizten Ofen bei 200°C (Gasherd: Stufe 3) 10–15 Minuten backen, dann abgetropften Spargel darauf verteilen.
. Quark, Eier, Eiweiß, Sahne, Salz und Pfeffer verrühren, Krabben dazugeben, über den Spargel gießen.
. Die Quiche bei 200°C Gasherd: Stufe 3) 10–15 Minuten, dann bei 175°C Gasherd: Stufe 2) weitere 0–15 Minuten backen.

FRISCHKÄSE-MINIPIZZA

Für etwa 2 Portionen

½ P. Backmischung Hefeteig (125 g)
10 kleine Tomaten
100 g Champignons
je ½ rote, gelbe und grüne Paprikaschote
12 Oliven
16 Peperoni
1 EL Pflanzenöl
Salz
Pfeffer
Oregano
150 g Frischkäse mit Kräutern der Provence
frischer Majoran

1. Hefeteig nach Anleitung des Herstellers zubereiten. Tomaten häuten, in Scheiben schneiden. Champignons putzen, waschen und ebenfalls in Scheiben schneiden. Paprikaschoten halbieren, putzen, waschen, in feine Würfel schneiden. Oliven und Peperoni in Scheiben schneiden.
2. Champignons und Paprika 5 Minuten in heißem Öl dünsten, mit Salz, Pfeffer und Oregano würzen.
3. Hefeteig in 4 Teile teilen, zu dünnen Fladen ausrollen, mit dem gedünsteten Gemüse, Peperoni und Oliven sowie mit den Tomaten belegen, kurz aufgehen lassen.
4. Im vorgeheizten Backofen bei 200°C (Gasherd: Stufe 3) 10–15 Minuten backen, danach Frischkäse und Majoran auf die Pizzas verteilen und weitere 5 Minuten überbacken.

GEMÜSE-SCHINKEN-PIZZA

Für 3–4 Portionen

200 g bunte Paprikaschoten
1 Zwiebel
5 EL Pflanzenöl
125 g Zucchini
Pfeffer, Salz
1 P. Böhmische Knödel
125 g Tomaten
30 g Salamischeiben
10 schwarze Oliven
60 g gekochter Schinken
1 TL Oregano
75 g Mozzarellakäse
80 g geriebener Gouda
20 g geriebener Parmesankäse

1. Paprikaschoten in Streifen, Zwiebel in Ringe schneiden, beides 10 Minuten in 2 EL heißem Öl dünsten. Zucchini in Scheiben dazugeben, mit Pfeffer und Salz abschmecken, weitere 5 Minuten dünsten.

2. 3 EL Öl mit kaltem Wasser bis zu 1/8 l auffüllen, in eine Schüssel gießen. Böhmische Knödel einrühren, das Ganze zu einem glatten Teig verarbeiten.

3. Den Teig mit leicht bemehlten Händen gut durchkneten, ausrollen, in eine gefettete Pizzaform (24 cm Ø) legen, Rand etwas hochziehen.

4. Gemüse auf dem Teig verteilen, mit Tomatenscheiben, Salamihütchen mit je einer Olive und gezupftem Schinken belegen. Pfeffer, Salz, Oregano darüberstreuen. Den Mozzarellakäse in Scheiben schneiden und darauf verteilen, Gouda und Parmesan darüberstreuen.

5. Die Pizza im vorgeheizten Backofen bei 200°C (Gasherd: Stufe 3) etwa 30 Minuten, dann bei 225°C (Gasherd: Stufe 4) weitere 10 Minuten backen.

KRÄUTERQUICHE MIT FRISCHKÄSE

Für 4–6 Portionen

1 P. TK-Blätterteig (300 g)
Margarine für die Form
je 1 rote, grüne und gelbe Paprikaschote
5 dünne Lauchstangen
5 mittelgroße Zwiebeln
250 g geräucherter Bauchspeck
250 g gekochter Schinken
6 Eier
250 g Schlagsahne
150 g Frischkäse mit Kräutern der Provence
Salz
Pfeffer
Muskat
Majoran
1 Eigelb

1. Blätterteig nach Packungsanleitung auftauen und zu einem Kreis von 35 cm Ø ausrollen. Eine Springform mit Margarine einfetten und mit dem Blätterteig gleichmäßig bis über den Rand auslegen. Den Blätterteig mit einer Gabel mehrmals einstechen.
2. Die Paprika vierteln, Kerngehäuse und Strunk ausschneiden, waschen. In kleine Würfel schneiden. Lauch der Länge nach halbieren, waschen und in Scheiben schneiden. Zwiebeln kleinschneiden. Bauchspeck und Schinken in feine Streifen schneiden.
3. Paprika und Lauch in kochendem Salzwasser 1 Minute blanchieren. Speck in der heißen Kasserolle auslassen, dann Schinken, Paprika, Lauch und Zwiebeln zugeben und 5 Minuten mitdünsten. Die ausgelegte Springform mit dieser Masse bis 2 cm unter den Rand füllen.
4. Eier, Sahne, 70 g Frischkäse, Salz, Pfeffer, Muskat und Majoran mit dem Schneebesen verrühren und über die Gemüsemasse gießen.
5. Die Quiche im vorgeheizten Backofen bei 175°C (Gasherd: Stufe 2) etwa 80 Minuten backen.
6. Den restlichen Frischkäse mit Eigelb verrühren und nach etwa 60 Minuten Backzeit auf die Quiche Lorraine streichen.

Der Tip:
Sie können den mit Eigelb verrührten Frischkäse auch leicht erwärmen und gesondert zu der heißen Quiche servieren.

PARTYPIZZA

Für etwa 12 Stück

Teig:
500 g Mehl
250 g Margarine
knapp ¼ l Wasser
2 TL Essig
2 TL Salz
Margarine für das Blech

Belag:
375 g Tomaten
125 g Zwiebeln
je 2 grüne und rote Paprikaschoten
1 Dose Champignons (230 g)
4 Salamiwürstchen
200 g Gouda in Scheiben
Tomatenketchup
Thymian, Streuwürze, Oregano
Salz, Paprika
100 g Salami
100 g geriebener Käse

1. Mehl, Margarine, Wasser, Essig und Salz zu einem glatten Teig verkneten, für etwa 1 Stunde in den Kühlschrank stellen.

2. Tomaten und Zwiebeln in Scheiben, die entkernten Paprikaschoten in feine Streifen schneiden. Champignons abtropfen lassen, eventuell halbieren. Würstchen in Scheiben schneiden. Käsescheiben diagonal durchschneiden.

3. Den Teig etwa ½ cm dick ausrollen und in 6 x 10 cm große Rechtecke schneiden.

Auf ein gefettetes Backblech legen. Den Teig mit einer Gabel mehrmals einstechen, dick mit Tomatenketchup bepinseln und mit Gewürzen bestreuen.

4. Rechtecke beliebig mit Tomaten-, Zwiebel- und Wurstscheiben, Paprikastreifen und Champignons belegen und nochmals würzen. Mit Käsedreiecken belegen oder mit Käse bestreuen.

5. Die Pizzas im vorgeheizten Backofen bei 200 bis 225°C (Gasherd: Stufe 3–4) etwa 20 Minuten backen. Sofort servieren. Dazu Tomatenketchup reichen.

TOMATENTORTE

Für 3–4 Portionen

Teig:
250 g Mehl
125 g Margarine
1 Ei
Salz, Pfeffer, Oregano
Margarine für die Form

Belag:
750 g kleine Tomaten
Salz, Pfeffer, Oregano
1 kleine Zwiebel
1 Ecke Schmelzkäse
7 EL Milch
4 Eier
1 EL Paprikapulver
Zucker

1. Die Teigzutaten rasch verkneten und für etwa 30 Minuten kalt stellen. Dann dick ausrollen, in eine leicht gefettete Springform (22 cm Ø) geben, den Rand hochziehen und in etwa 4 cm Höhe glatt abschneiden. Den Boden bei 225°C (Gasherd: Stufe 4) 15–20 Minuten vorbacken.

2. Tomaten überbrühen, abziehen und auf den vorgebackenen Boden geben; kräftig mit Salz, Pfeffer und Oregano würzen. Die sehr fein gehackte Zwiebel dazwischenstreuen.

3. Schmelzkäse mit 3 EL Milch auf schwacher Hitze glattrühren, restliche Milch und Eier dazugeben, alles verquirlen. Mit Paprikapulver, Salz, Pfeffer, Zucker und etwas Oregano würzen und über die Tomaten gießen.

4. Die Torte bei gleicher Temperatur 30–40 Minuten überbacken. Dann den Ofen ausschalten und die Torte noch 5 Minuten darin lassen. Herausnehmen und vor dem Servieren weitere 10 Minuten stehenlassen.

KÄSE-BLÄTTER-TEIG-TASCHEN

Für etwa 10 Stück

1 P. TK-Blätterteig (300 g)
200 g Krabben
100 g Spargel (Glas oder Dose)
50 g gehackte Mandeln
150 g Frischkäse mit Kräutern der Provence
1 EL Semmelbrösel
Salz, Pfeffer
1 EL gehackter Dill
1 EL Wasser
1 Eigelb

1. Blätterteig nach Packungsanleitung auftauen, ausrollen und in etwa 15 x 15 cm große Quadrate schneiden.

2. Krabben mit 2–3 cm langen Spargelstücken, Mandeln, Frischkäse und Semmelbröseln vorsichtig mischen, mit Salz, Pfeffer und Dill würzen.

3. Die Masse auf die Quadrate verteilen. Die Ränder mit Wasser bestreichen und die Quadrate zu Dreiecken zusammenklappen. Rand gut andrücken.

4. Taschen auf ein Blech legen, mit verquirltem Eigelb bestreichen und im vorgeheizten Backofen bei 200°C (Gasherd: Stufe 3) etwa 20 Minuten backen.

PIZZAS UND QUICHES

BLÄTTERTEIG-TASCHEN MIT LACHS

Für 10 Stück

1 P. TK-Blätterteig (300 g)
50 g geräucherter Seelachs in Öl
1 große Zwiebel
100 g Salatgurke
2 TL Kapern
1 TL Meerrettich
1 Eigelb

1. Die Blätterteigplatten nach Anweisung abgedeckt auftauen lassen.

2. Inzwischen abgetropften Seelachs, Zwiebel und Gurke würfeln und mit Kapern und Meerrettich abschmecken.

3. Teigplatten auf je etwa 11 x 22 cm ausrollen und je zwei Quadrate von etwa 11 x 11 cm ausradeln.

4. Die Füllung auf die Teigstücke geben, die Ränder mit wenig Wasser befeuchten, den Teig zu Taschen zusammenklappen und am Rand leicht andrücken. Auf ein mit Wasser abgespültes Backblech geben.

5. Eigelb mit einem Schuß Wasser verrühren und die Taschen damit bepinseln. Im vorgeheizten Ofen bei 225°C (Gasherd: Stufe 4) 10–15 Minuten backen.

TRIESTER FISCHPASTETE

Für etwa 4 Portionen
Teig:
250 g Mehl
1 Prise Salz
80 g Margarine
1 Ei
3–4 EL Wasser

Füllung:
4 Tomaten
1 Zwiebel
1 Knoblauchzehe
etwa ½ Peperoni
(nach Geschmack)
6 Sardellenfilets
10 g Margarine
Streuwürze, Oregano
1 P. TK-Spinat (450 g)
Salz, Pfeffer
Margarine für die Form
400 g Fischfilet (frisch oder TK)
Essig
1 Eigelb zum Bestreichen

1. Teigzutaten rasch zu einem glatten Teig verarbeiten; für mindestens 1 Stunde kalt stellen.
2. Tomaten abziehen, entkernen und zusammen mit Zwiebel, Knoblauchzehe, Peperoni und Sardellenfilets kleinhacken; in Margarine so lange dünsten, bis die Flüssigkeit fast verdampft ist. Mit Streuwürze und Oregano würzen und etwas abkühlen lassen.
3. Spinat nach Anweisung garen, dann ebenfalls die Flüssigkeit verdampfen lassen; mit Streuwürze, Salz und Pfeffer abschmecken. Eine runde oder ovale feuerfeste Form (26 cm Ø) ausfetten, den Spinat hineingeben.
4. Fischfilet mit Essig säuern, mit Salz und Pfeffer würzen und auf den Spinat legen. Die Würzpaste darauf verteilen.
5. Den Teig etwa 2 mm dick ausrollen und als Deckel auf die Masse legen, am Formenrand festdrücken, mit Eigelb bestreichen und mit der Gabel mehrmals einstechen. Aus dem Teigrest Formen ausstechen und die Pastete damit garnieren. Im vorgeheizten Ofen bei 225°C (Gasherd: Stufe 4) etwa 40 Minuten backen.

PIKANTE KÖSTLICHKEITEN

KÄSEKUCHEN

Für 4–6 Portionen

300 g Mehl
20 g Hefe
1/8 l Milch
1 Prise Zucker
30 g Margarine
1 Prise Salz
Margarine für das Blech
Senf zum Bestreichen
12 Scheiben Emmentaler (250 g)
125 g durchwachsener Speck

1. Mehl in eine Schüssel sieben, in die Mitte eine Mulde drücken und die Hefe hineinbröckeln, mit etwas lauwarmer Milch, etwas Zucker und Mehl verrühren. Den Vorteig bis zur doppelten Größe aufgehen lassen. Dann die restliche Milch, geschmolzene Margarine und etwas Salz zufügen. Alles zu einem glatten Teig verkneten, ausrollen und ein gefettetes Backblech zur Hälfte damit belegen.
2. Die Teigplatte dünn mit Senf bestreichen, dicht mit Käsescheiben belegen und kleingewürfelten Speck darüberstreuen.
3. Den Teig nochmals aufgehen lassen, dann im vorgeheizten Ofen bei 225°C (Gasherd: Stufe 4) etwa 30 Minuten backen.

STUTTGARTER ZWIEBELKUCHEN

Für etwa 4 Portionen
Teig:

250 g Mehl
125 g Margarine
1 Ei
1 Prise Backpulver
1 Prise Salz
Margarine für die Form

Belag:

150 g Frühstücksspeck
50 g Margarine
1 kg Zwiebeln
1/4 l saure Sahne
2 Eier
2 EL Mehl
Salz
Kümmel nach Geschmack

1. Aus den Teigzutaten einen Mürbeteig herstellen, in eine gefettete Springform (26 cm Ø) geben und den Rand rundum etwas hochdrücken.
2. Gewürfelten Speck mit Margarine auslassen und die feingeschnittenen Zwiebeln darin gar dünsten.
3. Saure Sahne mit Eiern, Mehl, Salz und Kümmel verquirlen, Zwiebeln dazugeben und auf den Mürbeteig füllen.
4. Im vorgeheizten Ofen bei 175°C (Gasherd: Stufe 2) etwa 60 Minuten backen.

SALAMISTRUDEL

Für etwa 4 Portionen

20 g Hefe
1/8 l Milch
1 Prise Zucker
250 g Mehl
Salz
40 g Margarine
200 g Salami
Oregano
1 Eiweiß
Margarine für das Blech
1 Eigelb

1. Aus Hefe, lauwarmer Milch, Zucker, Mehl, Salz und geschmolzener Margarine einen Hefeteig bereiten und aufgehen lassen.
2. Den Teig ausrollen, mit dünnen Salamischeiben belegen und mit Oregano bestreuen. Die Teigränder mit Eiweiß bepinseln, dann aufrollen und auf ein gefettetes Blech legen. Nochmals aufgehen lassen.
3. Eigelb mit etwas Wasser verrühren und den Strudel damit bepinseln. In kurzen Abständen mit einer Küchenschere einschneiden. Im vorgeheizten Ofen bei 200°C (Gasherd: Stufe 3) etwa 40 Minuten backen.

PIKANTERIE

Für 2 Portionen

Teig:

125 g Mehl
5 g Hefe
Salz
2 EL Milch
25 g Margarine
1 Ei

Füllung:

1 große Dose Appetitsild (80 g)
1 Dose Champignons (115 g)
1 Zwiebel
50 g Tomatenpaprika (Glas)
Pfeffer
75 g Gouda
Schnittlauch

1. Aus den Teigzutaten einen Hefeteig bereiten und in eine gefettete Springform (20 cm Ø) geben, aufgehen lassen.
2. Abgegossenen Sild, in Scheibchen geschnittene Champignons und in feine Ringe geschnittene Zwiebel mit dem Tomatenpaprika appetitlich darauf verteilen. Mit frisch gemahlenem Pfeffer bestreuen und mit in Streifen geschnittenem Käse belegen. Nochmals aufgehen lassen.
3. Im vorgeheizten Ofen bei 225°C (Gasherd: Stufe 4) 25–30 Minuten backen. Dann mit gehacktem Schnittlauch bestreuen und heiß servieren.

PIKANTE KÖSTLICHKEITEN

BUNTE GEMÜSETORTE

Für etwa 6 Portionen
Teig:
125 g Mehl
75 g Stärkemehl
1 Ei
100 g Margarine
4 EL kaltes Wasser
1 Prise Salz
Linsen oder Erbsen zum Blindbacken

Belag:
750 g Porree
200 g Möhren
250 g Zucchini
1 kleiner Blumenkohl
50 g Margarine
4 frische Kalbsbratwürste
3 EL saure Sahne
Pfeffer, Muskat, Salz
3 Eier
1 Becher saure Sahne (200 g)
1 EL Speisestärke
50 g Emmentaler Käse

1. Die Teigzutaten vermengen und gut durchkneten. Etwa 30 Minuten kühl stellen. Den Teig ausrollen und in eine feuerfeste Form legen. Mit Pergamentpapier bedecken und die Hülsenfrüchte daraufschütten. Dadurch wird erreicht, daß der Tortenboden gleichmäßig hoch wird.
2. Den Boden im vorgeheizten Ofen bei 200°C (Gasherd: Stufe 3) 20–25 Minuten backen. Pergamentpapier und Hülsenfrüchte entfernen und abkühlen lassen.
3. Inzwischen das Gemüse putzen, waschen, in Ringe oder Scheiben schneiden, den Blumenkohl in kleine Röschen. Alles in Margarine weich dünsten.
4. Kalbsbrät und saure Sahne vermischen. Mit Pfeffer, Muskat und Salz abschmecken. Diese Masse auf dem Tortenboden verteilen, dann das Gemüse daraufgeben.
5. Eier mit saurer Sahne verquirlen, Speisestärke untermengen und mit Muskat, Salz und Pfeffer würzen, über die Torte gießen und sie bei gleicher Temperatur in 25–30 Minuten fertigbacken.
6. Käse raspeln und über den Kuchen streuen. Eventuell weitere 5 Minuten überbacken. Heiß servieren.

CHINAKOHLTORTE

Für etwa 8 Portionen

Teig:
250 g Weizenmehl
1 Prise Salz
1 Msp. Backpulver
250 g Margarine
250 g Magerquark
Margarine für die Form

Belag:
400 g Frischkäse
75 g Edelpilzkäse
3 EL gehackte Kräuter
75 g saure Sahne
½ P. weiße Gelatine, aufgelöst in ½ Tasse Wasser
½ TL Salz
etwas Pfeffer
1 mittelgroßer Kopf Chinakohl
½ l Fleischbrühe
3 Scheiben Holländer Käse (75 g)
3 Scheiben Kochschinken
Tomaten zum Garnieren

1. Mehl, Salz, Backpulver, Margarine und Quark zu einem glatten Teig verkneten und kalt stellen. Den Teig zu einem Rechteck ausrollen, jeweils ein Drittel überklappen und erneut ausrollen. Diesen Vorgang dreimal wiederholen, dann den Teig in eine gefettete Springform (26 cm Ø) legen und im vorgeheizten Ofen bei 200°C (Gasherd: Stufe 3) 10 Minuten vorbacken.
2. Frischkäse, Edelpilzkäse, Kräuter, saure Sahne, Gelatine, Salz und Pfeffer verrühren und auf den Tortenboden streichen.
3. Vom Chinakohl sechs Blätter ablösen, gründlich waschen und in heißer Brühe blanchieren. Zum Abtropfen auf ein Sieb geben. Je zwei Blätter übereinanderlegen, mit je 1 Scheibe Käse und Schinken belegen, fest aufrollen.
4. Die Rollen in 2–3 cm dicke Scheiben schneiden und den Kuchen damit belegen. Tomate darüberlegen. Bei gleicher Temperatur in 15 bis 20 Minuten fertigbacken.

FESTLICHE KASSELERPASTETE

Für etwa 8 Portionen

750 g Kasseler ohne Knochen
375 g Mehl
½ TL Salz
200 g Margarine
etwa 5 EL Eiswasser
1 Brötchen
6 EL Milch
1 Zwiebel
1 EL gehackte Petersilie
125 g Schlagsahne
Salz, Pfeffer, Cayennepfeffer
getrocknetes Basilikum
Margarine für die Form
1 Eigelb zum Bestreichen

1. Fleisch in so viel kochendes Wasser geben, daß es gerade bedeckt ist, 45 Minuten garen. In der Brühe erkalten lassen.

2. Mehl, Salz, Margarine und Eiswasser mit dem Handrührgerät (Knethaken) rasch zu einem Teig verkneten, kalt stellen.

3. Kasseler durch den Fleischwolf geben. Brötchen fein würfeln, mit heißer Milch übergießen und durchziehen lassen, Zwiebel würfeln. Kasseler, Brötchen, Zwiebel, Petersilie, Schlagsahne, Gewürze und Basilikum zu einem Teig verkneten und pikant abschmecken.

4. Zwei Drittel des Teiges ausrollen und Boden und Rand einer gefetteten Springform (26 cm Ø) damit auslegen, mit der Gabel mehrmals einstechen. Die Füllung hineingeben und gleichmäßig verteilen. Den restlichen Teig ausrollen und einen Deckel in Springformgröße ausschneiden, auf die Füllung legen und an den Rändern gut festdrücken. Ebenfalls mit der Gabel mehrmals einstechen. Ein etwa 1 cm großes Loch einschneiden.

5. Eigelb mit etwas Wasser verrühren und die Oberfläche damit bestreichen. Die Teigreste ausrollen und beliebige Formen ausschneiden oder ausstechen. Die Pastete damit belegen, ebenfalls mit Eigelb bestreichen.

6. Im vorgeheizten Ofen bei 200°C (Gasherd: Stufe 3) etwa 60 Minuten backen und heiß servieren.

Variation:
Die Pastete schmeckt auch kalt sehr gut. Wenn Sie sie kalt servieren möchten, lassen Sie sie abkühlen und füllen sie mit einem Gelee: 6 Blatt weiße Gelatine in ¼ l Kasselerbrühe auflösen. Durch die Öffnung in die Pastete gießen und erstarren lassen.

PORREETORTE

Für 6–8 Portionen

Teig:

300 g Mehl
Salz
150 g Margarine
1 Ei

Belag:

2,5 kg Porree
50 g Margarine und
Margarine für Flöckchen

PARTYTASCHEN

Für etwa 16 Stück

Teig:
250 g Mehl
Salz
250 g Margarine
250 g Magerquark

Füllung:
200 g gemischtes Hackfleisch
1 Scheibe Weißbrot
1 kleine grüne Paprikaschote
100 g Emmentaler im Stück
1 Eiweiß
Pfeffer
1 Eigelb
2 EL Wasser

1. Mehl, Salz, Margarine und gut ausgedrückten Quark auf ein Backbrett geben, mit dem Pfannenmesser durchhacken, dann rasch zu einem Teig verkneten, kalt stellen.
2. Inzwischen Hackfleisch, Weißbrot mit feingewürfelter Paprikaschote, Käsewürfeln und Eiweiß verrühren und mit Pfeffer und Salz abschmecken.
3. Den Teig ausrollen und runde Plätzchen von etwa 12 cm Ø ausstechen. Auf die eine Hälfte der Plätzchen 1 EL Füllung geben, Eigelb mit Wasser verschlagen, den Rand bepinseln und die andere Teighälfte darüberklappen. Den Rand mit der Gabel andrücken.
4. Die Taschen auf ein mit Backpapier ausgelegtes Blech geben, mit Eigelb bepinseln und im vorgeheizten Ofen bei 200–225° C (Gasherd: Stufe 3–4) etwa 20 Minuten backen.

Salz
200 g Lachsschinken
200 g Crème fraîche
4 Eier
100 g geriebener Käse
Pfeffer, Muskat

1. Aus den Teigzutaten einen Mürbeteig kneten, abgedeckt im Kühlschrank etwa 30 Minuten lang ruhen lassen.
2. Inzwischen den Porree in Rädchen schneiden, waschen und gut abgetropft in 30 g Margarine 15 Minuten dünsten, salzen und wieder abtropfen lassen.
3. Den Teig ausrollen und eine Torten-, Pie- oder Springform (30 cm Ø) damit auslegen, am Rand 3 cm hochziehen. Den Boden bei 200° C (Gasherd: Stufe 3) etwa 20 Minuten backen.
4. Lachsschinken würfeln, in 20 g Margarine leicht anbraten und auf dem vorgebackenen Teigboden verteilen, darauf den Porree geben. Crème fraîche, Eier und Käse verschlagen, mit Salz, Pfeffer und Muskat würzen und über den Porree gießen.
5. Die Torte mit Margarineflöckchen besetzen und im Ofen bei gleicher Temperatur in etwa 30 Minuten fertigbacken.

PIKANTE KÖSTLICHKEITEN

TOMATEN-ZWIEBEL-WÄHE

Für etwa 6 Portionen

Teig:
15 g Hefe
1/8 l lauwarme Milch
1 TL Zucker
250 g Mehl
1 Prise Salz
100 g Margarine
Margarine für die Form

Belag:
1,5 kg Tomaten
500 g Zwiebeln
50 g Margarine
je ein Bund Basilikum, Petersilie und Oregano oder
je 1 TL getrocknete Kräuter
Salz, Pfeffer
3 Eier
1/4 l Sahne
100 g geriebener Emmentaler Käse

1. Hefe in die Milch bröckeln, 1 Prise Zucker zufügen und an einem warmen Ort zugedeckt gehen lassen. Mehl, Zucker, Salz und eben zerlassene Margarine in eine Schüssel geben, die Hefemilch dazugeben, alles vermengen und den Teig kräftig kneten und schlagen. Zugedeckt an einem warmen Ort bis zur doppelten Größe aufgehen lassen, dann nochmals kneten.
2. Den Teig auf einer bemehlten Fläche ausrollen und in eine gefettete Form (22 x 30 cm) legen. Die Ränder gut festdrücken, nochmals gehen lassen.
3. Tomaten kurz in kochendes Wasser tauchen, schälen – 1 bis 2 zum Garnieren zurücklassen –, die restlichen in Viertel oder Achtel schneiden. Die Zwiebeln in Scheiben schneiden und in Margarine glasig dünsten. Kräuter kleinhacken, zu den Zwiebeln geben und mit Salz und Pfeffer würzen.
4. Tomaten auf dem Teigboden anordnen, würzen und die abgekühlte Zwiebelmasse darüber verteilen. Eier und Sahne verquirlen und gleichmäßig darübergießen.
5. Die Wähe bei 225°C (Gasherd: Stufe 4) 15 Minuten auf der unteren und 10 Minuten auf der mittleren Schiene backen. Dann den Käse darüberstreuen und weitere 10 Minuten backen.
6. Mit Tomatenscheiben und Petersilie garniert heiß oder kalt servieren.

HERRENTORTE

Für etwa 4 Portionen

Teig:
250 g Mehl
125 g Margarine
½ TL Salz
1 Ei
Margarine für die Form

Belag:
2 Zwiebeln
1 EL Margarine
1 Dose Champignons (230 g)
Curry
1 Bund Petersilie
2 EL Semmelmehl
375 g Bratwurstmasse
125 g dünne Schinkenscheiben
250 g Tomaten
250 g Paprikaschoten
Oregano
250 g Gouda

1. Aus den Teigzutaten einen Mürbeteig bereiten, kalt stellen.

2. Inzwischen die Zwiebeln in Ringe schneiden und in Margarine andünsten. Die Champignons abgießen, zu den Zwiebeln geben und durchdünsten lassen. Mit Curry würzen. Die Petersilie hacken und daruntermischen.

3. Den Teig ausrollen und in eine gefettete Springform (26 cm Ø) geben. Das Semmelmehl auf den Teigboden streuen, die Bratwurstmasse darauf verteilen, die Zwiebel-Pilz-Masse darübergeben und mit Schinkenscheiben belegen. Tomaten und Paprikaschoten waschen, in dünne Scheiben schneiden und ebenfalls darauf verteilen. Mit Oregano bestreuen.

4. Im vorgeheizten Ofen bei 225°C (Gasherd: Stufe 4) 10 Minuten backen, dann in Streifen geschnittenen Käse darübergeben und in weiteren 15 Minuten fertigbacken.

QUARKBLÄTTERTEIG MIT KÄSE

Für etwa 4 Portionen

250 g Mehl
2 Msp. Backpulver
250 g gut gekühlte Margarine
250 g Magerquark
1 Prise Salz
200 g Gouda
1 Eigelb zum Bestreichen

1. Mehl mit Backpulver mischen, Fettflöckchen rundherum setzen. Den möglichst trockenen Quark zugeben und alles rasch verkneten. Im Kühlschrank mindestens 30 Minuten ruhen lassen.

2. Dann den Teig zu einem langen, schmalen Stück ausrollen, die Schmalseiten zur Mitte hin einschlagen und zur offenen Seite hin ausrollen. Dies zwei- bis viermal wiederholen und den Teig jeweils 15 Minuten kalt stellen, damit er blättrig wird.

3. Den Teig noch einmal ausrollen, acht Teigquadrate ausschneiden. Bei vier Quadraten in der Mitte ein Blümchen ausstechen, auf die anderen vier grob geriebenen Gouda geben. Die ausgestochenen Quadrate und die Blümchen aufsetzen, die Ränder mit Wasser bestreichen und zusammendrücken.

4. Das Gebäck mit Eigelb bestreichen und im vorgeheizten Ofen bei 225°C (Gasherd: Stufe 4) etwa 20 Minuten backen.

BLÄTTERTEIG-PIROGGEN

Für etwa 10 Stück

1 P. TK-Blätterteig (300 g)
1 Zwiebel
Margarine zum Dünsten
1 Dose Champignons (115 g)
Salz, Pfeffer
gehackte Petersilie
1 Eigelb

1. Blätterteig nach Anweisung auftauen.
2. Gehackte Zwiebel in Margarine andünsten, blättrig geschnittene Champignons dazugeben, kurz durchdünsten, mit Salz, Pfeffer und Petersilie abschmecken. Vom Herd nehmen und etwas Eigelb unterrühren.
3. Aufgetaute Teigstücke halbieren. Die Champignonmasse daraufgeben, Ränder mit Wasser befeuchten und eine Ecke überklappen, so daß ein Dreieck entsteht.

4. Die Seiten festdrücken, die Teilchen auf ein kalt abgespültes Blech legen, mehrmals einstechen, mit restlichem Eigelb bestreichen, 15 Minuten stehenlassen, dann im vorgeheizten Ofen bei 225°C (Gasherd: Stufe 4) 20 Minuten backen.

GEFLÜGELLEBER-PASTETE

Für 12–16 Portionen

1 Zwiebel
1 Apfel
60 g Margarine
400 g Putenleber
150 g Geflügelfleisch, netto ohne Haut
75 g fetter Speck
1 Eigelb
6 EL Schlagsahne
3 EL Cognac
2–3 TL Salz
frisch gemahlener Pfeffer
1 Pr. gemahlene Nelken
Kräuter der Provence
10 Pistazien
Fleischextrakt
4 EL Madeira
3 Blatt weiße Gelatine
Lorbeerblätter und grüner Pfeffer zum Garnieren

1. Zwiebel hacken, Apfel reiben, beides in Margarine dünsten, abkühlen lassen. 300 g Putenleber, Geflügelfleisch und Speck zweimal durch den Fleischwolf geben. Alles zusammen mit Eigelb, Sahne und Cognac gut verrühren und mit Salz, Gewürzen und Kräutern abschmecken. Restliche Leber würfeln und mit den Pistazien unterrühren.
2. Die Masse in eine Terrine füllen und gut verschließen (eventuell mit Folie). In ein Gefäß mit heißem Wasser setzen und im Wasserbad im vorgeheizten Ofen bei 150–175°C (Gasherd: Stufe 1–2) etwa 100 Minuten garen.
3. Auf die fertige Pastete einen beschwerten Teller setzen und abkühlen lassen. Den ausgetretenen Fleischsaft abgießen, das Fett abschöpfen.
4. Den Fleischsaft mit Wasser auf 200 ml (knapp ¼ l) auffüllen und mit Fleischextrakt, Salz, Pfeffer und Madeira kräftig abschmecken. Mit der eingeweichten, aufgelösten Gelatine verrühren. Wenn die Masse anfängt, steif zu werden, über die Pastete gießen. Mit Lorbeerblättern und grünen Pfeffer garnieren.

KALBFLEISCH-PASTETE

Für etwa 8 Portionen

Teig:
250 g Mehl
1 EL Kräuter der Provence
Salz
200 g Magerquark
200 g Margarine
Margarine und Semmelmehl für die Form

Füllung:
2 Zwiebeln
je 1 rote und grüne Paprikaschote
100 g Champignons
Margarine zum Dünsten
Pfeffer, Salz
2 hartgekochte Eier
500 g mageres Kalbshack
1 Ei, 1 eingeweichtes Brötchen
Majoran

1. Mehl mit Kräutern und Salz auf dem Backbrett mischen, Quark und Margarine daraufgeben, mit dem Pfannenmesser durchhacken und rasch zu einem glatten Teig verkneten. Kalt stellen.
2. Inzwischen eine Rehrückenform fetten und mit Semmelmehl ausstreuen.
3. Zwiebeln und Paprika fein würfeln, Pilze blättrig schneiden, alles in heißer Margarine 5 Minuten dünsten, würzen, etwas abkühlen lassen.
4. Hartgekochte Eier kleinschneiden. Kalbshack mit rohem Ei, ausgedrücktem Brötchen, Pfeffer, Salz und Majoran zu einem Teig vermengen.
5. Den Quarkteig ausrollen und die Rehrückenform damit auskleiden (so weit ausrollen, daß der Teig überlappt). Die Hälfte der gehackten Eier auf dem Teigboden verteilen, darauf die Hälfte des Hackteiges geben und in die Form streichen.
6. Gemüsemasse darüber verteilen, mit dem restlichen Hackteig bedecken und die anderen Eiwürfel darüberstreuen. Die Füllung mit dem Teigüberhang gut schließen (die Ränder eventuell mit etwas Wasser bestreichen). Den Teig einige Male einstechen.
7. Die Pastete im vorgeheizten Ofen bei 200°C (Gasherd: Stufe 3) etwa 50 Minuten backen. Heiß oder kalt servieren.

PUTENFLEISCH-PASTETE

Für 15–20 Portionen

Teig:
500 g Mehl
250 g Margarine
1 TL Salz
2–3 EL Wasser
1 Ei
Margarine für die Form

Füllung:
500 g gegarte Putenbrust
250 g gekochter Schinken
2 EL gehackte Petersilie
½ TL getrockneter Salbei
6 hartgekochte Eier

außerdem:
1 Eigelb zum Bestreichen
12 Blatt weiße Gelatine
¼ l Hühnerbrühe (Instant)
5 EL Weinbrand
abgeriebene Schale von ½ Zitrone
2 EL Zitronensaft
Salz, frisch gemahlener Pfeffer

1. Die Teigzutaten zu einem glatten Teig verkneten, kalt stellen.
2. Putenbrust und Schinken in kleine Würfel schneiden, mit den Kräutern mischen.
3. Etwa zwei Drittel der Teigmenge 3 mm dick ausrollen und eine gefettete Kastenform (30 cm) damit auslegen. Die Hälfte der Füllung hineingeben, in die Mitte der Länge nach eine Rille drücken.
4. Eier schälen, von beiden Enden etwas abschneiden, hintereinander auf die Füllung geben. Das restliche Fleisch daraufgeben und glattdrücken.
5. Den restlichen Teig ausrollen, einen Deckel in Größe der Kastenform zuschneiden und auf die Füllung legen. An den Rändern gut festdrücken. Eine Öffnung einschneiden, damit der Dampf entweichen kann.
6. Eigelb mit Wasser verquirlen und die Oberfläche der Pastete damit bestreichen. Aus den Teigresten beliebige Ornamente ausschneiden, darauflegen und ebenfalls mit Eigelb bestreichen.
7. Die Pastete im vorgeheizten Ofen bei 175°C (Gasherd: Stufe 2) etwa 75 Minuten backen. In der Form abkühlen lassen.
8. Gelatine einweichen. Brühe erhitzen und die ausgedrückte Gelatine darin auflösen. Weinbrand, Zitronenschale und -saft zufügen und die Flüssigkeit mit Salz und Pfeffer kräftig abschmecken. Durch die Öffnung in die Pastete gießen. Im Kühlschrank erstarren lassen.

PIKANTE KÖSTLICHKEITEN

BRÖTCHENRING MIT PFIFF

Für 8 Portionen

125 g Frühstücksspeck
10 g Margarine
250 g Mehl
3 TL Backpulver
½ TL Salz
1 Msp. Senfpulver
60 g Margarine
125 g geriebener Gouda
150 ml Milch (gut ⅛ l)
1 Ei
Margarine und Mehl für die Form
Milch zum Bepinseln
25 g geriebener Gouda zum Bestreuen

1. Speck fein würfeln und in Margarine auslassen. Abkühlen lassen.
2. Mehl, Backpulver, Salz und Senfpulver auf dem Backbrett mischen, Margarineflöckchen auf den Rand setzen und mit dem Pfannenmesser durchhacker. Geriebenen Käse, Speckwürfel und mit Milch verschlagenes Ei untermengen. Alles zu einem glatten Teig verkneten.
3. Acht gleichgroße Kugeln formen und eng nebeneinander im Kreis auf einen gefetteten und bemehlten Springformboden setzen.
4. Den Brötchenring von allen Seiten mit wenig Milch bepinseln, mit Käse bestreuen und im vorgeheizten Ofen bei 175–200° C (Gasherd: Stufe 2–3) etwa 30 Minuten backen.

KRÄUTER-QUARK-KUCHEN

Für etwa 8 Portionen

1 rote Paprikaschote (150 g)
2 Zwiebeln
1 große Gewürzgurke
100 g Margarine
4 Eier
1 kg Magerquark
60 g Grieß
200 g Würfelschinken
je 1 Bund Dill, Petersilie, Schnittlauch
1 Paket Kresse
Salz, Pfeffer, Paprika etwas Knoblauch
Margarine für die Form

1. Paprika, Zwiebeln und Gewürzgurke in kleine Würfel schneiden und in 1 EL Margarine andünsten. Abkühlen lassen.
2. Restliche Margarine schaumig rühren, nach und nach die Eier zufügen. In einem Tuch ausgedrückten Quark, Grieß, Würfelschinken, Kräuter, Kresse und die Zwiebel-Paprika-Mischung untermengen. Mit den Gewürzen abschmecken.
3. Die Masse in eine gut gefettete Backform füllen, glattstreichen.
4. Im vorgeheizten Backofen bei 175°C (Gasherd: Stufe 2) etwa 80 Minuten backen.

Der Tip:
Sie können diesen pikanten Kuchen sowohl warm als auch kalt servieren.

SPECK-TOMATEN-KUCHEN

Für etwa 4 Portionen

Teig:
250 g Mehl
Salz
125 g Margarine
1 Ei
Margarine für die Form

Belag:
500 g Tomaten
Salz, Pfeffer
125 g durchwachsener Speck
1 Zwiebel
2 Eier
1/8 l Milch

1. Mehl und Salz auf ein Backbrett geben, die gekühlte Margarine in Stücken daraufgeben und alles mit einem Pfannenmesser gut durchhacken. Ei in eine Vertiefung geben, nochmals durchhacken und alles zu glattem Teig verarbeiten.
2. Den Teig in eine gefettete Springform (22 cm Ø) legen, den Rand hochziehen. Im vorgeheizten Ofen bei 200–225° C (Gasherd: Stufe 3–4) etwa 10 Minuten vorbacken.
3. Tomaten in Scheiben schneiden, auf den Teigboden geben, mit Salz und Pfeffer würzen. Speck und Zwiebel würfeln und darüberstreuen. Eier mit der Milch verschlagen, mit Salz und Pfeffer würzen und darübergießen.
4. Bei gleicher Temperatur weitere 30–40 Minuten backen.

KÄSEPASTETE AMERIKA

Für etwa 4 Portionen

1 P. TK-Blätterteig (300 g)
250 g Gouda oder Camembert
100 g Walnußkerne
2 EL Preiselbeeren, 50 g Rosinen
1/2–1 TL Salz
2 Eiweiß, Eigelb

1. Blätterteig nach Anweisung etwa 2 mm dick ausrollen, in zwei gleich große Rechtecke schneiden, mit der Gabel einstechen und etwas ruhen lassen.
2. Käse würfeln. Walnußkerne hacken, mit Preiselbeeren, Rosinen und Salz zum Käse geben und alles gut vermengen. Eiweiße steif schlagen, darunterheben.
3. Ein Blätterteigstück auf ein kalt abgespültes Backblech legen, die Käsemasse daraufgeben (1 cm Rand frei lassen), den Rand befeuchten und das zweite Rechteck darüberlegen; gut festdrücken und mit Eigelb bepinseln. Beliebig mit den Teigresten garnieren.

4. Die Pastete im vorgeheizten Ofen bei 225 bis 250° C (Gasherd: Stufe 4–5) etwa 20 Minuten backen.

PIKANTE KÖSTLICHKEITEN

SALAMIHÖRNCHEN

Für etwa 20 Stück

Teig:
200 g Mehl
200 g Magerquark
175 g Margarine
1 Prise Salz
Margarine für das Blech

Füllung:
200 g Salami in Scheiben
1 kleine Zwiebel
200 g Frischkäse
(Doppelrahmstufe)
2 EL Schlagsahne
Pfeffer, Edelsüßpaprika
Eigelb zum Bepinseln

1. Mehl auf ein Backbrett geben, Quark in einem Tuch gut ausdrücken und mit Margarine und Salz auf das Mehl geben. Mit einem Pfannenmesser gut durchhacken, rasch zusammenkneten und kalt stellen.
2. Salamischeiben in kleine Quadrate schneiden, Zwiebel fein hacken. Mit Frischkäse und Schlagsahne verrühren und mit den Gewürzen abschmecken.
3. Den Teig etwa 5 mm dick ausrollen, Quadrate (15 x 15 cm) ausradeln und in Dreiecke teilen. Auf jedes Dreieck etwas Füllung geben, zu Hörnchen aufdrehen und auf ein gefettetes Backblech legen.

4. Hörnchen mit Eigelb bepinseln und im vorgeheizten Ofen bei 225°C (Gasherd: Stufe 4) 15–20 Minuten backen.

Variation:
Die eine Hälfte des Teiges rund ausstechen und Törtchenformen damit belegen, Füllung daraufstreichen. Restlichen Teig ausrollen und darüberlegen. Backzeit: 35 Minuten.

HEFEKRAPFEN

Für etwa 15 Stück

Teig:
30 g Hefe
200 ml lauwarme Milch
1 Prise Zucker
500 g Mehl
Salz
abgeriebene Schale von
½ Zitrone
2 Eier
1 Eigelb
30 g Margarine
Margarine für die Form

Füllung:
500 g gemischtes Hackfleisch
20 g Margarine
1 TL Currypulver
1 kleine rote Paprikaschote
(150 g)
200 g geschälte Tomaten
6 EL Rotwein
1 EL Instant-Bratensauce
½ TL edelsüßer Paprika
Salz, Pfeffer, Sambal Olek
2 Eigelb zum Bestreichen

1. Hefe in lauwarme Milch bröckeln, mit etwas Zucker und Mehl verrühren. Abgedeckt etwa 10 Minuten gehen lassen. Mehl, Salz, Zitronenschale in eine Schüssel geben, Hefemilch, Eier, Eigelb und eben zerlassene Margarine dazugeben. Alles zu einem glatten Teig verkneten und abgedeckt bis zur doppelten Größe aufgehen lassen.

2. Hackfleisch in Margarine kräftig anbraten, Curry dazugeben. Paprikaschoten würfeln und mit zerdrückten Tomaten zugeben. Rotwein unterrühren, Instant-Bratensauce darunterrühren. Köcheln lassen, bis die Flüssigkeit fast verdampft ist. Mit den Gewürzen kräftig abschmecken.
3. Den Teig nochmals kräftig durchkneten und etwa 5 mm dick ausrollen, Kreise (12 cm ∅) ausschneiden. Die Masse auf die Hälfte der Kreise verteilen, die anderen Kreise darauflegen und die Ränder gut andrücken.

4. Krapfen auf ein gefettetes Backblech setzen, mit Eigelb bepinseln und im vorgeheizten Ofen bei 225°C (Gasherd: Stufe 4) etwa 15 Minuten backen.

SCHINKENTASCHEN

Für etwa 20 Stück

Teig:
250 g Mehl
1 TL Backpulver
1 EL Tomatenketchup
½–1 TL Salz
250 g Magerquark
250 g Margarine
Tomatenketchup zum
Bestreichen

Füllung:
250 g gekochter Schinken
2 geriebene Zwiebeln
2 EL gehackte Petersilie
1 Msp. Paprikapulver

1. Mehl, Backpulver, Tomatenketchup, Salz, den in einem Tuch ausgedrückten Quark und Margarine schnell zu einem Teig verkneten, etwa 1 Stunde im Kühlschrank ruhen lassen. Den Teig etwa 1 cm dick zu einem Rechteck ausrollen, dreiteilig zusammenschlagen und wieder zur gleichen Größe ausrollen. Den Teig erneut in umgekehrter Richtung dreiteilig zusammenlegen und im Kühlschrank 15 Minuten ruhen lassen.
2. Schinken fein würfeln, mit Zwiebeln, Petersilie und Paprikapulver pikant abschmecken.
3. Den Teig 5 mm dick ausrollen, Quadrate oder Kreise (10 cm ∅) ausschneiden, dünn mit Tomatenketchup bestreichen und mit der Füllung belegen.
4. Teigränder mit etwas Wasser bepinseln, zu Halbmonden oder Taschen zusammenklappen und mit Verzierungen aus Teigresten belegen.

4. Teigstücke auf ein mit Wasser abgespültes oder mit Backpapier belegtes Backblech legen. Im vorgeheizten Backofen bei 225°C (Gasherd: Stufe 4) etwa 20 Minuten backen. Heiß servieren und Tomatenketchup dazu reichen.

PIKANTE KÖSTLICHKEITEN

KÄSEDALKEN

Für etwa 20 Stück

¼ l Milch
60 g Margarine
Salz
200 g Mehl
4 Eier
4 EL Schlagsahne
100 g geriebener Käse
Margarine und Mehl für das Blech

1. Milch mit Margarine und Salz zum Kochen bringen, von der Kochstelle nehmen und das gesiebte Mehl auf einmal hineinschütten. Den Topf wieder aufstellen und den Brei so lange rühren, bis er sich als Kloß vom Topf löst.
2. 1 Ei unter den heißen Teig geben. Abkühlen lassen und nacheinander die restlichen Eier, Sahne und Käse unterrühren.
3. Mit nassem Teelöffel kleine Teighäufchen auf ein gefettetes, bemehltes Blech setzen und die Dalken im vorgeheizten Ofen bei 200 bis 225°C (Gasherd: Stufe 3–4) 30–35 Minuten goldgelb backen.

Der Tip:
Man reicht die Dalken zu Frikassee oder Ragout fin.

KÄSEHÜTCHEN

Für etwa 30 Stück

250 g Mehl
1 Ei
Salz
150 g Margarine
180 g Salami-Schmelzkäseecken
1 Eigelb

1. Aus Mehl, Ei, Salz und Margarine rasch einen Mürbeteig kneten und für 1 Stunde kalt stellen. Dann messerrückendick ausrollen und Taler (5–6 cm Ø) ausstechen.
2. Schmelzkäseecken in Würfelchen schneiden (Messer in heißes Wasser tauchen) und auf die Plätzchen verteilen. Jeden Taler fest zu einem Dreispitz zusammenkniffen und mit verquirltem Eigelb bestreichen.
3. Im vorgeheizten Ofen bei 200°C (Gasherd: Stufe 3) 15–20 Minuten backen.

KÄSESCHNECKEN

Für etwa 60 Stück

200 g Mehl
Salz
100 g Margarine
100 g Kräuterschmelzkäse
1 Eigelb
1 EL Wasser
Kümmel
Margarine für das Blech

1. Mehl, Salz, Margarine und Schmelzkäse auf dem Backbrett mit einem Pfannenmesser durchhacken und schnell zu einem glatten Teig verkneten.
2. Den Teig etwa 5 mm dick ausrollen und in schmale, etwa 10 cm lange Streifen radeln.
3. Eigelb mit Wasser verschlagen, die Teigplatte damit bepinseln und mit Kümmel bestreuen. Die einzelnen Streifen zu Schnecken aufrollen und auf ein gefettetes Blech setzen.
4. Im vorgeheizten Ofen bei 200–225°C (Gasherd: Stufe 3–4) 12–15 Minuten backen.

KRÄUTERHAPPEN

Für etwa 40 Stück

250 g Mehl
1 TL Backpulver
250 g Magerquark
200 g Margarine
75 g gewürfelter geräucherter Schinken
je 1 Bund gehackte Petersilie, gehackter Dill und geschnittener Schnittlauch
1 kleine, sehr fein geschnittene Zwiebel
1 Msp. Pfeffer
½ gestrichener TL Salz
Margarine für das Blech

1. Alle Zutaten zu einem Teig verkneten. Mit bemehlten Händen aus dem Teig 4–5 cm dicke Rollen formen, davon 2 cm dicke Scheiben abschneiden und Kugeln drehen.
2. Die Kugeln auf ein gefettetes Backblech legen und mit den Fingern oben leicht eindrücken.
3. Die Happen im vorgeheizten Ofen bei 200°C (Gasherd: Stufe 3) etwa 20 Minuten backen.

HOLLÄNDER KÄSEMÜRBCHEN

Für etwa 50 Stück

250 g Mehl
125 g Margarine
1 Ei
Salz, Pfeffer
250 g Schmelzkäseecken Sahne
Margarine für das Blech
Paprikaschnitzel aus dem Glas
1 Eigelb

1. Aus Mehl, Margarine, Ei, Salz und Pfeffer rasch einen Mürbeteig kneten und für etwa 1 Stunde kalt stellen.
2. Schmelzkäseecken mit einem in heißes Wasser getauchten Messer in Dreieckscheiben schneiden.
3. Den Mürbeteig auf einem gefetteten Backblech zu einer 25 x 25 cm großen Teigplatte ausrollen und mit den Käsescheiben belegen. In die Zwischenräume feine Paprikastreifen legen und alles mit Eigelb bepinseln.
4. Im vorgeheizten Ofen bei 225–250°C (Gasherd: Stufe 4–5) etwa 20 Minuten goldgelb backen. Dann sofort in schmale Rechtecke schneiden und warm servieren.

SALZ- UND KÄSEGEBÄCK

KÜMMELSTANGEN

Für etwa 35 Stück

1 P. TK-Blätterteig (300 g)
1 Ei
Kümmel, Salz

1. Blätterteig nach Anweisung auftauen lassen. Die einzelnen Stücke mit einem Hölzchen mehrmals einstechen und der Länge nach in etwa 1 cm breite Streifen schneiden. Ei verschlagen, die Streifen damit bepinseln, Kümmel und Salz darüberstreuen.
2. Die Streifen zu Spiralen drehen und 15 Minuten auf einem kalt abgespülten Blech stehenlassen.

3. Die Kümmelstangen im vorgeheizten Ofen bei 225 bis 250° C (Gasherd: Stufe 4–5) etwa 10 Minuten backen.

GEFÜLLTE SCHIFFCHEN

Für 12–14 Stück

200 g Mehl
Salz
100 g Margarine
1 Ei
Margarine für die Förmchen
375 g Krabbensalat
Petersilie, Tomatenschnitze,
Gurkenscheiben und ähnliches
zum Garnieren

1. Mehl und Salz auf ein Backbrett geben, Margarine in Flöckchen darauf verteilen und mit dem Pfannenmesser durchhacken. Ei in die Mitte geben und alles rasch zu einem Knetteig verarbeiten; abgedeckt im Kühlschrank ruhen lassen.
2. Den Teig ausrollen und in gefettete Schiffchenformen drücken. Im vorgeheizten Ofen bei 200–225°C (Gasherd: Stufe 3–4) etwa 20 Minuten backen, aus der Form stürzen und abkühlen lassen.
3. Kurz vor dem Servieren mit Salat füllen und hübsch garnieren.

SALZ- UND KÄSEGEBÄCK

SALZSTANGEN

Für etwa 30 Stück

150 g Mehl
100 g Kartoffelmehl
2 gestr. TL Backpulver
1 TL Salz
30 g Margarine
2 Eiweiß
5 EL Milch
1 Eigelb zum Bestreichen
Mohn, grobes Salz oder Kümmel nach Geschmack
Margarine für das Blech

1. Mehl, Kartoffelmehl, Backpulver und Salz auf dem Backbrett mischen, Margarine in Flocken daraufgeben und mit dem Pfannenmesser durchhacken. Eiweiße und Milch leicht verschlagen, in eine Vertiefung geben und alles rasch verkneten.

2. Den Teig sofort ausrollen und in 1,5 x 15 cm lange Streifen schneiden. Eigelb mit wenig Wasser verrühren, die Teigplatte damit bepinseln und mit Mohn, grobem Salz oder Kümmel bestreuen.

3. Die Streifen zu Spiralen drehen und auf ein gefettetes Backblech geben.

4. Im vorgeheizten Backofen bei 175–200 °C (Gasherd: Stufe 2–3) 10–15 Minuten backen.

KÄSEWAFFELN

Für 10–15 Stück

250 g Margarine
4 Eier
1 Prise Salz
7 EL lauwarmes Wasser
150 g Weizenmehl Type 1050
100 g Buchweizenmehl
1 TL Backpulver
100 g geriebener alter Gouda
Paprikapulver, Pfeffer
Pflanzenöl für das Waffeleisen

1. Margarine, Eier und Salz schaumig schlagen. Abwechselnd Wasser und das mit Backpulver vermischte Mehl darunterrühren. Zum Schluß geriebenen Käse, Paprikapulver und Pfeffer zugeben.

2. Waffeleisen vorheizen, mit Pflanzenöl bepinseln, etwa 1 Eßlöffel Teig hineingeben und die Waffeln in je etwa 3 Minuten goldgelb backen.

SALZ- UND KÄSEGEBÄCK

SCHINKEN-HÖRNCHEN

Für etwa 12 Stück

Teig:
25 g Hefe
gut 1/8 l Milch (150 ml)
1 TL Zucker
350 g Mehl
Salz
50 g Margarine
1 Ei
Margarine für das Blech

Füllung:
2 Eiweiß
200 g geräucherter Schinken in dünnen Scheiben
150 g Ananas in Stücken
2 Eigelb zum Bestreichen

1. Hefe in Milch bröckeln und mit je einer Prise Zucker und Mehl verrühren. Zugedeckt an einem warmen Ort 5–10 Minuten gehen lassen. Mehl, Zucker, Salz, zerlassene, abgekühlte Margarine und verschlagenes Ei in eine Rührschüssel geben, die Hefemilch dazugeben, alles vermengen, den Teig kräftig kneten und schlagen. Mit Folie zudecken und an einem warmen Ort bis zur doppelten Größe aufgehen lassen (in etwa 20 Minuten), dann den Teig nochmals durchkneten.
2. Den Teig etwa 5 mm dick ausrollen, etwa 12 Dreiecke (Seitenlänge etwa 14 cm) ausradeln, mit Eiweiß bepinseln, mit je einem Stück Schinken und einigen feingeschnittenen Ananasstückchen belegen und zu Hörnchen aufrollen.
3. An einem warmen Ort zugedeckt nochmals gehen lassen, dann mit Eigelb bestreichen und im vorgeheizten Ofen bei 200° C (Gasherd: Stufe 3) etwa 20 Minuten backen.

WINDBEUTEL GOUGÈRE

1/4 l Wasser
75 g Margarine
1/2 TL Salz
175 g Mehl
4 Eier
1 TL Backpulver
2 Ecken Emmentaler-Schmelzkäse
50 g geriebener Emmentaler
Margarine und Mehl für die Form
Eigelb zum Bestreichen
25 g geriebener Emmentaler zum Bestreuen
Kresse zum Garnieren

1. Wasser, Margarine und Salz zum Kochen bringen, von der Kochstelle nehmen, Mehl auf einmal hineinschütten. Unter ständigem Rühren so lange erhitzen, bis sich der Teig als Kloß vom Topfboden löst.
2. 1 Ei unter die heiße Masse rühren, dann den in Stücke geschnittenen Schmelzkäse und den Emmentaler nacheinander unterrühren. Die restlichen Eier einzeln unterrühren, abkühlen lassen.
3. Den Teig in einen Spritzbeutel mit glatter Tülle füllen. Dicke Häufchen auf einen gefetteten, mit Mehl bestäubten Springformboden (26 cm Ø) spritzen. Eigelb mit etwas Wasser verrühren und die Häufchen

WINDBEUTEL MIT KÄSE

Für etwa 20 Stück

Teig:
¼ l Wasser
40 g Margarine
Salz, Muskat
125 g Mehl
2 Eier
2 Ecken Doppelrahm-schmelzkäse
1 TL Backpulver
Margarine und Mehl für das Blech

Füllung:
3 Ecken Kräuterschmelzkäse
1 hartgekochtes Ei
etwas Dosenmilch
2 TL Kräuter

1. Wasser mit Margarine, etwas Salz und Muskat zum Kochen bringen, Mehl auf einmal hineinschütten und so lange unter Rühren erhitzen, bis sich der Brei als Kloß vom Topfboden löst.
2. 1 Ei und Schmelzkäse in den heißen Teig rühren, abkühlen lassen. Das zweite Ei sowie das Backpulver unterrühren.
3. Mit zwei Teelöffeln kleine Häufchen auf ein gefettetes, bemehltes Blech geben. Im vorgeheizten Ofen bei 225–250° C (Gasherd: Stufe 4–5) etwa 25 Minuten backen. Noch heiß mit einer Schere aufschneiden.
4. Kräuterschmelzkäse mit gehacktem Ei, Dosenmilch und Kräutern verrühren und die Windbeutel mit dieser Käsemasse füllen.

damit bestreichen, mit geriebenem Käse bestreuen.

4. Im vorgeheizten Ofen bei 225° C (Gasherd: Stufe 4) 25–30 Minuten backen. Die fertigen Windbeutel mit Kresse garnieren und heiß servieren.

SALZ- UND KÄSEGEBÄCK

GRUNDREZEPT MÜRBETEIG

Geeignet für:
Obstkuchenböden
Plätzchen
salziges Gebäck (hier ohne Zucker!)

Zutaten:
250 g Mehl
eventuell 1 Msp. Backpulver
65 g Zucker
1 Prise Salz
125 g Margarine, gut gekühlt
1 Ei

Zubereitung
1. Mehl und Backpulver auf der Arbeitsplatte mischen, Zucker und Salz darübergeben. Margarine in Stücken darauf verteilen und etwas Mehl darüberschieben.
2. Mit dem Pfannenmesser so lange durchhacken, bis Fett und Mehl feinkrümelig vermengt sind.
3. Eine Vertiefung in die Mitte drücken, ein Ei hineingeben, mit etwas Mehl verrühren.
4. Mit den Händen zu einem glatten Teig verarbeiten. Kalt stellen und weiterverarbeiten.

Schnelle Zubereitung:
Alle Zutaten in eine Schüssel geben. Mit der Küchenmaschine oder dem Knethaken des Handrührgerätes auf niedriger Stufe vermengen. Dann höherschalten, alles gut verkneten. Kalt stellen.

1.

2.

3.

4.

Tips für Mürbeteig:
● Die Oberfläche wird besonders glatt, wenn Sie Puderzucker statt Zucker verwenden.
● Der ausgerollte Teig läßt sich besser in eine Obstkuchenform füllen, wenn Sie ihn um eine Küchenrolle wickeln.

GRUNDREZEPT RÜHRTEIG

Geeignet für:
Topf-/Napfkuchen
Obstkuchen
Kleingebäck

Zutaten:
125 g Margarine
125 g Zucker
1 Prise Salz
2 Eier
250 g Mehl
½ Päckchen Backpulver
knapp ⅛ l Milch

Zubereitung:
1. Margarine mit dem Schneebesen oder dem Küchenmaschinen-Schneebesen glattrühren. Zucker und Eier nach und nach dazugeben und schaumig rühren bis der Zucker sich gelöst hat.
2. Mehl und Backpulver vermischt und gesiebt abwechselnd mit der Milch unterrühren. Das Backpulver muß klümpchenfrei sein, sonst bilden sich im Teig übergroße Löcher.
3. Der Teig ist fertig, wenn er schwerreißend vom Löffel fällt.
4. Backform fetten und mit Semmelbröseln ausstreuen. Teig einfüllen und backen.

Variation:
Sollte im Rezept Eigelb und Eiweiß getrennt angegeben sein, so rührt man das Eigelb mit der Margarine und dem Zucker schaumig und hebt den steifen Eischnee zuletzt unter den Teig.

Schnelle Zubereitung:
Alle Zutaten zusammen in eine Schüssel geben, mit dem Schneebesen zunächst auf kleiner Stufe, dann 1½ Minuten auf höchster Stufe rühren.

1.

2.

3.

4.

Variation

GRUNDREZEPT HEFETEIG

Geeignet für:
*Zucker- und Streuselkuchen
Bienenstich
Blech-/Obstkuchen
Stollen und Hefezöpfe
Salzgebäck (hier nur eine Prise Zucker zum Aufgehen)
Brot
Brötchen
Pizza*

Zutaten:
25 g Hefe
gut ¼ l lauwarme Milch (300 ml)
1 Prise Zucker
60 g Margarine
500 g Mehl
40 g Zucker
1 Prise Salz (bei Salzgebäck 1 TL)
1–2 Eier

Zubereitung:
1. Hefe in die lauwarme Milch bröckeln, die Prise Zucker zugeben und an einem warmen Ort 5 bis 10 Minuten zugedeckt gehen lassen.
2. Margarine schmelzen und abkühlen lassen.
3. Mehl, Zucker, Salz, Eier und Margarine in eine Schüssel geben, die Hefemilch dazugeben, alles vermengen (von Hand oder mit dem Knethaken des Handrührgerätes).
4. Teig kräftig kneten und schlagen, damit er glatt und weich wird.
5. Mit Alufolie oder einem Handtuch abdecken und an einem warmen Ort bis zur doppelten Größe aufgehen lassen (20–30 Minuten).
6. Nochmals durchkneten und weiterverarbeiten.

1.

2.

3.

4.

5.

6.

Schnelle Zubereitung:
Alle Zutaten in eine Schüssel geben. Zuerst auf niedriger, dann auf höherer Stufe mit der Küchenmaschine oder dem Knethaken des Handrührgerätes so lange kneten, bis der Teig glatt und weich ist. (Milch erst bei eingeschaltetem Gerät zugeben.) Teig bis zur doppelten Größe aufgehen lassen (etwa 1 Stunde, da die Hefe ohne Vorteig verarbeitet wurde).

Tips für Hefeteig:
• Hefeteig nur lauwarm werden lassen. Hefepilze entwickeln sich am besten bei 37°C (bei 60°C sterben sie ab).
• Nach dem Formen des Gebäcks sollte der Teig noch einmal aufgehen. Dies gilt sowohl für Teige mit Trocken- als auch mit frischer Hefe.
• Eingefroren hält sich Hefeteig 2–3 Monate. Verarbeiten Sie nur die halbe Hefemenge, dafür etwas mehr Zucker. Den Teig nur einmal kurz gehen lassen, einfrieren und nach dem Auftauen gehen lassen und weiterverarbeiten.

GRUNDREZEPT QUARK-ÖL-TEIG

Geeignet für:
*Pizza
Gemüse-/Blechkuchen*

Zutaten:
200 g Magerquark
1 Prise Salz
6 EL Milch
8 EL Öl
1–2 Eier
1 P. Backpulver
400 g Mehl

Zubereitung:
1. Quark mit Salz, Milch, Öl und Eiern verrühren.
2. Die Hälfte des mit Backpulver vermischten Mehls mit dem Knethaken der Küchenmaschine darunter kneten.
3. Teig auf ein Küchenbrett geben und mit den Händen die andere Hälfte des Mehls unterkneten.

1.

2.

3.

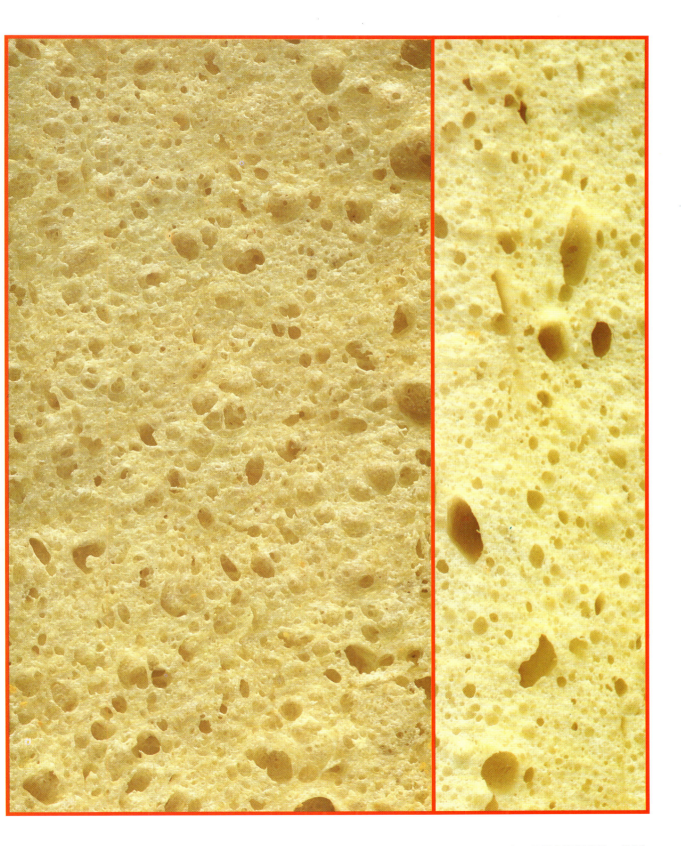

GRUNDREZEPT BISKUITTEIG

Geeignet für:
Torten
Biskuitrollen
Sahnestücke

Zutaten:
4 Eier, getrennt
4 EL warmes Wasser
125 g Zucker
1 Prise Salz
eventuell Margarine
(je nach Rezept)
75 g Mehl
75 g Speisestärke
1 Msp. Backpulver

Zubereitung:
1. Eigelbe, Wasser, Zucker und Salz mit dem Schneebesen (von Hand- oder mit dem Küchenmaschinen-Schneebesen) so lange schaumig schlagen, bis eine cremige, dicke Masse entsteht.
2. Wenn Margarine in den Rezepten angegeben ist: flüssige, abgekühlte Margarine in dünnem Strahl unter die Masse schlagen.
3. Sehr steif geschlagene Eiweiße auf die Eigelbmasse geben. Mehl, Speisestärke und Backpulver vermischt auf den Schnee sieben.
4. Mit dem Schneebesen vorsichtig vermengen (nicht rühren, sonst geht die untergeschlagene Luft verloren!).
5. Für eine Biskuittorte eine Springform (nur den Boden!) fetten und mit Backpapier auslegen. Teig einfüllen und backen.
Fertig gebackenen Tortenboden etwa 20 Minuten in der Form abkühlen lassen. Backpapier abziehen.
6. Den gut ausgekühlten Boden vor dem Füllen 1- bis 2mal durchschneiden (am besten mit einem Zwirnsfaden).

1.

2.

3.

4.

5.

6.

GRUNDREZEPT BRANDTEIG

Geeignet für:
Windbeutel
Spritzkuchen (fritiert)

Zutaten:
¼ l Wasser
50 g Margarine
eventuell 1 TL Zucker
1 Prise Salz
150 g Mehl
4–5 Eier
1 TL Backpulver

Zubereitung:
1. Wasser mit Margarine, Zucker und Salz zum Kochen bringen. Den Topf vom Herd nehmen und das Mehl auf einmal hineingeben. Glattrühren.
2. Den Topf auf den Herd setzen und den Teig unter Rühren so lange erhitzen, bis er sich als Kloß vom Boden löst. Topf vom Herd nehmen.
3. Sofort ein Ei unterrühren. Teig in eine Schüssel geben. Die restlichen Eier nacheinander dazugeben. Jedes Ei einzeln gut mit dem Teig verrühren.
4. Zum Schluß Backpulver zum Teig geben. Den Teig weiterverarbeiten, wie im jeweiligen Rezept angegeben.

1.

2.

3.

4.

Tips für Brandteig:
- Brandteig eignet sich nicht zum Tiefkühlen!
- Backblech muß gefettet oder mit Backpapier belegt werden.
- Um ein Pappigwerden zu verhindern, sollten Sie Windbeutel und anderes Gebäck, das gefüllt wird, sofort nach dem Backen mit der Schere aufschneiden. So kann der Wasserdampf entweichen.

GRUNDREZEPTE 245

REZEPTVERZEICHNIS

A
Adventsröschen 160
Altlübecker Taler 165
Ananaskuchen 20
Ananas-Marzipan-Torte 55
Ananastorte
  mit Himbeersahne 58
Antoinetteschnitten 126
Äpfel im Schlafrock 37
Apfel im Versteck 149
Apfelkuchen 91
Apfelkuchen, dänischer 154
Apfelkuchen Calvados 47
Apfelküchlein, originelle 115
Apfel-Mandel-Torte 104
Apfelstrudel, Tiroler 43
Apfeltorte verkehrt 38
Aprikosen-Dattel-
  Schnittchen 121
Aprikosenkuchen
  mit Baiserhaube 34
Aprikosenkuchen
  nach Bauernart 102
Aprikosenküchlein 40

B
Babas, Leningrader 127
Bananenturmtorte 66
Bananen-Walnuß-Kuchen 109
Baumkuchenspitzen 164
Becherkuchen 87
Beschwipste
  Mandelplätzchen 95
Bienenstich 32
Birnentorte 104
Birnentorte
  mit Mandelkrokant 60
Biskuitrolle
  mit Himbeeren 122
Biskuittorte Alaska 65
Blätterteigkissen 151
Blätterteigpiroggen 227
Blätterteigtaschen
  mit Lachs 216
Blitztorte
  mit Preiselbeeren 150
Blütenherz zum Muttertag 139
Brandytörtchen 118
Braune Kuchen 160
Brioche 198
Brombeerschnitten 46
Brot, provençalisches 181
Brötchenring mit Pfiff 230
Brottorte 109
Buchweizentorte 96
Bullar 203
Bunte Gemüsetorte 220
Buntes Mürbegebäck 142
Buxtehuder
  Zwetschenkuchen 41

C
Champignonpie 207
Chinakohltorte 221

D
Dänischer Apfelkuchen 154
Dattelgebäck 164

E
Eclairs mit Vanillecreme 113
Edler Osterhase 173
Eierkränzchen 174
Engadiner 75
Engadiner Nußtorte 106
Englischer Hefezopf 200
English Cookies 79
English Rich Fruit Cake 166
Erdbeer-Quark-Torte 154
Erdbeer-Sahne-Rolle 120
Erdbeertorte Sommertraum 42
Erdbeertorte, winterliche 39
Erdbeer-Zitronencreme-
  Torte 66

F
Faschingsmasken 141
Feine Brottorte 96
Felsen, kleine 76
Festliche Baisers 120
Festliche Kasselerpastete 222
Frischpastete, Triester 217
Fladenbrot 186
Florentiner 81
Frankfurter Kranz 116
Französische Waffeln 134
Frischkäse-Minipizza 210
Frischkäsetorte 153
Früchtebrot mit Nüssen 192
Früchtekuchen 108
Frühstücksbrot, Schweizer 198
Frühstückshörnchen 194

G
Gebäck für die Schultüte 145
Geflügelleberpastete 228
Gefüllter Hefekranz 202
Gefülltes Brot in Herzform 182
Gefüllte Schiffchen 236
Gefüllte Schuhsohlen 130
Gefülltes Mischbrot 190
Geleerosetten 148
Gemüse-Schinken-Pizza 211
Gemüsetorte, bunte 220
Gewürzbrot 190
Gewürzkuchen 25, 86
Gewürzplätzchen 95
Grahamplätzchen 94
Grahamtorte 98
Griechisches
  Walnußgebäck 76
Großmutters Mandeltorte 90
Großmutters
  Schokoladenkuchen 19
Großmutters
  Streuselkuchen 30
Grüschbrötli 79

H
Hanseaten 71
Haselnüßchen
  schwarz und weiß 162
Haselnußkuchen 86
Haselnußstangen 171
Hefegugelhupf 25, 84
Hefekranz, gefüllter 202
Hefekrapfen 232
Hefekuchen,
  schwedischer 202
Hefetaler 118
Hefezopf 85
Hefezopf, englischer 200
Heidelbeerkuchen mit
  Streuseln 36
Herrentorte 225
Himbeereclairs 136
Holländer Käsemürbchen 235
Holländischer
  Mandelkuchen 31
Holländisches
  Spritzgebäck 70
Honigkuchen 31
Hummelkuchen 88

I
Ingwerhippen 171

J
Johannisbeerkuchen mit
  Schneehaube 105

K
Kaiserinkuchen 134
Kaiserkragen 150
Kakaoplätzchen 80
Kalbfleischpastete 228
Kalte Zitronella 142
Käse-Blätterteig-Taschen 215
Käsedalken 234
Käsehütchen 234
Käsekuchen 218
Käsekuchen mit Aprikosen 155
Käsemürbchen, Holländer 235
Käsepastete Amerika 231
Käseschnecken 234
Käsewaffeln 237
Kasselerpastete, festliche 222
Kasseler Schnitten 28
Kekstorte Kalter Hund 157
Kinderkuchen 143
Kindertörtchen
  Froschkönig 140
Kirschen im Versteck 38
Kirschkuchen 108
Kirschlikörrolle 122
Kirsch-Marzipan-Kuchen 45
Kirschnüsse 147
Kirschtorte 90
Kirschtorte,
  Schwarzwälder 62
Kleine Felsen 76
Knäckebrot, schwedisches 186
Knusprige Kräuterzöpfe 184
Knusprige Sahnewaffeln 114
Kokosplätzchen 72
Kokostorte 157
Königskuchen 23
Korinthenplätzchen 73
Krapfen, schnelle 146
Kräuterbrot 192, 198
Kräuterhappen 235
Kräuter-Quark-Kuchen 230
Kräuterquiche mit
  Frischkäse 212
Kräuterzöpfe, knusprige 184
Krümeltorte 104
Kuchen, braune 160
Küchle mit
  Makronenhaube 170
Kümmelgebäck Renate,
  süßes 70
Kümmelstangen 236

L
Lachsquiche 206
Landbrot 181
Lebkuchen, Nürnberger 164
Leichter
  Weihnachtsstollen 169
Lemon Pie 137
Leningrader Babas 127
Liegnitzer Bomben 167
Linas Sonntagsbrot 197
Lochbrot, schwedisches 189
Lolly-Cakes 138
Lollypops 145
Lüneburger Pfirsichtorte 100

M

Mandarinencake 19, 130
Mandelbögen 77
Mandeldreispitzchen
  mit Schokoladenguß 70
Mandelkranz, österlicher 174
Mandelkuchen,
  Holländischer 31
Mandelplätzchen,
  beschwipste 95
Mandelsplitter 74
Mandelstollen 168
Mandeltorte, Großmutters 90
Mandeltorte Flora 64
Marmeladenkuchen,
  Oma Almas 21
Marmorkuchen 24, 131
Maroneneistorte 51
Marzipankuchen 30
Marzipantaschen 151
Marzipanteilchen 124
Marzipantorte 56
Mince Pies 125
Mischbrot, gefülltes 190
Mohnbrot 180
Mohnkuchen, Rudis 114
Mohntorte mit
  Vanillecreme 101
Möhrentorte 103
Mokkacake 22
Mokkatorte 52, 82
Mürbchen 77
Mürbegebäck, buntes 142
Müslikuchen 98

N

Napfkuchen Rokoma 22
Nougateier 177
Nougatkuchen 27
Nougatrolle 122
Nürnberger Lebkuchen 164
Nußbrot mit Steinpilzen 180
Nußecken 115
Nussige Schokoladentorte 137
Nußkuchen 108
Nuß-Mandel-Kuchen 106
Nuß-Quark-Kuchen 153
Nußstollen Pfarrhausart 126
Nußtorte, Engadiner 106

O

Obstküchle 134
Obsttorte 89
Obsttorte Karibik 59
Oma Almas
  Marmeladenkuchen 21
Orangenberg 57
Orangencake 86
Orangen im Schlafrock 149
Orangenkastenkuchen 24
Orangenkuchen 32
Originelle Apfelküchlein 115
Osterhase, edler 173
Osterhasen aus
  Quarkknetteig 176
Österlicher Mandelkranz 174
Osternestchen 174
Osterschnecken 172
Osterzopf 176

P

Panetone 174
Partypizza 213
Partysonne 183
Partytaschen 223
Peanut Cookies 161
Pfirsichtorte 82
Pfirsichtorte, Lüneburger 100
Pfirsichtorte mit
  Mandelcreme 53
Pflaumentorte 38
Picknickhappen 94
Pikanterie 219
Pirogge 195
Plunderschnecken 117
Porreetorte 222
Preiselbeerschnitten 82
Provençalisches Brot 181
Putenfleischpastete 228

Q

Quarkblätterteig mit Käse 226
Quarkbollerchen 147
Quarknapfkuchen 20
Quarktorte 152
Quarktorte, sommerliche 156
Quiche Lorraine 209
Quiche Ramee 208

R

Rahmkaramellen 143
Rahmkekse 72
Rehrücken 123
Rhabarberkranz 44
Rhabarberkuchen Bourbon 41
Rosenkuchen 84
Rosinenbrötchen 197
Rudis Mohnkuchen 114
Rührteig-
  Schokoladenkuchen 26
Rumkränzchen 70

S

Sachertorte 61
Sahnewaffeln, knusprige 114
Salamihörnchen 232
Salamistrudel 219
Salzstangen 237
Sandkuchen 26
Savarin mit Wildbeeren 106
Schinkenhörnchen 238
Schinkentaschen 232
Schlemmerkuchen 89
Schmetterlingstörtchen 135
Schmetterling
  zum Muttertag 138
Schneckenkuchen 133
Schnelle Krapfen 146
Schoko-Cookies 78
Schokoladen-Gewürz-
  Kuchen 29
Schokoladenkuchen 30
Schokoladenkuchen,
  Großmutters 19
Schokoladenküchlein 131
Schokoladenringe 75
Schokoladentorte, nussige 137
Schokoladentorte
  Windmühle 50
Schoko-Mandel-Gebäck 75
Schoko-Mandel-Torte 99
Schuhsohlen, gefüllte 130
Schwäbischer
  Träubleskuchen 45
Schwarzbrot Friesland 185
Schwarzwälder Kirschtorte 62
Schwedischer
  Hefekuchen 202
Schwedisches
  Knäckebrot 186
Schwedisches Lochbrot 189
Schweizer Frühstücksbrot 198
Scones 196
Sesambrezeln 196
Sesambrot 187
Sesamkringel, türkische 190
Sommerliche Quarktorte 156
Sonnenblumenbrot 188
Sonntagsbrot 200
Sonntagsbrot, Linas 196
Spanische Zimtküchlein 74
Spargelquiche 208
Speckbrot 198
Speckbrötchen 190
Speck-Tomaten-Kuchen 231
Spekulatius 161
Spritzgebäck,
  holländisches 70
Stachelbeerkuchen mit
  Streuseln 37
Stachelbeerpie 44
Stachelbeertörtchen
  mit Joghurt 40
Streuselkuchen,
  Großmutters 30
Streuselkuchen
  mit Sauerkirschen 96
Stuttgarter Zwiebelkuchen 218
Südseetorte 63
Süßes Kümmelgebäck
  Renate 70

T

Thüringer
  Zwetschenkuchen 34
Tirami Su 152
Tiroler Apfelstrudel 43
Tomatentorte 214
Tomaten-Zwiebel-Wähe 224
Topfblumen 144
Träubleskuchen,
  Schwäbischer 45
Triester Fischpastete 217
Tropentorte Coco 60
Türkische Sesamkringel 190

V

Vanillekipferl 170

W

Waffeln, französische 134
Walnuß-Aprikosen-
  Kuchen 106
Walnußgebäck,
  griechisches 76
Walnußkuchen 21
Walnußtörtchen 112
Weichkrokantpralinen 78
Weihnachtskuchen,
  würziger 168
Weihnachtsstollen,
  leichter 169
Weihnachtstorte 163
Weintraubenkonfekt 132
Williamskonfekt 165
Windbeutel Gougère 238
Windbeutel
  mit Erdbeeren 124
Windbeutel mit Käse 239
Winterliche
  Erdbeertorte 39
Würziger
  Weihnachtskuchen 168

Z

Zimtkuchen nach
  alter Art 99
Zimttorte 50
Zitronella, kalte 142
Zitronenherzen 71
Zitronenkuchen Juwel 18
Zitronentörtchen 119
Zwetschenkuchen,
  Buxtehuder 41
Zwetschenkuchen,
  Thüringer 34
Zwetschenkuchen mit
  Quark-Öl-Teig 35
Zwetschgenhäuser 146
Zwiebelbrot 185
Zwiebelkuchen,
  Stuttgarter 218